麦肯锡经营战略系列

麦肯锡现代经营战略

[日]
大前研一
等——著

范丹——译

天津出版传媒集团
天津人民出版社

图书在版编目（CIP）数据

麦肯锡现代经营战略 /（日）大前研一等著，范丹译. -- 天津：天津人民出版社，2018.6
（麦肯锡经营战略系列）
ISBN 978-7-201-13348-5

Ⅰ.①麦… Ⅱ.①大… ②范… Ⅲ.①企业管理－通俗读物 Ⅳ.①F272-49

中国版本图书馆 CIP 数据核字（2018）第 085807 号

著作权合同登记号：图字 02-2017-353
McKinsey Gendai Keiei Senryaku
by Kenichi Ohmae

麦肯锡现代经营战略

MAIKENXI XIANDAI JINGYING ZHANLUE

出　　版　天津人民出版社
出 版 人　黄　沛
地　　址　天津市和平区西康路 35 号康岳大厦
邮政编码　300051
邮购电话　（022）23332469
网　　址　http://www.tjrmcbs.com
电子邮箱　tjrmcbs@126.com

责任编辑　赵　艺
装帧设计　园　里

制版印刷　三河市华润印刷有限公司
经　　销　新华书店
开　　本　710×1000 毫米　1/16
印　　张　20.5
字　　数　300 千字
版次印次　2018 年 6 月第 1 版　2018 年 6 月第 1 次印刷
定　　价　59.80 元

写在《麦肯锡现代经营战略》出版之前

麦肯锡经营战略系列的第一部作品就是《麦肯锡现代经营战略》。在本书之后，又陆续出版了《麦肯锡成熟期成长战略》《麦肯锡成熟期差异化战略》《麦肯锡变革期体制转换战略》《无边界时代的经营战略》。那么本书究竟想要说明什么，大前先生又想要阐述什么思维呢？

其实回忆起来，在出版发行之初并没有什么明确具体的目的，所以借这次机会，希望能让各位进一步了解究竟应该从什么视角来解读本书。

good.book 编辑部

大前研一特别访谈

咨询顾问公司究竟是做什么的？

麦肯锡公司在本书出版之初还只是无名小卒，当时经常有人问“麦肯锡不是西装公司吗”。由于公司英语名称写作McKinsey &Company.inc，所以总被人当作墨水公司。

本系列图书虽然标题中带有“麦肯锡”字样，但实际所写的东西都是我个人想法，麦肯锡公司原本并没有这方面的经验。而我认为“既然麦肯锡公司从事咨询顾问工作，那么就应该做这些事”，如果能将这些内容集结成书的话，也能让人在工作上更为轻松。于是我打算通过一般性的分析方式来讲解这些经验。

换言之，我希望客户在产生疑问，不明白“高价的咨询顾问公司能为我做什么”时，能给予他一点具体的提示，即介绍我们各种相关工作的结果与分析方法。本书以不同客户的各种工作为例，略去了客户公司名称，对多种分析内容进行了介绍。此外，作为进一步思考经营战略的入口，还会配合时代，针对“如果有必要进行分析，那么应该如何进行分析”做详细解说。

当时我们每一年或两年就会召集全国经营者开会，而PRESIDENT公司则将会议内容汇集成以《麦肯锡现代经营战略》为第一部的《麦肯锡成熟期成长战略》《麦肯锡成熟期差别化战略》《麦肯锡变革期体制转换战略》《无边界时代的经营战略》系列书籍。之所以分为五册，是因为每隔一两年就会发现“原来的想法是出于这个原因”或“我们经过这两年的积累学到了这样的经验”。希望能通过在这个时代所发生的事例来与大家共享经验。

阐明撰写本书的真正理由

当时的咨询顾问分为两种，一种是白发顾问，一般指从事该工作40年以上的人。他们为经营者提供自己的经验，也就是经验提供型顾问。不论其手法如何，只提供经验本身。

而另一种则是外资咨询顾问。他们使用波士顿经验曲线或其他图表等语言，看起来具有不可思议的技巧，并以该技巧来“对贵公司进行分析”，最后得出公司所忽视的问题的结论。大多数咨询顾问都属于这种类型。但从公司经营者的角度来看，往往会觉得“你又不了解我们公司的情况，凭什么多嘴多舌”，从而引发各种问题。

无能的咨询顾问是指只能对特定案例使用惯例性手法，让客户公司“尝试着使用这种手法”的人。因为所谓咨询顾问如果只会推销分析、框架或手法之类的东西根本毫无帮助。

日本企业当时几乎从不聘请咨询顾问。其原因简单来说就是因为外资型咨询顾问太多，他们的经验技巧都是一次性的，从最初开始就要由经营者的 YES 或 NO 来得出结论，因此很难被日本企业接受。

而我认为首先应该在客户公司中创建一个小组，这个小组要肩负企业经营的参谋职责，也就是所谓的“企业参谋”。利用企业参谋，让他们对自己进行分析并发表结果，以此培育人才。并且内部人员自己相互交流远比陌生的外部人士贸然提供建议更容易让领导者接受，加之内部人员还能立刻执行，所以我认为顾问应当逐步融入公司中，与客户方的人一起进行各种分析，以此结果为基础来构筑合理的战略或降低成本、扩大市场份额。

而“将这些技巧全部公开”就是麦肯锡经营战略系列的出版理念。

虽然经验技巧是越少人知道就越具有价值，但我和在麦肯锡工作的人都认为“只利用经验技巧来赚钱”会让咨询顾问的能力倒退，所以决定将其公开。而对于麦肯锡员工而言，他们也可以进一步明白：“别认为单纯了解分析手法就能赚钱”，“根据所有人都采用同样的手法所得出的结果来了解什么样的判断是正确的，这才是经营”。公开经验技巧也能让麦肯锡员工督促自己进步，所以从某种意义上来说，这一系列数据的出版也是为了鞭策麦肯锡公司自己。

当时也有不少人说“居然这么慷慨地公开经验，你是傻子吗”，“把这些东西出书公开的话我们咨询顾问就要失业了”，但事实上我们依旧不间断地收到工作委托，客户方甚至对我说，在得知自己公司的员工在学习这系列书籍时，更坚定了“要请大前先生过来一起工作”的决心。

最终不仅工作没有减少，并且各企业的问题也在逐步改变。“下次请帮助解决企业组织问题”，“请参与海外发展问题”，“我们手上有个棘手的事业难以为继，希望咨询处理它的方法”，等等，各种请求也接踵而至。

我如今已经做了40年咨询顾问，但依旧不断面对各种难解的课题，所以我决定公开介绍自己所遇到的各种案例以及所使用的经验技巧。我不想今后听到有人对我说“原来40年前就有这种经验了”。仅靠技巧套路来工作是非常不专业的做法，根本不会动用脑子。而我想要借助本书指出：“这种不专业的人是不可能成为经营者的”，“甚至无法为经营者提供参考”。

自己做演讲报告

我在某企业做咨询顾问时，最初是将基本的分析方式、数据搜集方法以及如何将这些东西绘制成图表教给客户，从某个阶段开始让客户独立做事。所以我虽然身为咨询顾问，但并不动笔写东西。我对客户说：“你们（企业内部员工）才是应该动笔的人。”

我也不写演讲报告，而是告诉他们“你们自己在社长面前做演讲”。当然，有人会说“这个还是大前先生来做比较好吧”，因为员工在领导面前做演讲大多会紧张。但这对于我们来说是非常好的学习方式，自己亲自参与报告会更让他们产生责任感。

所以我个人会对流程每两到三个月做一次进展审查。对于一些敏感问题，我既然收了钱当然还是会处理，但大半都让企业内的人自己去向领导提出建议。这样一来，大多数领导者会认为：“既然我们公司的人能提到这些事，那么就算和以往的做法完全不同也值得考虑一下。”当时公司内的经营者大多都抱有如此想法。

后来，不用等公司员工建议就能自行做出决定的经营者开始增多。于是我对当时公司的领导者说：“贵公司的人已经能做到这些事，那么在应对其他事业或面对不同课题时，请信赖贵公司自己的人。”意思就是我已经没有存在的必要了，因为已经培养出了优秀的人才，同时也培育了我们麦肯锡公司的员工。

企业今后还有可能进军海外市场，或者面临前所未见的金融问题，但我依然可以说“这种问题贵公司内部也能解决”。这种情况下，我将原本一般只有四五个人的小组扩展为30人左右，那么客户企业方面就能自行解决某些程度的问题。之后这些人逐渐在公司中扩散，成为领导者的人也会不少，最终对于人才培育十分有利。

被“恶魔的使徒”锻炼

在我进入麦肯锡的初期，有几位非常优秀的咨询顾问被派遣到了日本，其中一人名叫昆西·汉西卡，来自瑞士，当时担任东京事务所所长。他喜欢对所有事情进行彻底分析，并且思考该数据是否展现了真实情况，是个非常喜欢挑战的人。在他的引导下，我养成了反复思考、搜集数据，并将数据分析到他接受为止的习惯。当时在麦肯锡公司中，能在这种老前辈身边工作对我有非常大的帮助。

之后又有来自加拿大的英国人安格斯·坎宁安。坎宁安是英国名门伊顿中学、剑桥大学出身的优秀人才，但性格不佳。所谓性格不佳是指对任何事情往往从一开始就表示“I disagree（我不赞成）”。通常，我们都会表示赞成，于是就和他引发了辩论。

我和他共事过一年左右，发现他非常喜欢辩论。日本人一般讨论起来就容易吵架，但他却非常享受这个。当辩论结束后，他还会微笑着说“你做得不错”。我认为他是个不可思议的家伙，但也因此明白了英国式的辩论原来是这样的。

他往往认为我的某个分析是错误分析，以此视角来展开讨论。反正就像犹太人一样，不由分说先进行反对。而犹太人在面对问题时经常使用的解决方法是“devil’s advocate（魔鬼代言人）= 恶魔的使徒”，简而言之就是“我作为恶魔的使徒反对你”，然后再针对谁才是正确的展开辩论。

我在麦肯锡公司初期，与各种超级优秀的人才都共事过一年左右。

这对我而言是非常宝贵的经验。在日本往往是权位高的人一发声，其他人就表示认同。但他们不同，他们无论面对任何人都敢于说“我有不同的想法”。

与这样的人相处一年，自然要学会如何让他们哑口无言，也就是必须养成找出证据和搜集数据的习惯。

这两人可以说对我产生了非常大的影响。

用自己的头脑去深入思考

我当时进行了两千个左右的各种分析方法，这些都会出现在本系列书籍中，但我依然在继续思考新的分析方法。这些新的分析方法依旧不能应对所有问题，因为问题的种类永远在发生新的变化，公司所处状况及其业界所处状况也跟人的指纹一样不会完全相同。所以懂得提问“以现在的情况来看应该怎么办？”是非常重要的，如果全凭框架或一般概念来做出判断，那就毫无意义了。

现在的商学院会“教导哈佛的个案研究”或者“教导框架”，但仅学习这些是无法进行商业经营的。因为通过框架只能给你发现问题的途径，只有通过面对问题才能发现问题本身。无论是公司还是客户都得从思考问题出发来研究公司怎么发展才好。只会说“按照商业框架来看应该会是这样”的人大多只懂得向电脑输入和输出无用数据，他的回答根本不值钱。

许多读者也许会对麦肯锡产生错觉，认为“有麦肯锡这个世界一流咨询顾问公司的经验技巧就足够了”，但实际并非如此。各种问题会随着时代与状况发生很大变化，所以“根据情况自我思考”才是最重要的。

有人问：“我可以用现在的视角和意识去看这本写于过去的书吗？”那么我只能回答他：“请不要看。”因为阅读本书是为了理解当时的思考方法，并思考现在应该怎么去看待问题。

我当时是以那时候的客户问题为前提进行思考并得出经验，所以如果你问我现在会怎样的话，我也无法给你答案，这都是需要你自己去考虑的事情。不加思考就寻求答案是应试教育的恶习，等同于只会在参考书上寻找答案，但不会自我思考的人是不可能进步的。

现在是“成长期”&“成熟期”&“变革期”

本麦肯锡系列书籍的标题中出现了“成熟期”“变革期”的字样。如果有人问“那我们现在处于什么时期”，我只能回答“任何一种都不是”。现在既是成长期，也是成熟期，同时还是变革期。这些混杂在一起，形成了如今丰富多彩的时代。

当今时代下，不同心态决定了成长的方向和是否能够成功。

经营者在面对例如国内人口减少和年轻人减少的困境，认为前景堪忧时，也许会通过压缩资产、缩小均衡等方式来提高收益，或者进驻从未尝试的新业界。

但就我个人来看，如果参与新事业，那么顾客与之前截然不同，且事业领域不同，能在这两个完全陌生的条件中，在一无所知的前提下获得事业成功的人几乎不存在。

所以要做的是了解至今为止顾客所产生的新需求，并制作出能推荐给这些顾客的新东西。这样就能维持与顾客之间的关系。

此外，想要将以往的商品或以往的事业在技术理解的基础上进一步扩大顾客范围时，也有需要注意的地方，即扩展事业必须锁定一个重点，想要对自己完全不了解的顾客——比如陌生国家的顾客推出自己并不熟悉的商品，这几乎是不可能成功的。

如今时代中，就日本国内而言，企业必须去尝试新事业。而对于新事业，正如之前所说的一样，同时挑战多个重点领域的话，往往会因为经验不足、渠道不够或对顾客了解不足等原因而导致事业陷入泥潭。

再重复一遍，现在既属于成长期，也属于成熟期与变革期。它是所有变化同时发生的有趣时代。根据你态度、思维方式的不同来决定今后成长的方向，而各企业和经营者所面对的问题也根据时代和状况的不同而完全不一样。所以我只能说："这本书里没有答案，只有各种提示，剩下的需要各位用自己的脑子去思考。"

如果本系列书籍能让大家学会思考，并从中得到少许灵感，将是我无上的荣幸。

2014 年 6 月

前 言

大前研一

现代经营在各种意义上都迎来了变革。所谓优秀的公司，就是以自由竞争为方针的公司。与这种公司为伍，就意味着其他企业也必须夜以继日地努力经营才能生存下去。而经营不仅要从产品开发的角度出发，更要进行战略思维、经营流程、企业组织等内部改革。出版这本囊括了许多从未公开内容的书籍，也是希望它对于追求将这种内部研究与改革用于现代经营的人们能有所帮助。

在麦肯锡公司东京事务所 8 周年纪念之际，我们集日本工作成果之大成，也抱着希望能得到现代经营者们严格批判的目的，在轻井泽的万平酒店举办了名为“高层管理会议——为形成新的构想”的大会。由于我们的主业是咨询顾问，不会做研讨会或干部培育等，于是出于这一点考虑，出席者都由我们来接待。

大会时长达 22 小时，近 40 名参加者都非常用心听讲，并且积极参与讨论。出席该大会的 PRESIDENT 公司的本多光夫社长、书籍出版责任董事守冈道明两位提出请求，表示希望能出版本次会议的内容。

当然，要全部收录的话，内容太过庞大，所以最后只在不丢失起承转合的一贯性的基础上抓住骨骼部分，从400张图表中收录了最重要的约90张。这就是本书出版的背景。

由于文章是在演讲的速记基础上完成的，在文体上不一定完美，希望各位能理解本书诞生的背景，如果感到语句生涩难懂也请谅解。

本书所介绍的日本版PPM、PMS、TPM①、企业组织等思维如今已经在世界各地的麦肯锡事务所广泛使用，在此衷心感谢协助东京事务所发展的20余家企业及其客户的热心支持。出于职业上的保密义务，无法一一提及各位的名字来表示感谢，实在是非常遗憾。

另外，对于促成出版的原动力，也就是始终对我们提供热情帮助的PRESIDENT公司守冈书籍事业部长也表示衷心感谢。

---

① PPM是英文Product Portfolio Management的缩略语，中文为产品组合管理。PPM原意表示化学浓度，日本松下电器公司借用它作为产品质量检验水平的一个标准，即提供给用户的100万个零件中，不合格品不准超出1个。从此，PPM管理成为全球制造业的广泛活动。

PMS（power production management system）工程生产管理系统，是SG186工程八大应用中最为庞大和复杂的应用之一。PMS（生产管理系统）是基于统一应用平台PI3000构建，采用B/S和C/S混合模式的多层（具体分为数据层、服务层和表现层）架构系统。PI3000平台是根据SG186工程统一应用平台的指导原则，融合当前业务基础软件平台理念，基于模型驱动和构件化思想研发的一套面向电力行业的业务基础软件平台。

TPM是英文Total Productive Maintenance的缩略语，中文译名叫全员生产维护，又译为全员生产保全。TPM管理，即“全员生产维修”，20世纪70年代起源于日本，是一种全员参与的生产维修方式，其主要点就在“生产维修”及“全员参与”上。通过建立一个全系统员工参与的生产维修活动，使设备性能达到最优。

目 录

序　章

新的企业环境及其战略意义
——经营者该如何应对低成长

现代被称作“充满不确定性的时代”，我们也不否定这一点，但作为帮助制订企业战略计划的人，我们的宿命是迎难而上。

而无论时代具有多么大的不确定性，其内在也会一点点地被剥开，或者现在已经出现了明显的预兆，只要能抓住这一点，就能明白面向未来应该进行怎样的发展。

作为本书序章，我认为首先应该指明的就是“新的企业环境及其战略意义”。

一、八十年代的六大要素

图 0-1 中，我们将对成长、景气、资源、国际、雇用、技术等经营战略造成巨大影响的要素分为 6 个，以此展望 80 年代。

概括而言，首先是低成长持续，景气随着通货膨胀而不可逆地萧条。经营资源虽然包括人、金钱和原材料等，但其不平均的倾向也越来越严重。当人们想要解决这一问题时，又产生了僵化现象，而国际形势比以往变得更为剧烈。

加之想要克服通货膨胀就很难保证雇用。此外，高福利社会与确保雇用之间的矛盾进一步扩大，而在这些状况下，技术革新依旧在循序推进。

——以上是概括而论，接下来则针对 6 大要素来逐个进行详细分析。

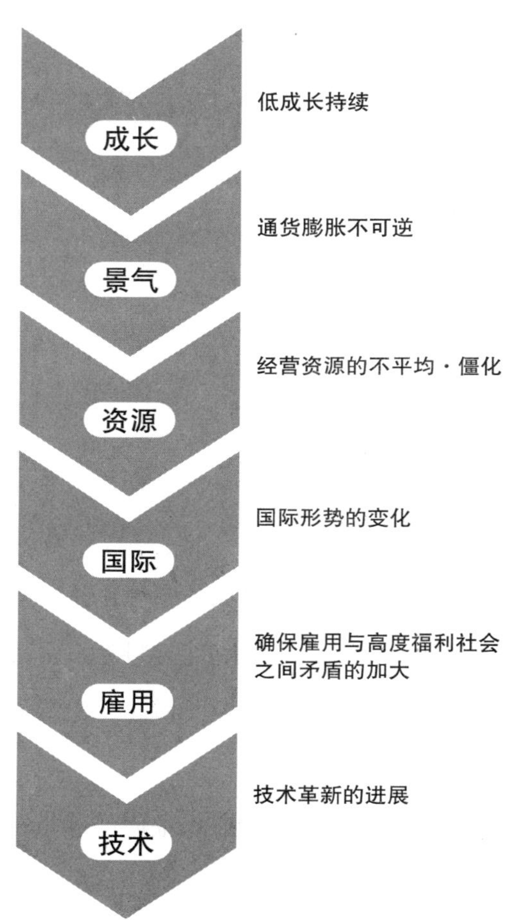

图 0–1　20 世纪 80 年代的经营环境

二、低成长的四大背景因素

政策性的刺激

低成长持续的背景成因是政策性的刺激、人口动态的成熟、基础市场的成熟、国际竞争力丧失这四点。

最初的政策性刺激是打算在低成长持续的状态下达成7%的成长反弹，而这种可预料结果的变化当然是由大型政府来主导，政府对于财政的控制部分增多。

而企业要应对这种倾向，就必须积极参与国家或地方政治。

例如美国政府是比日本政府更大的政府，政府部门的GNP所占比例也高于日本。通用电气公司的琼斯会长曾说过，自己待在华盛顿（政府所在地）的时间已经比在费尔菲尔德总公司的时间还长，他还曾公开表示，对国家政策立案者行使自己的影响力比对公司内部的人行使影响力更有效果。从这些方面来看，依靠大型政府对企业而言已经非常重要了。

政府比自然发展（也就是低成长）更快一步地进行刺激的结果就是当企业的事业资源转移能力不足时，将会被淘汰。因为政府是喜怒无常的，所以企业不可能长期预测应该往哪个领域注入资源。从这一点来看，企业必须要进一步将固定费用转为流动费用，以此应对各种不同的领域。

人口动态的成熟

人口动态的成熟是指优质且廉价的劳动力供应停止，我们将面对高龄化且高薪化的劳动力。企业必须重新审视造成这一状况的原因，也就是论资排辈、终身雇用制度。在现实中，这一问题会在最近两到三年成为大多数公司的中心战略主题。

基础市场的成熟

基础市场的成熟是指围绕着有限的、不再扩大的市场规模所展开的激烈竞争，而在竞争中获胜的能力是无法在企业内部培育的。因此，企业的对策应该是从根本上强化决策或战略立案的功能，此外还要求具有市场垄断力，在无法垄断的市场，事业收益或事业前景将十分暗淡。

但要理解成熟期——也就是低成长所带来的成熟市场，必须先理解之前的成长期。

我们认为成长期包括两种类型（图 0-2）。其一是被称作“置换”的成长型，这是由于传统产品陷入衰退，于是将其置换为其他产品。其二则是被称作“浸透”的类型，这是指原本就具有购买潜力，又随着新产品的陆续推出而逐步浸透到需求层。在日本，购买力是不一定的，随着成长期的逐年发展，慢慢地向着更高的层次浸透，最后产生了成熟现象。

置换必须由某种驱动力引发，比如从竞争力考虑，决定将推土机换为掘土机。从将其换为泛用性更高的掘土机这一点来看，“泛用性”就是驱动力。将黑白电视换为彩色电视的升级（向上提升）的置换驱动力是更为明显的“需求”，而将单反相机换为卡片相机这种降级（降低）的置换驱动力则是由于“高敏度胶片”的发明。此外，还有以“方便且廉价”为驱动力，将定制服装换为成衣的标准化置换。

浸透作为另一个成长原因，大致可分为资本财产和消费品来考虑。资本财产很有趣的一点是，它自身是并不会成长的。比如购买工作机械，不会有人买它来装饰房间，大多是为“制作”大量汽车之类而购买。资本财产是处于“必需”的环境下。人们不会买油船来做装饰品，只是因为日本需要石油，为“满足”这一需要而必须使用油船。这些需求都是非企业自发创造的。发电所、炼铁厂等也一样。不过与此相对的是，消费品则具有任意性，人没有钢琴不会死，消费品是以愿望为基础开始浸透。

置换
成长产品
衰退产品
浸透
购买潜力
（α购买力）
竞争力
升级
降级
标准化
掘土机
彩色电视
110相机
成衣
置换
启动力
泛用性
欲求
高粒度
胶片
便利性、
成本
推土机
黑白电视
SLR相机
定制服装
必要性
任意性
（必须做……）
（……想做）
浸透
·工作机械
·油船
·发电所
·炼铁厂
·钢琴
·住宅
·家电产品
资本财产
消费品

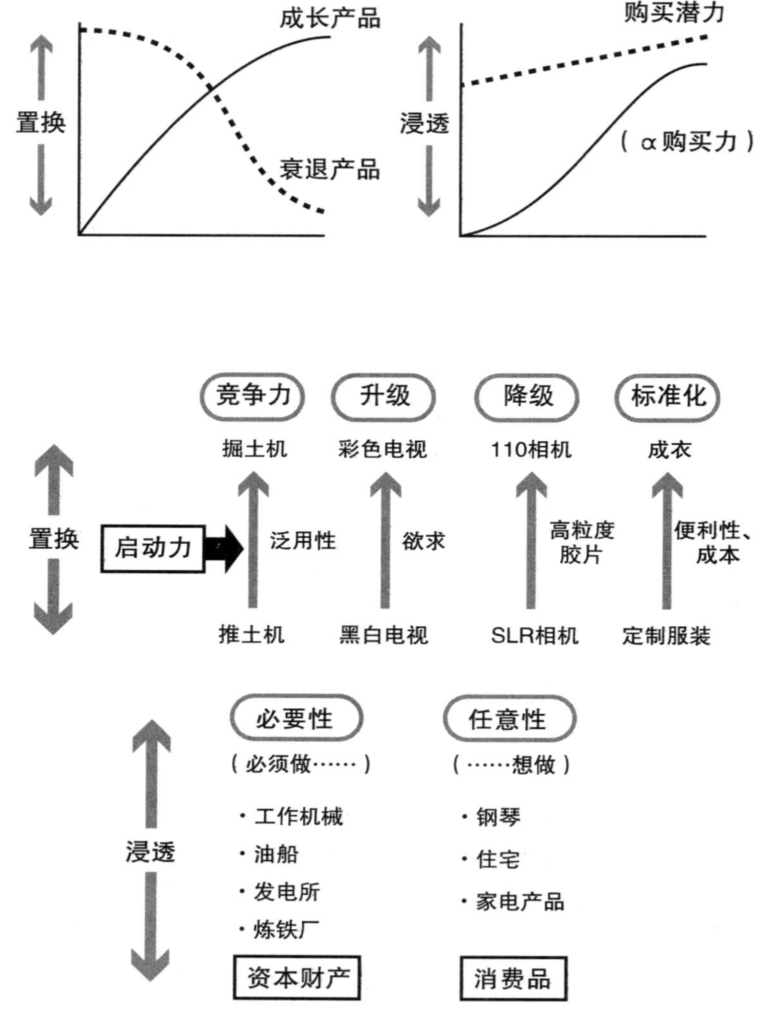

图 0-2 “成长”的两种类型

所以这一类型的成长初始特点之一是无法大幅超越置换产品的需求。通过针对用户进行经济计算和利害得失可以进行置换，但也隐藏着被置换的风险。当遭遇更为优秀、驱动力更强的产品时，自己当然有可能变成被置换的对象（图 0-3）。

浸透型中，资本财产的替代周期长达 20 到 30 年，只要利用它所制造的产品生产量不超过最高值，就没有必要增加生产能力。因此，资本财产的年需求可以说为零。

相对的是，消费品的替代周期较短。比如两百万家庭拥有电器产品，那么每年必然会产生替代需求，这是统计的结果。但该替代需求会根据景气的好坏和钱包的宽裕程度而有所不同，有的是 3 年一换，有的是 5 年一换，底限变动很大。所以即使是满足同样的需求，每年所产生的需求量也有显著的起伏。

当全部持有数量为 6 个时，替换期间如果为 1 年，每年将产生 6 个需求，如果用 6 年时间来替换的话，每年只会有 1 个需求。景气好的时候可能 3 年替换一次，景气差的话则可能需要 6 年或只进行修理。

因此，随着成熟期的到来，当面对需要满足所有人需求的状况时，需求的剧烈变动也就变得理所当然。这也是为什么企业的战略视角必须转为如何应对需求变动而非以往的传统发展的最重要原因。在这些行业中，替换周期的长短会带来基本需求的巨大变化，所以也有人乐观地认为，只要在数年间以一个单位周期应对一个经济循环就能满足基本需求。

置换
——无法大幅超过置换产品的需求
——害怕自己被置换
生产能力
——半永久的生产能力
——只要生产量没达到最高值就不会出现需求
需求
资本财产
较长的替代周期
浸透
——需求对于替代周期的长短和一般经济状况非常敏感
需求变动
消费品
变动替代周期

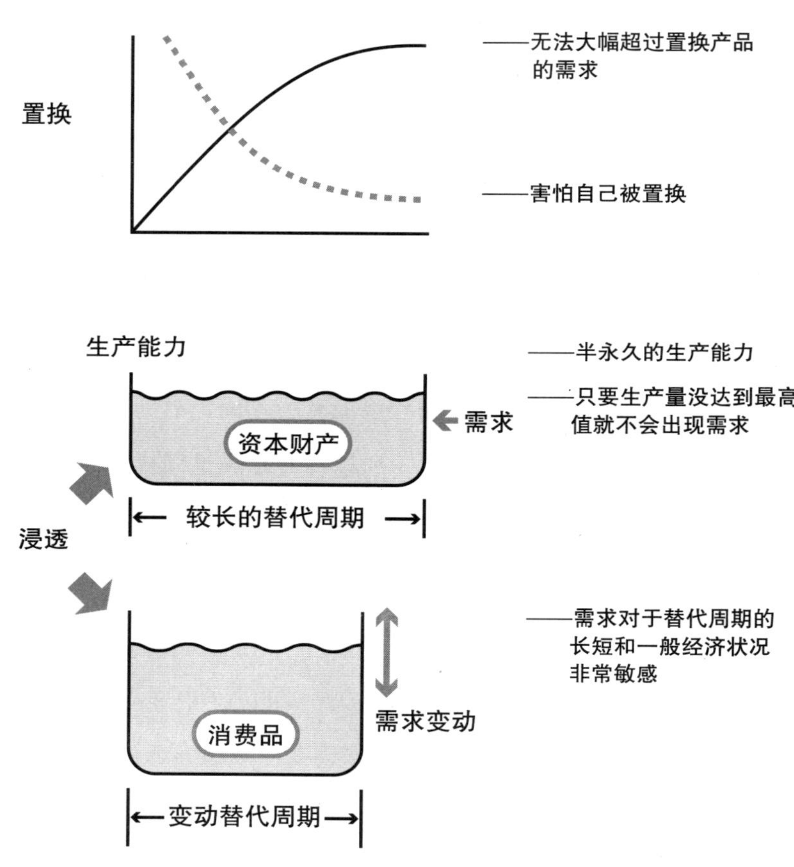

图 0–3 成熟期的特点

但身处这些行业的企业对于盈亏平衡点的战略性管理将比以往更为重要。这时以高额固定费用陷入低谷的话将出现大额赤字，而在赤字基础上进行消极经营则放弃需求高峰。所以针对盈亏平衡点来进行经营需要比以往更加仔细和敏感。

此外，企业所有事业以同样的幅度变动的话，其增幅难以被吸收，所以要减少变动压力，需要尽量构成不同周期的组合，研究事业组合，思考重组方式。

需求变化时，必然会有一个先行的指标，它不会在某个时刻突然发生，必定有某个先行指标。从这个意义上来说，如果建设投资发生变化，那么卡车、建筑机械、相关物流都会在5到6个月的延迟之后慢慢出现需求。所以需要着眼于所属行业之外的先行指标，并以此为基础比竞争对手更快一步做出经营决策。

另外对于季节性商品企业必须有自己的先行指标。比如只依靠气象台的预报是不可行的，今年夏天就是很好的例子，几乎所有的空调都销售一空。但美国的施乐百公司却雇用了三个气象学专家，这些人给出的预计和气象台完全不同，符合该预计的企业所得利益比改善生产计划或降低成本要大得多，所以企业自身应该拥有先行指标。

针对前景的不确定性，企业组织形态还将面对一个问题，那就是今后的企业如果生产和命令系统不能实现一体化，将难以生存。成长期制造是制造、销售是销售的模式之所以能完美运作，是因为当时的需求比供给更为旺盛。当需求衰减时，生产方却往往难以随之降低产量。营业方相对灵活，也许会要求降低生产，但生产方却依旧和以往一样。这样一来，当需求跌入谷底时，企业依旧保持着最多的员工和最大的库存，这就意味着固定费用达到了最大极限。因此不管理盈亏平衡点将导致巨大赤字。

而当企业终于开始减少产量并削减员工时，市场方面也许又开始回升了。这样又将造成机会损失。由于减产好不容易才结束，如果又要求大幅增产，显然会导致首尾难以兼顾。在生产与销售的传接球之间，灵活的竞争对手会很好地利用流动费用来解决问题。

而生产与销售即使在功能上做出了区分，只要命令系统没有统一，也无法在业界生存。因此在战略性地理解每一次变化和成熟后，企业内部的思维方式与组织等也将发生巨大变化。正如之前所说，理解周期性并克服它是企业内努力的重点（图 0–4）。

国际竞争力的丧失

接着来看国际竞争力的丧失。由于产业构造变化的速度远比我们所希望的更快，所以身处这类行业的企业必须做出应对。下面以一体化与设备废弃这两个极端例子来进行介绍。

所谓国际竞争力的丧失，举例而言就是，假设美国纤维市场长期存在，但以往由日本生产和提供的部分被其他国家抢走了。早期是纤维、三合板行业，最近则是造船、彩电以及其他电子工程行业商品都遭遇了这一困境。在这些种类的行业中，必须了解低端价格与原材料之间哪些企业占有怎样的份额，也就是了解附加价值的分布以及它是如何发展变化的。

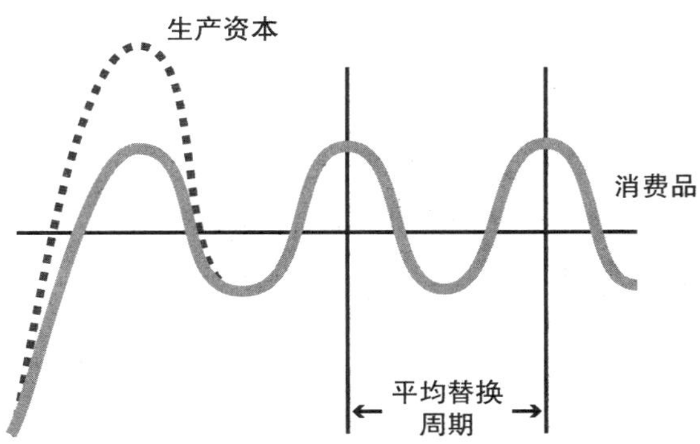

- 盈亏平衡点管理
- 为减少变动而进行的PPM
- 生产与销售的命令系统的一体化

图 0–4 战略选项

原材料、外部订单加工，制造商的制造、组装，制造商的销售管理，以及批发、零售等典型的消费品领域或生产物资通过类似过程进入流通，许多企业都计算这些附加价值。但实际上我们需要掌握从最上层到最下层的整体附加价值。

如图 0–5 所示的某产品，制造商的附加价值在这十年间急速缩水，这就是构造性萧条产业的典型现象。流通中的价格压缩让制造商方面的附加价值压缩更大。虽然去年与今年相比，该现象并没有显著提升，但从 5 年的长远目光来看，显然会在一定方向上压缩附加价值。

制造商对降低附加价值采取了各种对策，例如减少工时、改善购买手法、VA= 价值工程（Value Engineering）、修改外部订单政策，从海外调配零件、自动化、合理化等，努力将附加价值与收益结合起来。

但这仅仅是制造商们的对策，从制造商下层来看，典型的流通业务相关成本依旧毫无改善。

流通业务分为销售、广告宣传、库存、金融、物流、服务。在这些业务中，门市负责销售、库存和服务，也负责大部分批发。而制造商则越来越担心批发经销商，开始考虑是否要进行直接销售，是否该共同库存，是否应该由制造商负责金融，是否要参与服务等，随后他们也贸然地进驻了流通业领域。于是，流通相关业务就出现了大量重复（图 0–5 下方）。

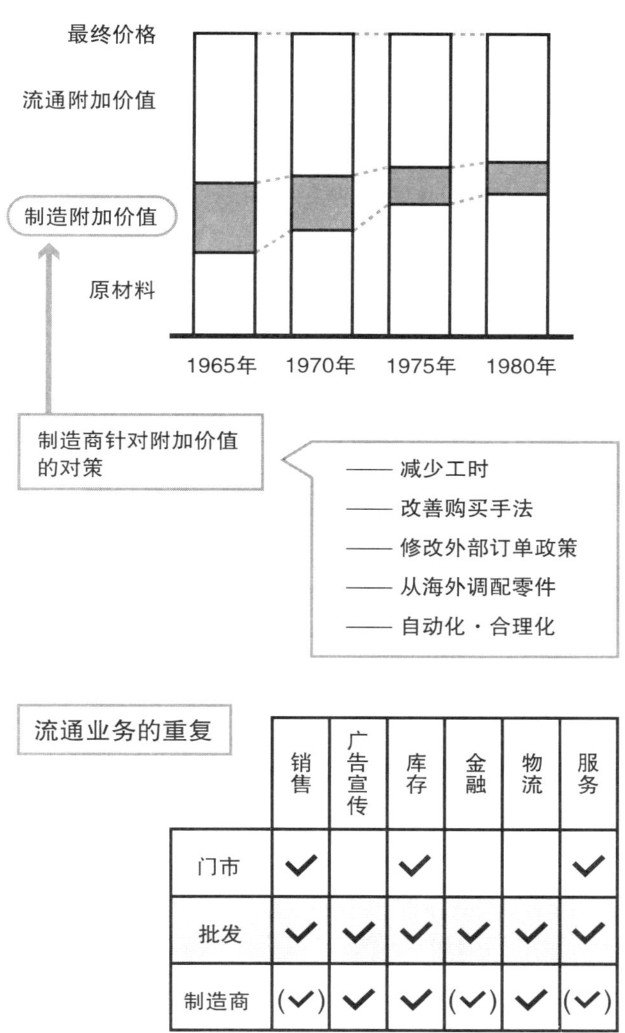

	销售	广告宣传	库存	金融	物流	服务
门市	✓		✓			✓
批发	✓	✓	✓	✓	✓	✓
制造商	(✓)	✓	✓	(✓)	✓	(✓)

图 0–5　流通业与制造业的纷争

制造商努力在企业生产活动中减少每一分钱，但流通上的业务重复却为其带来了几百日元甚至几千日元的额外开销，所以之前的努力都是白费。这也许是源于制造商与流通业天生不同的思维，认为制造的负责制造，销售的负责销售，拘泥于分权思想。

这时制造商方面的战略性选项（替代方案）就是利用总公司部门的销售管理功能，从其他地方做 OEM 调配，放弃制造商原本“自己制造”的功能。或者保留制造功能，慢慢地从依赖外部订单转回内部制造。也可以获取原材料后进行向上垂直统一管理。总之需要跨越传统局限，上下灵活应变（图 0–6）。

而批发业为了能继续与制造商进行良好交易，通过私人品牌或自有品牌来让制造商自由选择，这也是旨在强调批发才是主角。制造商则利用直辖代理店这种方式，囊括了传统的批发店功能。为了减少业务领域的重复，最极端的例子是制造商直接与用户接触，采取直接销售活动。

以往上下垂直统一管理的速度之所以缓慢，是因为坚持“术业有专攻”这一观念，而当面对结构性萧条行业的制造商附加价值历史性地降低时，我们必须尽快采取相关的战略性手段。

从流通业的立场上来考虑，如何才能发展流通业呢？这由成本竞争力、份额责任、市场情报反馈这三大支柱来决定。也就是制造最有竞争力的渠道，以最便宜的费用将产品送到用户手中，并且要让流通业的固定费用尽可能减少，还得承担原本就很沉重的份额责任。通过这三个支柱，流通业与制造商之间就能进行重组（图 0–7）。

战略性选项
原料
15
上方垂直统一管理
外部订单加工
10
根据内・外制造比例
来进行OME化
制造・组合
15
销售・管理费用
10
PB
20
直辖
代理店
门市
30
直接
销售化
业务上容易重复的领域

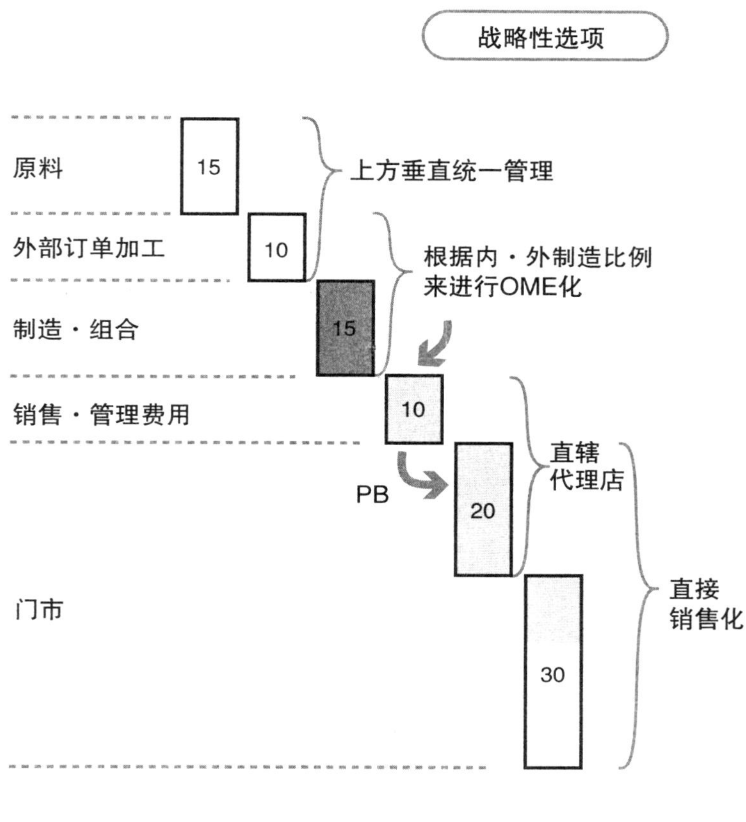

图 0–6 附加价值分析

日本和欧洲的廉价商品大量输入美国是在20世纪60年代初期。而随着制造商的用户指向和中间手续费削减倾向的持续，日本随后也难以避免制造商与流通业的十年战争。

流通业如果继续保留现在这种过于冗长的流通渠道，那么被称作折扣店的新加入者将成为牺牲品。以眼镜为例，普通的零售店所销售的RODENSTOCK牌眼镜为35,000日元，且需要经过极其漫长的流通渠道。而并行进口后自行零售的话，价格能降低到一半以下，十分划算。这是我们调查Megane Drug等公司将同一物品送至顾客手中的价格时所得到的实际结果。

冗长的渠道不做改变的话，制造商与流通业之间将会出现大量牺牲品。这一问题只有能确立最有效流通渠道的人能解决。在此我想说的是，这个问题刻不容缓，因为不仅同业者，业界外的人也正将目光锁定这一点，纷纷参与其中。

在这种情况下，家电、轮胎、医药、相机等所有领域都将进入与以往完全不同的竞争者或外国产品。这些变化最容易导致原有大企业成为牺牲品，因为从前作为其优势的固有销售网络反而会如达摩克利斯剑一样成为他们最大的弱点。越强大的企业，越难以轻易更改销售网络和据点。

优秀的流通业者具有成本竞争力——也就是所谓的流通、库存、金融、广告宣传、销售员生产性这些优秀的企业体制。在份额责任这一点上，客户的规模、价格战略、选择销售活动对象的能力都比较高。

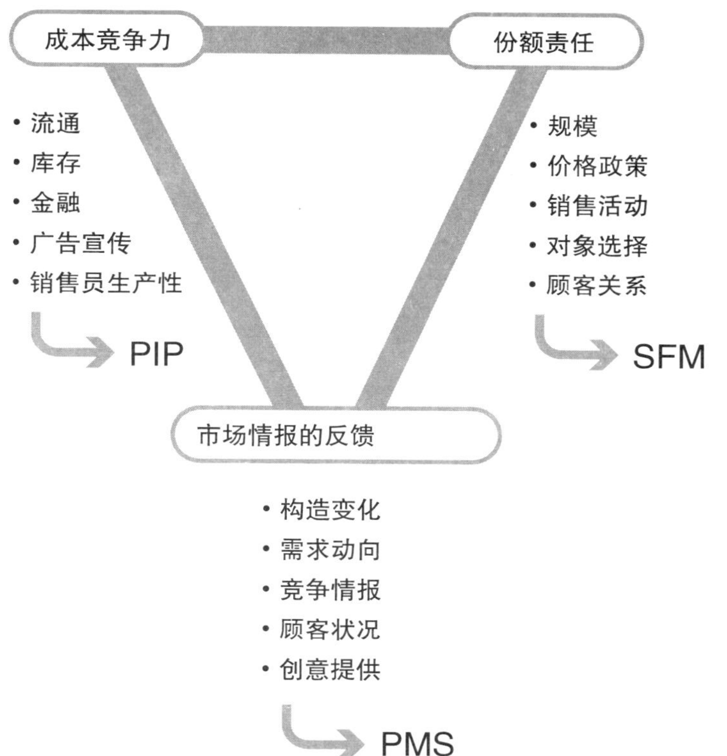

图 0-7 流通业生存的三大支柱

此外还需要市场情报的反馈——当发生结构变化时，能准确地告知制造商需求动向、竞争情报、客户状态等。同时，离市场最近的人还必须提供创意。将这些东西作为内部要素强化三大支柱，才可能在 20 世纪 80 年代残酷的附加价值争夺战中具有坚韧的企业体制（图 0-7）。

稍后我将详细介绍与成本竞争力相关的 PIP（收益性改善计划），与市场责任相关的 SFM（销售力管理），以及与市场分析及其他战略案相关的 PMS（产品 · 市场战略）。

新价格体系

针对之前所说的国际竞争力丧失而提出的新价格体系是指发电、油船、铝提炼。当产业成长回到能源成本函数这一原点时，廉价能源成长性较高，但当它成为昂贵能源时，该国的成长则会降低。能源危机这一现象本来就是凭借廉价能源获得成长的经济在（能源）价格提升之后进入低成长曲线，强制性地被迫陷入低谷的。

如图 0-8 所示，虽然在短期的跌落后又会往上回升，但其间可能长达 5 年、10 年。这就是新价格体系的特点，需要长时间忍耐。

身处这些行业的公司应当采用的战略选项是出售部分资产，在此期间以维持生存为目的，或者对固定费用，尤其是间接业务费用进行大幅削减。相对的，如果想动用高额固定费用，那么就要将这笔钱战略性地对相关领域、技术、销售以及其他方面进行多元化使用，或者用于积极开拓新需求。前面章节中所提及的行业情况还不算太糟，但

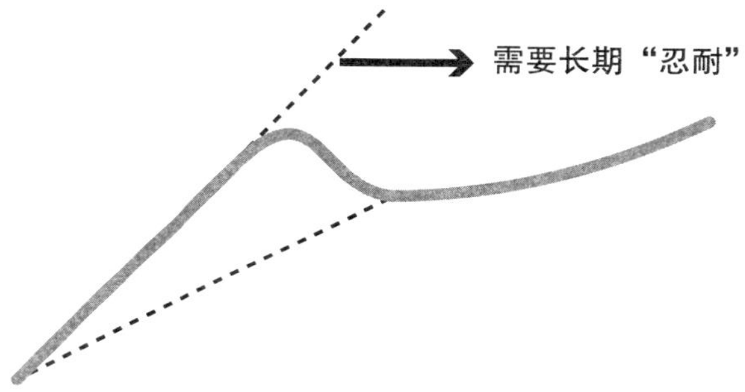

战略选项

- 出售部分资产
- 大幅削减固定费用（间接业务）
- 对相关领域（技术、销售）的多元化
- 开拓新需求（球鼻艏、浮动航空站等）

图 0–8　新价格体系

本节所说的行业所担负的使命指的是必须从根本上开拓出让企业起死回生的新需求。

结构变化的对应战略

结构变化的具体例子在图 0-9 的制造商产品需求中就有一例。在典型的产业中，以往需求都集中于大都市，但如今已经转向了 20 万个地区核心都市。这一转变在最近一两年并不太明显，但从 10 年左右的跨度来看，需求明显在往核心都市转移。这就是结构变化的典型例子。

同样，以银行为代表的第三产业中的个人储户类型也将发生改变，比如储蓄将从高收入者转向担忧未来的中间管理层。这就是第三产业的结构变化。

另外，成熟这一问题将如何具体体现于各位的事业中呢？从制造商的产品购买理由来看，以新顾客为主流的 20 世纪 60 年代转变为以换购为主流的 20 世纪 70 年代，这一变化在各种微观的场合都是典型现象。

十几年前的战略是新开拓——也就是以“寻找新客户”“开辟更广阔的市场”为中心。但由于如今该战略已经只对 10% 的人起效，所以呼吁“新开拓”的公司显然没有将自己宝贵的销售员投向已经变为主要需求层的换购顾客。而一旦在该领域的市场份额大幅下降，公司将会遭受巨大打击，所以我们必须根据结构变化和市场成熟程度来改变战略，尽一切努力让顾客在打算换购的时候首选本公司产品。

制造产品需求
县辖区
大都市
地方核心都市
1960
1970
1980
银行个人储户
年轻层
中间管理层
高收入者
1960
1970
1980

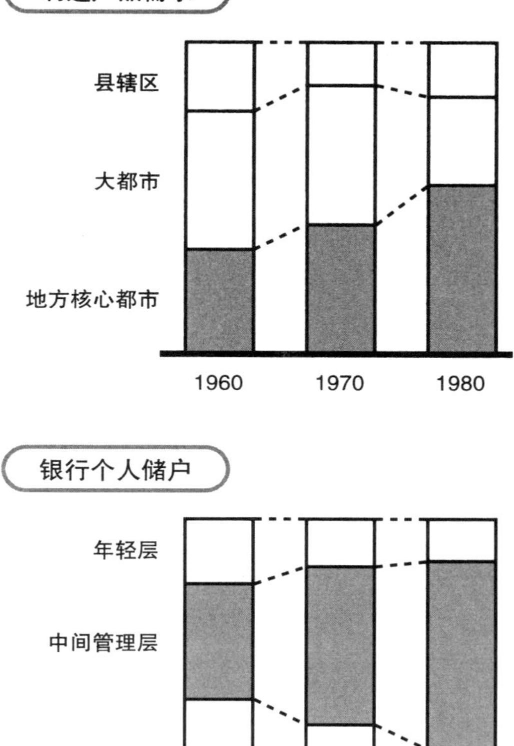

图 0-9 结构变化模式图

重视已有顾客与提高服务质量、掌握顾客对产品的保有状况变得更为重要。其代表性的例子就是彩色电视机虽然已经逐渐有了换购需求，但假如拥有彩电的家庭为3000万，那么我们就需要了解拥有彩电第五年、第六年、第七年的人分别会面对什么问题。如果他们并没有要求解决屏幕闪烁雪花点问题的诉求，那么大肆宣传新的电视技术并不会取得什么实际效果。只有发现想要换购的人所烦恼的真正缘由，并制造出能解决该问题的产品，才能在销售上领先一步。这也是针对成熟市场改变战略的例子之一。

银行也一样。为什么你会将自己的财产存入某个特定的金融机构呢？调查这一点后发现顾客的动机已经从“信用”转向了“方便”与“快捷”。这是因为战后一段时间内不少银行破产，所以当时存款的第一需求必然是信用，但如今已经是战后30年，当银行破产不再出现后，信用则不再是必要的前提条件，顾客开始需求其他的东西。因此银行战略也将卖点从信用转为了方便或收益等，或者如之前所说的一样，将战略核心转成为中间管理层的人规划未来，实现这部分人的诉求。

先前提到的替换也让都市计划转向了都市再开发。战后30年曾有过推平多摩丘陵这种大型建设，但今天已经转为了在摧毁原有建筑基础上重建新建筑的再开发模式。在此大趋势下，以往粗暴型的机械需求也将转为了更为精密的机械需求。这也是企业要在“替换”中取得先机必须先分析其驱动力的例子之一。

同样，当银行的产品需求从信用转为便利之后，都市银行被邮政储蓄抢夺存款的现象也就不难理解了。即使是3000日元也会亲自上门服务的邮政储蓄获得了显著成长。本文要说明的就是像这样的结构变化或替换都与基础市场的成熟密切相关，解释企业从微观角度为什么需要改变以往的战略。

三、景气＝投资欲望的减退问题

低成长如今已能够归结为四个原因，但接下来的景气问题就更为复杂了。

通货膨胀与雇佣在凯恩斯经济关系上来说属于“互惠互利”的关系，所以如果容许通货膨胀，那么就能确保雇佣。

以往也可能有在企业获得成长后抑制通货膨胀来确保雇佣的方法，但成长一旦停止，通货膨胀与雇佣就会呈现自相矛盾的状况。

可预估的变化是投资意欲的急速减退。当以确保雇佣为前提条件来制订设备投资计划时，多余的员工该怎么处置呢？解决不了这个问题就会导致投资意欲减退。我认为以往只用折旧费进行重新投资等做法也是现在日本资金剩余的一大原因。

企业当然需要重新审核ROI（投资回报率）。也就是应对以上变化，得到比以往更能反映社会性因素的ROI，或者也有必要导入通货膨胀会计。

但仅靠改变制度还是不可能实现充分改善，因为只改变制度不能解决更为本质的企业家精神丧失与投资意欲减退等问题。这也正是“景气”对企业活动带来的主要意义。

四、经营资源＝金钱、人力、物力的不均衡化

经营资源的不均衡、僵化是由于市场竞争的胶着化，让资金集中在一部分人手中，而另一部分人则一无所有，从而出现了两极化现象。而人力资源也集中于大型企业，一些优良的中坚企业或中小企业人才流失，导致事业难以发展。至于物力，资源国保护主义也开始日益凸显。这些因素使经营资源非常不均衡，从而令市场陷入胶着状。

从资金僵化来看，可预估的是今后投资效率将逐渐恶化。投资效率恶化会让拥有资金的人不再向外投资，而是倾向于自己内部使用。这会让企业只涉足小型事业，导致投资的资金难以得到充分回报。如今日本处于垄断地位的各种企业所参与的“其他事业”就是其代表性的例子。

企业应当采取的对策是明确事业战略，分配资源，思考如何将剩余资金用于其他地方，找出使用方法。这里我将介绍PPM这一方法论。

由于人才的流动性缺失，企业如今忙于管理其附加价值，拼命让每个人都能全能型地负责多方面的工作，并且致力于更灵活地使用职场上的人。在某些极端情况下，甚至会让负责生产的人尝试参与销售。但不少企业仅仅是努力利用人力资源，却并不给予充分投资，而我认为需要对真正的人才再教育和全能化给予足够的投资。

资源国保护主义则意味着价格上升与供给不稳定的风险增加。从这个意义上来说，需要加强上层垂直统一管理、募集来源的多样化、替代品的开发这三大方面。尤其今后要面对的不仅是资源国民族主义，还有企业的多国籍化，可以预测还将面临更多问题。

五、国际＝南北问题与生产特点差异

国际形势的变化包括两个方面。一是南北问题的尖锐化，也就是发达国家与中等发达国家，中等发达国家与发展中国家之间的矛盾日益加大。而可预估的变化当然是日本企业今后随着国际化与多国籍化，不连续性风险也将增大。

企业必须挑选和选择市场或制造国。以往的多国籍企业逻辑是在世界上最廉价的地区购买资源，在最廉价的地区进行制造，最后出售到最昂贵的市场，也就是从“世界一体”的出发点来考虑。但随着不连续性风险的增大，如今要更为谨慎地选择市场和制造国，在极端情况下甚至需要牺牲经济性来保全安全性。

日本企业的国际人才培养起步很晚，虽然不同企业的情况不同，但大多数企业都对真正着手培养能与国际市场接轨的人才或能在国外管理拥有近千名员工的公司的人才毫无计划。只要能说英语就送往国外，只要有某方面的知识，哪怕并没有经过充分训练就让其担任总经理。这导致进驻海外的企业往往会得到惨痛的教训。

德国自20世纪60年代中期就停止了国内成长，以输出的方式获得了良性成长。20世纪60年代中期的德国还不缺乏人才，所以并没有遭遇这方面的问题，顺利地逐步实现国际化。德国过去10年的发展大多都是基于国际化的发展，国内成长基本停滞。

日本比德国晚十几年才开始向海外发展，贸易量仅占GNP的15%，却在世界各地遭遇了各种阻力。

日本在10年前进军海外，能发展到如今的状态，我认为已经在某种意义上实现了国际化，但我们接下来要面对的是德国、美国未曾经历过的更大的国际化挑战。

其次是主要发达国家与日本之间生产特性差异的扩大。尤其是日本第二次产业的生产性非常高，这当然会造成国际收支的不平衡、汇兑的大起大落。因此企业必须针对汇兑变化制定对策，不仅要像以往那样将原材料美元化，更要在调配、输出、国内销售、汇率技术以及其他领域中推出汇兑对策。

比如针对输出毫无收益的事业，其对策就是提高价格减少销量。利用价格弹性，不以低价出售，那么随着价格提高，当然会发现销量减少。像这样选择自然死亡，按国别来进行投资组合管理，放弃不合适的国家和地区，最后在国内做收尾工作也是一种对策。

如果企业不能自行生产的话，当然只能选择OEM化、外部制造化、海外直接投资等对策，最终通过OEM化来实现廉价生产——也就是将低档产品换成韩国或中国台湾地区的产品。

但海外的外部制造或者国内的雇用体系交给不同的制造商来做的话，外部制造的推进也就与之前所说的成本活动费用的推进息息相关。当企业无法自行生产时，先思考战略替代方案，如果选择对海外直接投资生产的话，也要维持国内销售网，保留技术。

此外还要加上减轻汇兑风险、高额固定费用对策、维持国内销售渠道等战略。

六、雇佣＝固定费用化的人员

接下来是雇佣问题。之前提到了确保雇佣与高福利化之间矛盾扩大的问题，这不仅关乎我们每个人的生活，还涉及企业发展停滞后导致的雇佣不稳定等影响。其背景因素是源于人员固定费用化，原本任何国家对于现场工人都保留一定活动费用，但日本只在需要增加员工时才提供活动费用，企业下层僵化管理，费用也固定化。

而这一背景也导致了生产技术进步缓慢。当制造与生产性放缓时，企业需要整理或废弃生产设备，让规模经济进一步扩大。或者放弃以往缩减 5 日元成本之类的想法，采用零基生产，考虑从零开始，找出能用 200 日元制造出产品的方法。同样的思维在产品规划中被称作“设计值”。此外还需要根据生产方式和规划来进行零基生产。

另一方面，如果企业不对生产所需人员制定相应对策的话，也会丧失国际竞争力。

最近企业还面临直接税与间接税比率恶化的问题。虽然这一问题是日本企业需要面对的，但它的现象在日本尤为显著，近 10 年来几乎所有企业的直接税与间接税比率显著恶化，如今已经造成了在发达国家中日本第二产业间接工作人员最多的状况。

如何解决这一问题在之后的 OVA［Overhead Value Analysis（间接成本价值分析）］章节会有详细说明。

七、技术＝选择的多元化

最后是技术。一直以来关注技术革新的人也许会说日本的技术革新已经太晚了，但从现在的断面来看，技术革新仍在继续。企业必须考虑如何应对这些技术革新的发展。

在技术战略越来越难的背景下，企业选择开始多样化，也就是不得不采用的技术过多，导致企业难以抉择。并且R&D资源越来越分散，企业被迫陷入必须将其集中起来的状况。

这里利用技术革新方法（TPM）来介绍以技术组合管理的手法来避免R&D资源分散的方法。当然，高层管理直接参与，将避免R&D资源分散作为自己的责任是非常重要的。

此外，阈值的大型化是指为了R&D的成功而不得不支出的投资日益庞大的现象。企业投资不能超过一定的程度，这就是所谓的阈值，但如今该阈值却在逐渐大型化。于是胜负随之两极化，在阈值以上的人游刃有余，以下的人全部被淘汰。因此一般企业需要进行联合开发。

以往企业都是以自主开发自主销售的“In-house（内部）”主义为中心，但今后应当先找出可能获得成功的领域，并且为了降低该领域风险，即使需要与其他人共享利益，也要进行企业联合。

如果在技术上失败了，企业也必须保留员工。这样一来就必须考虑强化营业能力，让企业最终能作为商社生存下来——也就是即使技术部门失败，也要通过营业能力来将外国产品或其他公司产品销售到顾客手中，以此生存。

提起联合开发的典型例子，一年前麦肯锡公司旧金山事务所曾接过某中型石油公司的项目。该公司从事 50 米到 100 米左右的海底油田开采工作，但随着油田的枯竭，他们不得不深入到几百米以下进行挖掘。

由于它是隶属于国际石油资本集团之外的公司，所以即使每年投资数百亿日元进行开发，该金额一年也只能尝试几次挖掘，而挖掘偏位的概率极大，很可能花了 200 亿日元后一个油田都没有发现。换句话说，投资风险极大。

而像埃克森美孚和壳牌这样能连续进行这种规模投资的公司所需要承担的风险就要小得多。所以结论就是，国际石油资本集团之外的公司必须进行联合开发，当然，利润与石油都要共享，否则将难以生存下去。

此外，核能、太阳能与宇宙开发等也属于同类事业。半导体开发也需要投入大量金钱。

不得不提的还有电子工程学革命。它作为世界瞩目的现象，尤其在微处理器出现之后，让经营者头疼不已。以往的带电体（电器）或电机都被统称为电子工程学，如今电子工程学不仅包括半导体，更进入了广泛应用的处理器时代。到了这一时期，产品的“生命周期缩短”现象也随之出现。

产品生命周期的缩短是由于使用了微处理器或LSI。以计算器为例，原本每个产品的寿命都很长，能花两到三年的时间来进行灵活的设计和制造，但现在它的寿命也在逐渐缩短。

于是就出现了战略性使用计算机、电子式现金出纳机、干式复印机的制造商。而开发研究体制过于缓慢的公司则会在推出产品方面出现陈旧化现象。

这一类产品在成为商品后，价格会随着时间的推移明显下降。因此如果平均生命周期如图 0-10 所示，那么能早一点将产品推出市场的企业不仅能在销售数量上取胜，更能以高价出售，从而在收益方面获得极大改善。这也是生命周期缩短后的一个重要对策。

从P/L——也就是利润表来看，A 公司从赤字开始，当到达黑字时，生命周期结束。B 公司则比 A 稍微晚一点，只能以便宜的价格出售产品，直到生命周期结束都没能摆脱赤字。于是 A 公司的累积利润在某个阶段到达黑字，投资收益率可能为正，而 B 公司则一直在曲线下降。

以往企业的节奏都是计划开发，制造原型产品，进行反馈测试，找出大量生产的方法。这也是日本大型企业开发研究体制的标准模式，但这已经完全不适用于这里所说的这类产品了。

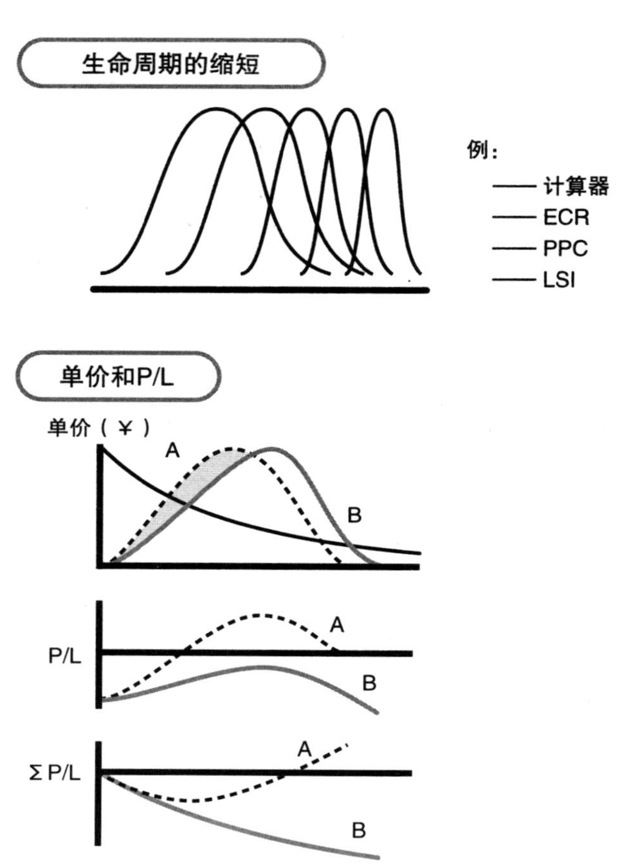

战略选项

- 不将电子工程学等看作高度技术产业而是“流行业”。
- 规划与技术部门向营业转移。
- 巧妙利用外部订单等手段，让次要部分的费用活动化处理。
- 提高收益，获得发展。

图 0–10　电子工程学革命

因此，需要做出战略选择，弄清这种产业属于高度技术产业，或者说是流行产业，并以此为基础改变企业内部体制。也就是将负责规划的技术部门转移到营业侧，让离市场最近的人来设计基本的功能。制造方面则巧妙利用外部订货等手段，将核心以外的部分转为流动费用，以此尽快地将产品投入市场。

此外，以往的生命周期理论不够严谨，认为只要在成长期进行投资，待成熟之后市场地位提高，占据一定市场份额后自然会产生利润。但像在微电子学的应用商品领域，等到市场发展利润提高，各企业纷纷加入后，资源很快就会向其他地方转移。从这个意义上来说，盲从于生命周期理论将会促成产业危机。

因此，必须大幅改变企业体制或思维方式。虽然将身处这种行业的人称作流行业者有些失礼，但如果自己不抱持这种基本态度的话，推出商品也大多以赤字收场，往往永远处于比竞争对手落后的状况。从技术革新的角度来看，选项的多样化、大型化以及电子工程学化都正在持续发展中。

八、发挥才智挑战新事业机会

前面针对20世纪80年代的营业环境依次介绍了成长问题、雇用问题和经营资源问题，总的来说，80年代的经营环境是无论GNP表现出怎样的低成长，企业也绝不是都处于低成长状态。而今后随着结构变化的深入，不同种类的事业机会将不断出现，从而形成新的企业环境。

其方向复杂且多样，能管理这种复杂环境的技术则决定企业成败。因此如果无法依靠智囊团来实现从直觉到分析的系统性解决和实施，就不可能应对如此多样化的复杂情况。除非是超人，否则仅靠个人才智来思考20世纪80年代的6种经营环境并提供完善的对策是不可能的。要有效发挥企业智慧，制定明确规则，找出能控制复杂局面的方法。

20世纪80年代的经营环境会发生变化。其实现在已经有了各种苗头，并不是说进入20世纪80年代后会一夕巨变。而且无论我们的

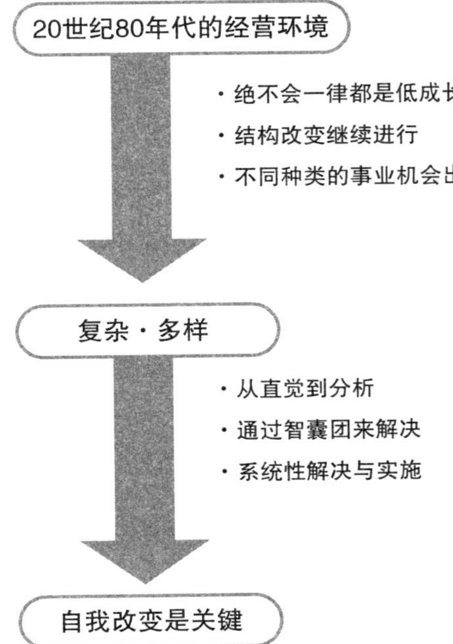

· 能进行资源再分配的组织与流程
· 通过去除重复来追求事业效率
· 市场与工厂灵活接轨
· 通过市场垄断来确立事业

图 0–11　企业自我改变是关键

期望是怎样的，经营环境的变革都将持续下去。换句话说，如果企业跟不上时代的话，就必须进行自我改变（图 0-11）。

要自我改变，就要确立能够实现资源再分配的组织和流程。其次是不仅流通业和制造商可能重复，还会出现不同功能的组织重复等各种重复状况，要追求事业效率就必须排除这种情况。此外，市场与制造商功能的接轨（连接）的灵活性也非常重要，这种接轨会给企业改善或战略发展带来非常大的机遇。最后的关键则是要确立能垄断市场的事业。

九、六大战略手法的体系

虽然时间仓促，但我们这次还是计划召开了麦肯锡轻井泽会议，基于对20世纪80年代经营环境的认识，邀请各大企业高层，将他们打算以怎样的手法来应对环境变化的想法做集中整理，最后再根据今后的各种论题来进行简单介绍。

第一是通过对产品与市场的彻底分析，对该事业成功的关键（我们称之为KFS）集中投入资源。这种手法也被称作产品与市场战略（PMS）。

第二是以企业僵化后出现的产业结构变化为基础，对经营资源进行再分配，或者进行有效管理，也就是投资组合管理（PPM）。

第三是通过在企业内部实施系统性的收益改善方法来强化企业体质。对此我们的建议是收益性改善方案（PIP）。

接着彻底解决间接部门的僵化问题，同时完成业务改善和压缩间接费用。不过并不是进行单纯的费用削减，而是要配合业务改善，所以本书会对间接费用削减方式（OVA）做详细介绍。在销售方面则要通过有效的销售管理来防止竞争反弹，这里也要介绍如何从流通面来管理垄断市场的销售力（SMF）。

从技术方面需要根据开发研究与事业战略的统一性以及追求独创新事业的方法来介绍针对投资组合管理技术领域的应用技术组合管理（TPM）手法。最后则是谈谈能应对任何环境变化的灵活管理流程和战略组织单位，也就是所谓的战略事业单位（SBU）。

从各位的企业角度来实现上述内容的体系化，如图 0-12 所示。

企业有不同的产品事业，根据其功能形成不同的组织与模型。选择其中一个商品或产品事业，对所有功能进行战略立案就是 PMS。而将这些战略立案集中在一起后，企业如何分配经营资源，如何制定各自的战略位置就是 PPM。

另一方面，从功能角度来看，在开发方面推行 TPM，对制造与其他成本制订收益改善计划 PIP，在销售方面推行 SFM，在管理机构方面实行 OVA。我们的各种开发手法都应当像这样放在合适的体系中。

最后统管这些的是企业组织运营，并且通过我所说的外部环境中的“新企业环境”来考虑综合性的计划。只要能充分消化这些复杂的思维和手法，我相信无论面对怎样的外部环境，都能在今后的激流中屹立不倒。

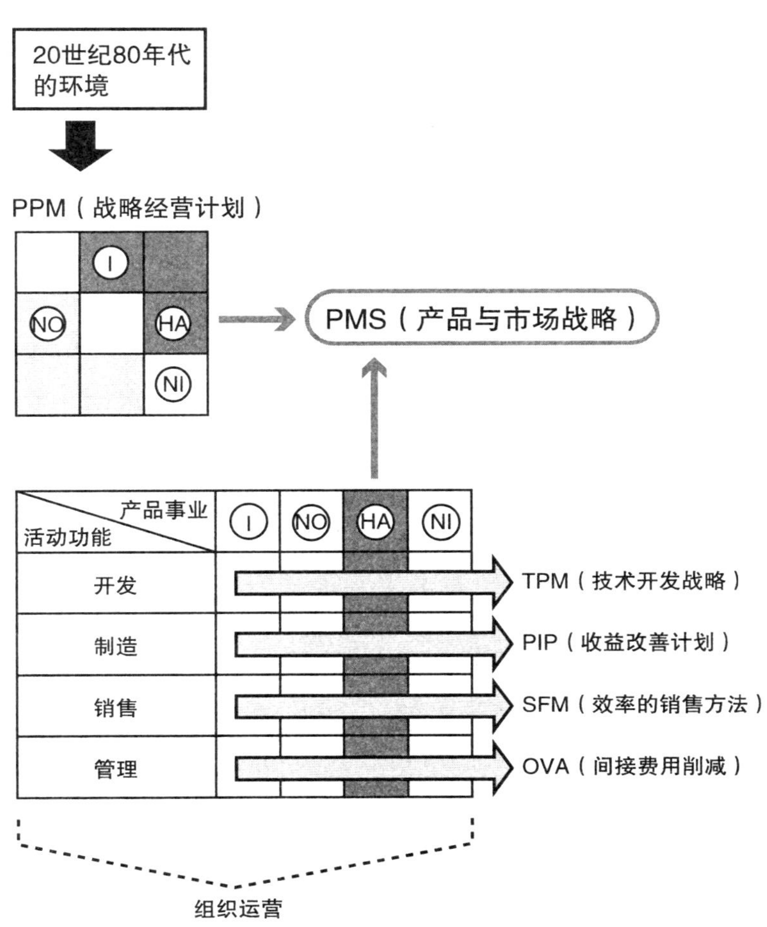

图 0–12 “现代的经营战略”大纲

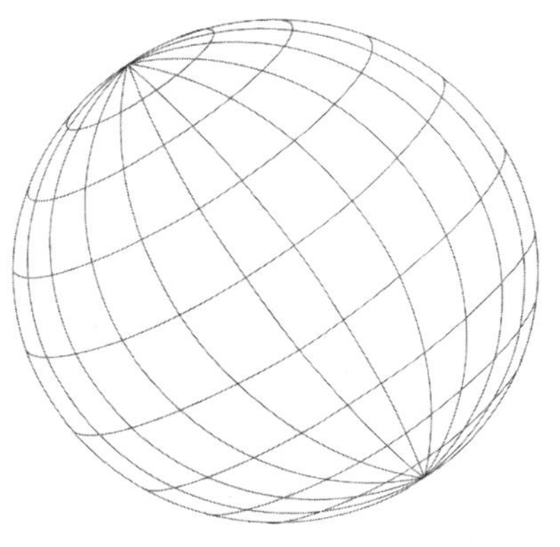

第一章

PMS（产品与市场战略）——产品与市场战略的有效立案与思维方法

我将从以下的顺序来说明PMS（产品与市场战略）。首先介绍PMS究竟是什么，接着介绍PMS立案时所使用的PMA（产品与市场分析）及其具体的几个使用例，最后则谈谈有效运用PMS时的要点。

一、PMS 是指什么

PMS 究竟是什么？这里先介绍它与后面章节中将要说明的其他战略有何不同。

第一，PMS 的思维方式是以特定产品事业的所有活动为对象。而 TPM（技术开发战略）只针对开发功能，PIP（收益改善战略）只针对制造领域，都是从功能性角度出发，与 PMS 针对某产品所有领域不同。

此外，它与 PPM（产品投资组合管理）的不同之处在于 PPM 是站在整个公司的立场来设置各种商品的定位，基本上是用于决定战略方向，而 PMS 的职责是对 PPM 所选定的产品制定具体的战略并执行。这方面的各战略关系如序章的图 0-12 所示。

接着来看 PMS 的目标领域。正如 PMS 的意译一样，它将事业内容分为产品与市场两个领域，并从各自的角度考虑该采取怎样的产品和市场战略来使已有事业能获得更好的发展。

最基本的检讨对象是在当前进行事业活动的市场中，在以往所处理的产品框架内考虑改善措施。对特定市场定位进行集中的事业活动和对不赚钱商品的整理等都属于此类例子。

其次是从方向性来看，可以在已经加入的市场中将产品替换成其他东西，或者补充其他产品，通过这种战略来逐步扩大事业。比如牛奶公司利用原有销售渠道出售冰激凌的做法就属于此类。

此外，还可以将现有产品投放新的市场。例如原本只在关东地区销售的产品推广到全国，或者将计算器这种本来只面向事务所的产品推广到个人用户手中，最终将销售重点从事务所转向个人用户。

还有在多元化发展时，由于要涉足的领域大多与现在的事业没有太多共同点，所以通常 PMS 要采用不同的方法。

接下来对 PMS 的思维方式进行说明。

企业目标不是单一的，在大多数情况下都具有彼此并不相容的特性，企业也需要同时去达成多个目标，这已经不用复述了。例如要在面对竞争对手时确立自己的优势，选择扩大市场份额的路线的话，就与短期内提高收益率这一目标相冲突。

并且由于如今市场环境的不确定性提高，如何保持市场份额、收益率、未来发展性、资源的合适分配等各种目标之间的平衡，将是企业应当从多视角去思考的问题。

而 PMS 的思维方式要在具有复杂的相互关联性的经营环境中确立统一的战略，并以此为基础制定目标、基本方针与执行计划，让相关人员彻底贯彻。

PMS 的制定顺序是先对事业活动整体进行诊断，接着找出可以做有效改善的领域，对此制订具体的改善计划与立案，并根据提出的改善方法制订执行计划，按照计划实施（图 1-1）。

在这一顺序中，PMS 的突出特点是第二区域的“找出可期待得到最有效改善效果的领域”。

非经营者的计划负责人所面临的问题是要应对非常大范围的领域。从功能性来看，商品开发、制造、销售、管理以及其他各种功能都混杂于同一个企业内，而改善领域则包括追求新事业机会或强化竞争力、提高收益性等各种要素。

要形成逻辑性的企业组合，有些事项会不得不制定庞大数量的对策，但在平均化的执行后，效果会减小。因此 PMS 就是从这些产品的定位出发来考虑究竟应该将哪个领域作为最重点的项目。

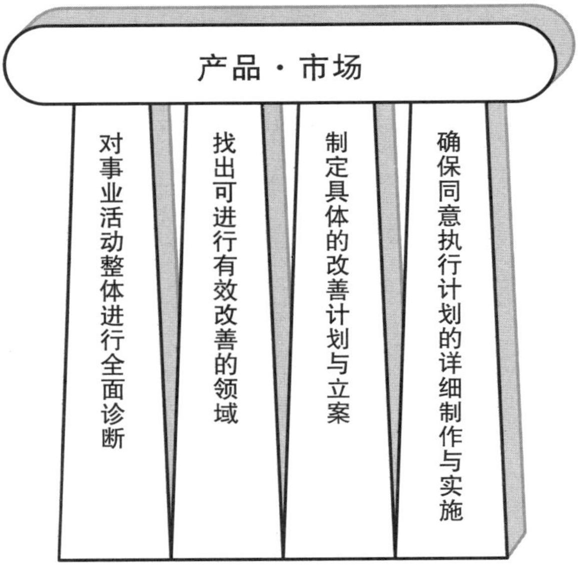

产品·市场

对事业活动整体进行全面诊断

找出可进行有效改善的领域

制定具体的改善计划与立案

确保同意执行计划的详细制作与实施

图 1-1　产品与市场战略的内容

二、综合诊断道具 PMA

PMA 的必要性

以上章节介绍了 PMS 的概要，接下来谈谈战略立案时我们常用的 PMA 手法。

该手法在之前所述的产品与市场战略的流程中，用于最初对事业内容的综合诊断。

为什么我们要重视 PMA 手法呢？因为我们为各种公司做咨询顾问后发现，以往的经营体制中所用的方法都有各种相通的弱点。

比如只能抓住部分的改善机会，虽然有时能制定对策应对某些课题，但可能会忘记更重要的课题，弄不清整体的优先顺序。例如市场份额大幅降低的制造商却将削减间接经费 5% 当作明年的最大经营目标。

另外，缺乏战略性思维，过于依赖计划内容这一弱点也是其具体特征。

以往的业务计划大多被我们称作曲棍形。这在《续企业参谋》（大前研一著）中提到过，即使某产品业绩呈现下滑趋势，但从来年之后的计划来看，依然能够以飞一般的上升速度来实现目标。也就是呈曲棍球形状的现象。而当你询问“这个目标是如何制定的”，往往得不到理论性依据，只是从愿望和期待出发，描绘出“明天就能实现业绩恢复”的曲线而已。

对此，在战略性计划中首先保证自上而下的视角是非常重要的。所谓自上而下的视角是指不要提出轻率的建议并强行执行，而应当在确认积累式的过程之后，考虑该事业运营时必须达成的目标究竟是什么。比如大幅赤字的公司也许不尝试挑战难如登月的划时代目标就难以实现赤字转换，那么要达成该目标具体应该做什么，就必须在战略立案方面提出自上而下的方法（图 1-2）。

要实现 PMS 的有效立案，就要像之前所说的那样去一步步克服传统做法中的弱点。针对只能抓住部分改善机会的弱点，要尽可能采用系统性手段。针对缺乏战略性思维的弱点，如何制订战略替补方案则是关键所在。而针对过于依赖计划内容的弱点，则应当摆脱经验积累的束缚，重点提高基本的问题解决能力。

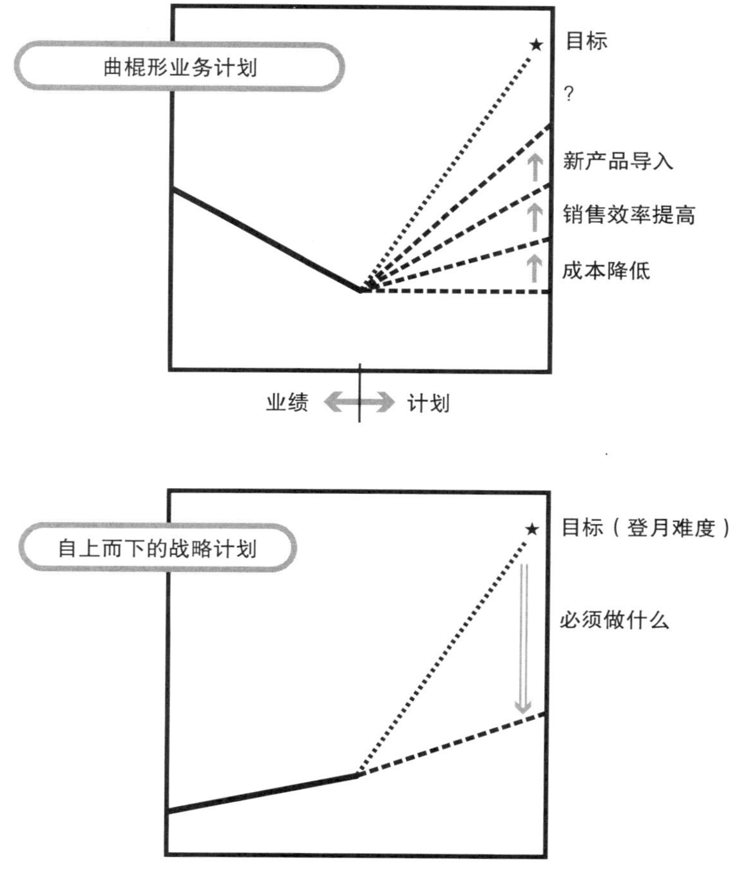

图 1–2　经营计划的两大形态

PMA 的三要素

基于以上的问题认知，我们迄今为止已经在多家企业实施了 PMA 手法。它通用于制造业和服务业。在制造业的机械、石油、纤维、化学、电子机器及其他领域，在服务业的银行、证券、商社、连锁店等广泛领域都取得了不菲的成果。根据我们的经验，无论任何场合它都能提供极其具体的改善方案，并且从结果来看，还能在短期内得到相当可观的成果。

PMA 的手法各有特点，将其简化后可提炼出三个要素。第一个特点是以事实为基础的分析。也许你认为这是理所当然的，但实际上我们看过许多客户企业制定的战略以及同业者所做的工作，发现基于经验和直觉的提案或战略非常多。要将各种战略放在事实基础上来考虑，具体实施起来其实很难，所以我们往往会花费大量精力来思考如何去加工不同的数据。

第二个特点是以寻找改善方案为目的来进行分析。一般企业所做的分析大多是用于证明“哪个部门的谁有问题”，但 PMA 分析的目的却是摸索改善领域。仅是阐述现状而无法得出任何改善方案的分析要尽早抛弃。

另一个特点是重视战略性的视角，尽可能考虑更为广阔的战略选项，这在稍后将会进行详细介绍。

三次元分析

在适用该 PMA 的基础上，麦肯锡公司所总结的经验技巧之集大成就是“三次元分析”。

第一次元是当企业面临多种待讨论的主题时，可以利用 PMA 来系统性地掌握检讨对象的主题，在早期就抓住问题核心，而这一过程也能非常有规律地进行。第二次元是对系统性选出的主题制定具体的分析方法。第三次元则是根据该分析方法所得出的结果将战略意义所带来的能力作为经验来积累。

从这三个次元的细节来看，在系统性掌握检讨对象主题时，“系统性”这一点是非常重要的。正如之前介绍的一样，PMS 的流程中，PMA 所负责的领域是“事业内容的综合诊断”，而其中“系统性”的意义包括五个领域。

第一个领域是分析并掌握市场状况和动向。第二个领域是观察企业、竞争、市场的经济性。第三个领域是掌握该市场中的竞争状态以及与竞争对手相比，本公司的优点和弱点。第四个领域是以状况分析为基础，摸索在市场中获得成功的关键，也就是我们口中的 KFS（Key Factor Of Success）。第五个领域是了解这一关键点与本公司之间究竟有多大的差距。以上五个领域就构成了 PMA 系统（图 1-3）。

再进一步将这五个检讨对象领域分为详细的检讨项目，在考虑市场动向时，又包括定位、市场规模、成长性、集中度、结构变化、销售渠道等各种因素。此外，在经济性方面的价格问题又能分解为收益

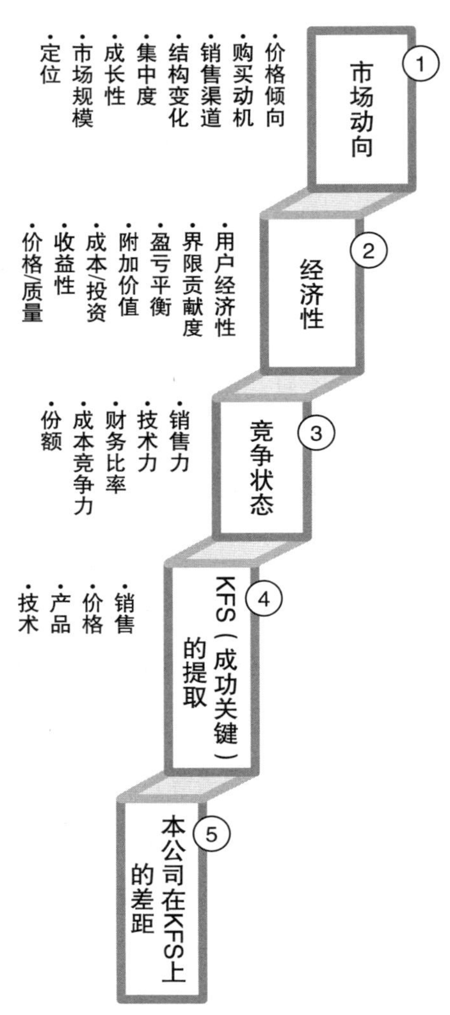

图 1–3　PMA 的检讨对象主题

性、成本问题、附加价值、盈亏等因素。需要通过分析来确定大致的分析系统和流程。

主题的分析方法

当使用以上方法决定问题领域后，接着就是对该主题进行分析，其分析方法我们也已经进行了归纳。

比如当本公司与竞争对手这两家企业占据了汽车市场时，假设本公司占市场份额的48%，另一家企业占52%，那么此时销售部门往往会认为“是产品开发的问题”，而开发部门则认为“是销售不利”。这样一来就难以提出任何战略了。

因此我们要将市场份额分解为①市场覆盖率和②竞争胜率，并进行分析。所谓覆盖率是指假如所有投标有100件，那么本公司参与了多少，或者假如某地区的汽车销量为百万辆，那么本公司参加了几成的商业谈判。如果如图1-4所示，本公司参加了全部商业谈判的60%，但竞争对手参加了80%的话，那么本公司在无竞争的情况下能获得20%的商业谈判，也就是无须竞争就能获得20%的份额。相对的，竞争对手则在无竞争的情况下能获得本公司未覆盖的40%的商业谈判，也就是40%的份额。

这样一来，两家企业所竞争的就是剩下的40%的商业谈判。这时由于本公司已经获得了28%的份额，所以在竞争领域的胜率——也就是竞争胜率就达到了七成，在这一方面优于其他企业。

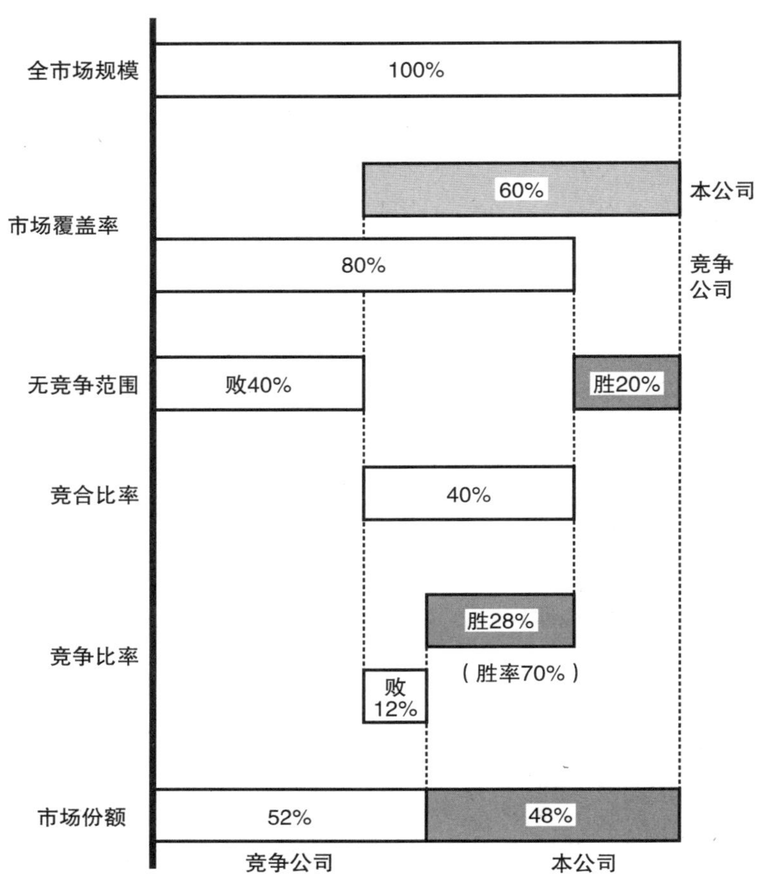

图 1-4　市场份额构成因素分析

这样分析后发现，该公司在竞争上极具优势，基本上在产品问题或销售方式、价格等方面并没有太大问题，失去大量市场份额的原因是销售方没能充分覆盖市场，造成了机会损失。因此该事业最应当改善的部分就是努力提高市场覆盖率。这样一来，之前所说的产品开发部门与销售部门的纠纷也就迎刃而解了。

以这种分析为基础，虽然最终能在战略意义上做出解释，但进一步详细来看刚才 48% 的例子，如 A、B 两个销售点各自的势力范围同为 48% 份额，A 销售点的市场覆盖率为 60%，低于 B 销售点，但竞争胜率为 70%，高于 B 销售点。而 B 销售点的市场覆盖率为 90%，竞争胜率却低至 30%。那么即使市场份额相同，应当采取的对策也不同。

如果 A 想要在竞争中取胜，那么与其进行价格战，不如专注于提高覆盖率，将重点放在增加销售员和进行回访上。而 B 如果只注重覆盖市场的话，在遇到竞争对手时也很容易落败，所以必须重新制定价格政策，加强对销售员的教育。

PMA 的实施要点

PMA 的基本思维如上所述，接下来则以具体的事例来进行说明。

PMA 的主题领域非常广，涉及商品开发、销售、制造、管理等所有领域，但经过分析会发现它们其实都有相通点。首先是需要将自己公司产品放在正确且客观的位置。这看似是理所当然的事，但实际进入企业内部后会发现它有时过于狭隘，比如某个事业究竟如何，是否应当减少投入力度，转向其他事业？往往会因为负责人过于强势而难以提出意见。

所以第一要点是排除所有企业政治性思维，只考虑客观事实。

接着是为找出改善机会而进行分析，即使是使用同样的数据也需要做各种加工，因此如何进行数据加工才能导出有效的结论就是其关键所在。优秀的分析不会像自动贩卖机一样放入钱就能得到答案，而是在对某个数据进行各种分析，反复尝试应该如何解释才能得到结论。从这个意义上来说，僵化的分析是难以满足要求的，需要尽可能地对分析下功夫。

接着是努力进行改善与掌握定量回顾。无论多好的想法也可能出现成本与回报不成正比的情况。纵观负责人所希望完成的目标会发现，的确很多想法都不错，但即使可以进行一些改善，其价值往往也不值得付出成本。因此尽可能在早期定量掌握多少成本能得到多少回报是关键所在。

此外，充分思考分析结果，找出其战略性意义也是必要的。对数据进行加工的方法多种多样，对结果进行解读的方法也同样多种多样。因此不要对结果进行单一的解释，要从多角度做出充分检讨，进行各种组合分析，以此掌握最接近真实的答案，得出其战略性意义。

定位

接下来将介绍各自分析案例。不过基于与顾客的保密义务，产品名称和数值会加以改动。首先来谈谈对市场动向和市场状况的掌握。

我认为在这一方面最重要的是市场定位。如何进行定位关乎是否能得到有效的答案。

企业应当重视的定位有非常多的种类，比如某公司的产品如果有A、B、C、D 四种，目标顾客规模分为大、中、小三类的话，从逻辑上来说就一共有 12 种定位。企业必须弄清自己究竟应当选择其中的哪一个定位，以及为此必须做些什么。

假设该企业在整个市场有 500 亿日元的事业，其中大型事业占 235 亿的话，企业大多会以此为重点，但如果加上该公司当前市场份额和优势等因素的话，则可能得到不同的答案。比如该公司在小规模市场中的份额非常高，那么就应该凭借 C 这种市场规模不大的产品来在市场规模较小的小规模顾客层中占据较高的市场份额。

这样一来，贸然将现在还没有顾客基础的 A 产品推向大型事业单位的战略显然是极其无谋的，就算市场再大也绝非上策。像这样决定目标定位就能以此决定销售渠道。如果是面向大型事业单位的话，产品非常集中，则要替换为直接销售模式。或者当小区域的销售效率较差的时候，就要通过将销售渠道集中到其中最重要的部分来提高销售效率。

定位的思维是极其重要的，它包括各种方法论，这里将其大致分为三种。

首先从制造商一侧来分类，包括按产品分类、按技术分类、按营业所分类、按收益性分类等各种方式，这也是最常见的定位。

用户侧的分类从范围上来讲包括业务用、个人用，民需、官需的定位。或者从用户的职业、年龄、年收入、性别、企划系列来进行定位。还可以从事业状态出发，根据成长率、购买动机、更换怎样的产品、竞争参与者数量、集中度等来定位。

如此复杂的定位往往会导致企业定位偏向于某一方面，最常见的就是按产品分类时，假如是玻璃厨具和闹钟等产品系列，那么制造商大多将其分为日用品和礼品类。这样一来，比起详细的产品定位，简单地分为礼品用和日用更为方便，也更便于向消费者宣传，所以如何进行定位是分析上的关键所在。

市场的成熟度

定位的下一个重点是市场的成熟度。比如当整体出货量提高时，试着将其分为新需求和替换需求，在某个阶段之前新需求会顺利提升，成为销售量提高的主要原因，但企业必须明白，随着新需求的降低，替换需求将逐步提升。

在这种情况下，如果还坚持初期阶段制定的获取新需求的战略的话，随着新需求的降低，企业市场份额和销售量也会回落。当然，由于替换需求成为新的重要因素，所以如何争取顾客的替换需求，比如在折价方面加强创意等成长战略的转换就成为必要。

市场的构造变化

此外，产品、市场分析中的要素还包括结构变化。所谓结构变化，是指通过市场的动态表现来观察仅从表面的市场份额难以了解的现象，并明确其原因。例如 1960 年的整体市场份额为 37%，到 1977 年降低至 15% 的极端例子。

这个例子中的企业社长非常担心这一倾向，于是叫来业务产品负责人质问："你负责的市场份额大幅跌落的原因是什么？"而负责人回答："本事业部的份额的确下跌了 10%，但绝没有大幅降低 22%。"于是社长接着叫来了家庭用产品负责人询问，对方给出的答复则是："本部门份额虽然降低了 2%，但绝不是总体降低 22% 的主要原因。"这样看来很难找出原因，但实际上从市场中的结构变化来看，会发现该产品在 1960 年几乎 90% 都属于业务用市场，而十几年间市场已经悄然发生变化，到 1977 年时业务市场仅剩三成，其他部分则变为了家庭用，而该企业在家庭用市场的份额极低，最终导致了 22% 的总体跌幅。

从这个例子可以发现，1960 年为 37% 的市场份额跌落至 15% 共分为两个过程。首先假设仅反映同一市场内的份额变化，也就是假设市场构成比不变，以此计算该公司下跌的市场份额的话，那么得出的答案是 28%，也就是仅降低了 9%。但即使维持同样的市场份额，考虑到市场结构变化这一要素后，市场份额则大幅降低了 18%。

因此，所得出的结论是该公司市场份额下降的最大原因不是努力不够，而是针对市场结构变化没能对经营资源进行合理的分配。

此外，对于市场结构变化，在成熟化的市场中尤为重要的是替换的分类。通过了解成熟市场中哪些产品需要进行替换来制定明确战略是常见的做法。

以复印机为例，现在85%属于替换需求而非新需求或添置需求。复印机包括影印式、EF式、PPC等技术方式，既然以替换需求为前提，那么企业需要了解用户希望将什么换成什么。这时从旧的和新的持有方式来看，在影印式这种技术等级最低的产品中，有六成顾客将在购买新品时换成EF式，而EF式的顾客则有90%会在换新时换为PPC。

那么EF式复印机的企业该怎么做呢？当然不可能强制要求正在使用EF式的顾客再进行购买，那么就应当尽量争取从影印式转为EF式的顾客，促进这方面的购买需求。接着再针对PPC制定对策，考虑如何防止顾客从EF式流向PPC。比如从纸张或其他成本方面的问题来创造优于PPC的购买因素，或者从折价条件上给予换购EF式复印机的顾客优惠等，想出各种战略性方法。

经济性的检讨

以上对市场的动向和状况进行了分析，接下来则要谈谈它的经济性。对于经济性也有各种分析，其中最常见的一种就是附加价值的构成比。比如从制造商的立场来考虑的话，不仅要涉及自身的经济性，更重要的是掌握其事业、商品相关的整体的经济性。以某个制造商为例，它当前自身的附加价值为13%，虽然看起来非常低，但代理店的附加价值为20%，零售店30%，外部订单22%，其他部分的附加价值相当多。

而这是否是该公司一直以来的倾向呢？事实上它是从原本的近30%附加价值急速恶化，其原因首先是石油危机等带来成本上升，而市场价值却由于各种原因难以提高。其结果导致下游手续费无法压缩，企业利润减少。

这样一来，该公司只能考虑减少上游的外部订单比例，放弃其附加价值，或者从下游代理店和零售店收取更多手续费，以此稍微提高收益。但这种想法是否妥当呢？仅从表面分析是难以得出结论的，所以应当加入对事业整体收益性和边际利润的考虑。

该事业中，假如制造商考虑从代理店和零售店赚取手续费的话，需要将本公司的活动费用设为60%，同时分割值从活动费用中降低15%，变为45%。

虽然代理店的确能收取相当数额的手续费，但由于实际上代理店的活动费用成本需要花费35%，代理店本身也只能得到整体价格的75%。这样一来，在这种状况下利用代理店的功能最终也摆脱不了赤字，只有零售店勉强能使用这种方法。

所以这里必须讨论的是是否可以通过整合代理店来实现规模的经济性，如果不行的话，则要讨论是否还有必要继续发展该事业。

此外，在检讨收益性的时候，盈亏平衡点分析也经常使用。由于这是常识性的用法，这里就不做详细介绍了。处于盈亏平衡点以下的制造商可以加上灵敏度分析，也许能得到更为有效的战略思维。灵敏度分析包括各种方法，但都是计算对出货量、售价、制造成本、利润等要素进行 100% 改善后能得到怎样的效果，以此为基础再讨论实现的可能，综合性判断在哪个领域进行改善能得到最好的效果。

利润空间有多大

接着在考虑利润时，明确与盈亏平衡相关的产品有多大的利润，或者还有多大的利润空间是很重要的。制造商往往会过于重视销量最大的产品，忘记其他产品也有利润空间。而竞争企业如果能平衡好这一点的话，即使廉价出售主要商品也能提高收益。

举个例子，某企业产品从销售额来看，机器本身与消耗品的比例是八比二，但从市场整体利润来看却完全反过来，机器本身只占 25%，消耗品占 75%。这个例子可以代入复印机的机器本身与复印费、相机胶片与洗照片费、卡车的本体成本与修理费等。

该例子不仅限于出售的商品，从顾客分类来看也一样。比如从不同顾客的交付业绩与不同顾客的利润率来看，在实质收益这一点上（交付业绩）最大的顾客有时却会造成赤字。这种例子在代理店的大额顾客点、金融机构的大额放款点比较常见。

比如从金融机构的表面利息来看，大额与小额其实并不存在太大差异，但计算存款率，研究实际收益后会发现，由于大企业对于筹款非常严苛，可能会造成金融机构实际利息的赤字，而小额交易虽然麻烦，却往往具有很大的利润空间。

造成这一倾向的最大原因是因为会计计算大多不反映实际的收益性。因此要避免这个问题就必须设置能明确反映哪些部分盈利哪些部分亏损的会计系统，因为销售员无法修正不能表现实际情况的会计数字。

在讨论收益性时，我们经常与其他公司做比较，而在进行各种比较时，专业制造商与非专业制造商之间往往会在经济性上有巨大差距。比如根据专业度来看业界各公司的收益，有时会发现专业度越高收益越低的逆向相关性。

为什么会出现这种情况呢？因为专业制造商的设备与销售体质等是应对最高峰状态的。农业机器就是最典型的例子，为了迎接夏季销售期，冬季会达到制造高峰。在冬季制造阶段往往会加班，也会出现人手不足的情况，但到了夏天则无所事事，员工工作时间减少，悠闲度日。这样一来，从整体的经济性来看就出现了极大浪费。

所以如果增加冬季销售产品，比如增加制造渔业相关的机械，就能有效利用夏季剩余设备，从而提高经济性。

这种状况不仅限于制造方面，也会出现在销售中。比如牛奶制造商为了出售牛奶会开拓多个销售渠道，那么就能通过增加酸奶、奶油、奶酪等产品来进一步有效利用销售渠道，催生协同效应。

通过观察可以得知，在各种业界中，专业度较高的制造商并不一定能获得高收益。

而企业也不一定能从大型顾客与销售额较高的顾客中获取高额利

润，同样，销售额较高的销售员也并不一定赚钱最多。以某大型机械销售公司为例，该公司会按照销售额来奖励一流销售员，也就是每年销售数量位于前 30% 的销售员会作为优秀销售员来进行表彰。然而仔细检讨毛利的贡献度后发现，超一流销售员 A 某虽然销售金额极高，但连自己的工作经费都没有赚回来。因为成为一流销售员的老手所需的实际成本更高。其结果就是 A 别说是赚钱，甚至连成本都没有收回，给企业造成了巨大亏损。

相比之下，B 虽然一年内销售数量不多，但毛利不少。这样一来，该企业的评价制度显然是不妥的。这种评价制度只会让销售员追求表面金额而不追求利润。

像 A 这样的人往往手中有大购买量顾客，他与大购买量顾客之间的关系并不像员工对客户，更像是同事。这能让其凭借人际关系而非通过努力来大量销售商品。经验丰富的销售员大多会与客户搞好关系，所以部分销售并不是依赖其能力，只是大购买量顾客会要求低廉的价格。

因此要修正这一评价制度，需要从实际上掌握利益的贡献度，并给予销售员反馈。

用户的经济性

至此我们已经从自身的角度阐述了企业是否赚钱，以及为什么顾客没有给我们带来利润。不过从另一方面来看，用户的经济性也是非常重要的。从某用户方的盈亏平衡成本体系来看，需要 50 亿日元的销售额才能达到盈亏平衡，但如今销售额已达60亿日元。假设销售员负责销售某种机械，那么购买新设备会增加折价负担，导致销售额不提升至70亿日元就难以达到盈亏平衡。而此时从用户方来看，除非有极大好处，否则没有必要购买该机械。

这时企业必须考虑的是导入该机械后能否改善可变比率，能否增加销售额。通过检讨这些要素，制定能吸引用户购买的对策。

竞争状况的分析

以上介绍了市场状况分析与经济性分析，最后必须说明的则是竞争状况分析。在考虑竞争时，最常用的手法是看市场份额。但如今全世界已经不再单独考虑市场份额了，最典型的相互关联性就是市场份额与价格弹性值之间的相互关联。这是在某业界实际进行过的分析，也是尝试分析市场份额与毛利率之间是否真的有关。根据份额的变化来看某期毛利率后会发现，该期虽然份额极大地上升，但毛利却降低了。相反，当毛利改善时，份额却下跌。毛利下跌，份额上升，毛利进一步下跌，份额又进一步上升。换言之，在这个例子中出现了明显的反向关联性。

该制造商的案例所展示的结果是1%的毛利变化对应2%的份额变化。所以利用该结果对企业所处状况和灵敏度进行分析，就能确定今后的发展方向。

再从价格的弹性值这一思维来看，我们还曾对某例子的各种竞争数量分布进行调查，针对每个竞争的具体情况分析本身企业价格与竞争对手的价格之间究竟存在怎样的差异。从该企业价格比其他企业高15%、高10%、高5%、同样价格、比其他企业便宜等各种竞争实例中得出最终结果，那就是高于其他企业的价格占压倒性多数。

而从接受订单的成功率来看，当价格高于其他企业时，订单成功率较低。同样价格或低于其他企业时，竞争胜率则明显提高。以降低5%价格来分析后发现，这会导致订单数量增加五成，可以说改善效果极其显著了。由此也能通过针对竞争对手制定价格政策来大幅增加收入。

另外，市场份额的相关要点还包括在失去或争取份额时，我们应该考虑从哪里入手，也就是经常思索市场份额的源头。

在分析获得或失去市场份额时，企业往往喜欢将自己与占据市场份额大头的制造商相比较，但某个公司却将竞争对手用X、Y、Z来表示，得出的结论是与X竞争的机会最多。但进一步研究竞争胜率后发现，与该企业对于竞争最多的X公司的胜率仅为25%，反而对于稍有竞争的Y公司具有很高胜率。

将其用市场份额分析后可知，该公司市场份额大幅上升的1976年到1977年间的变化中，Y公司的市场份额大幅下降，所以其份额是从Y公司中夺来的。而由于X公司不是业界领导者，所以一直以来并不受重视，那么此时就有必要检讨为什么会在与X公司的竞争中处于弱势。此外，Y公司虽然属于业界领导者，但由于本公司更强，所以在考虑如何维持对Y公司优势的基础上，还要尽可能地在市场竞争中多与Y公司竞争。通过检讨如何应对X公司与Y公司来制定具体的战略。

关于份额，我们还需要从整个市场出发，详细了解它相关的所有流程。比如在没有覆盖的市场领域无竞争失败，在覆盖的市场领域无竞争胜出，在竞争市场领域的胜负等，通过了解覆盖率与竞争胜率，明确市场份额相关流程（参照图 1-4）。

这时就需要针对竞争胜率极低的部分来检讨商品、销售质量、价格等。而当覆盖率较低时，则要通过对销售方面的努力来进行改善。有时还需要决定是否要竞争，或者是讨论能否不战而胜，以此来制定能避开竞争对手强项的方针。如果发现竞争对手出现偏差，就有可能通过自身努力来夺取对方市场，通过找出薄弱领域来改变对策。

接着以具体的例子来谈市场覆盖率。某案例的整个市场覆盖率每年都在大幅降低，原本有八成覆盖率，如今仅剩 32%。为什么会出现这种现象呢？根据该公司的解释是由于小额客户大幅增加，他们无法吸收所有小额客户，但很好地巩固了大额客户。

但我们按规模分析对手事务所的覆盖率之后发现，在 1974 年前后，大企业单位覆盖了 90% 的市场，但一年之后就跌至 40%。显然，该企业的认知与数据所显示的实际情况之间有很大误差。为什么会出现这种情况？是不了解用户？还是难以抓住商机？或者是因为联合企业形成了难以入驻的圣域？要通过这些检讨来制定提升大企业单位覆盖率的战略。

接着来看市场份额的另一个要素——竞争胜率，这也有类似倾向。以某大型建筑机械为例，总体竞争胜率也同样大幅降低。但将建筑机械分为大型、中型、小型后发现，该企业在大型和小型领域的竞争胜率并没有太大变化，仅仅是中型领域的竞争胜率降低。那么应当采取的对策首先是检讨中型产品的开发、定价与销售方法是否有问题。另外，如果对大型领域的信心不足，则需要验证定价是否合适，或者与竞争对手相比是否过于廉价等。

另外，市场份额中的重点还包括在想要提升份额或覆盖率时所遇到的销售效率问题。对于销售效率，我们曾负责过某个有趣的案例，当绘制出它的访问数量与销售数量的曲线后发现，两者根本不成比例。销售量达到最高峰时，访问数量最低，当访问数量达到最大时，销售量则进入最低谷。

更为微观地来考虑访问时间带与访问数量的关系后发现，上午和下午是访问数量的高峰期，清晨与傍晚则几乎无人问津。但从其中的有效访问（能实际与客户面谈的访问）比率来看，虽然上午和下午造访较多，但大多都难以面谈，全是无用功。因此从时间带的商谈成功率来说，清晨和傍晚具有压倒性优势，而以往重视的白天时间反而难有成效。

从业界角度来看这个例子的话，比较符合农业产品与较小型企业产品的情况，因为这类产品的老板或社长大多只有早晨和傍晚在公司，下午几乎都在外。

这一分析原本的目的是想要减少加班时间，但最终改变成了讨论要怎么做才能多一点加班时间。而原本白天按照严格规定工作，傍晚必须回到事务所做报告的工作系统也被废止，改为白天自由活动，稍微增加晚上的访问时间。

与 KFS 之间的差距分析

以上介绍了 PMA 的市场动向、经济性与竞争的分析例，接下来将详细总结该市场中的 KFS（成功的关键）究竟是什么，并找出该关键与自己公司之间的差距究竟在哪。

差距分析的要点在于去观察非常成功的公司与并不成功的公司之间的差异究竟是什么，然后比较能显示业绩差距的变量差（比如覆盖率或胜率）、市场反应的多年变化（从过去到现在出现了怎样的差异和变化）、畅销与滞销的要素有何不同等。

当然，KFS 本身根据业界和当时企业所处环境的不同也有很大的差异。比如从原料、生产设备、分类、应用软件、销售网等来看，能源业的铀和石油产业可以得知确保原料是该业界关键所在。而百货店、控制产品制造商和代理店的业界关键则在于分类。酒、啤酒的关键在于销售网，出租车行业的 KFS 则是服务。不同业界的 KFS 不同，根据企业所处状况还会随时发生变化（图 1-5）。

因此我们要在借助前述流程弄清 KFS 的基础上，分析本公司与它之间存在怎样的差异，进行差距分析。

这里的一个重点是实力的极限。市场的 KFS 与自身公司之间即使有明显差距，但现实中常常存在以公司自身力量难以弥补差距的情况。所以要弄清在各种差距中，自己能弥补的究竟是什么，无法弥补的又是什么。

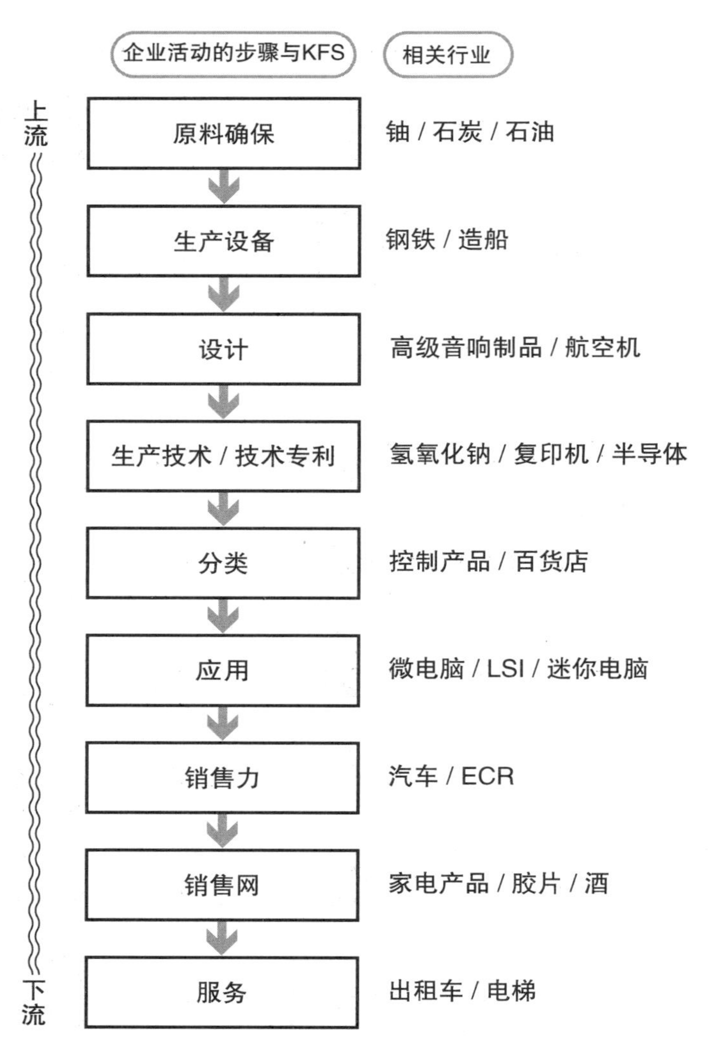

图 1–5　企业活动的步骤与 KFS

再举一个例子。分析该案例中大型、中型、小型机械的构成比后发现，1975 年到 1977 年，中型的市场构成比大幅上升，市场主流转为了中型机械。该企业的市场份额在大型机械方面并没有太大变化，但在中型机械中份额降低。那么该制定什么对策呢？既然此时的 KFS 是中型机械，KFS 与该公司的差距也在于中型机械，那么就应该将大型与小型的经营资源投入中型，否则难以防止雪崩现象。

所以按照以上流程决定 KFS，接着找出自身公司的差距，在此基础上确定今后要追求什么，也就是弄清改善方向。此时首先应当对企业做出定位，再分析自身企业的事业处于怎样的立场。为此要以事业魅力度和本公司优势与弱点的尺度为基础，确定合适的事业标准战略，以 PPM 为前提来实施（图 1-6）。

换言之，当对企业做出定位后，就应当集中全力来提高某个事业收益，即使某个领域要在此时牺牲利益，也应当争取市场份额，为将来做好布局，明确自己必须做什么。

而即使是为同样的 KFS 制定弥补差距的方针，根据该公司在业界内的地位（比如领导者与弱者）不同，适合的战略也不同。

假如是小规模企业，最有效是利基战略。也就是当大型制造商如同推土机一样横扫市场时，小规模企业在其身后捡拾遗漏的小缝隙残渣，以此谋求生路的战略。

利基战略要获得成功，需要多个基本条件，首先市场必须是相对较小的。市场越小，越可能出现大企业的大型经济学所难以涉及的区域。比如劳斯莱斯就有可能属于这种区域。其次是一旦进入市场后，

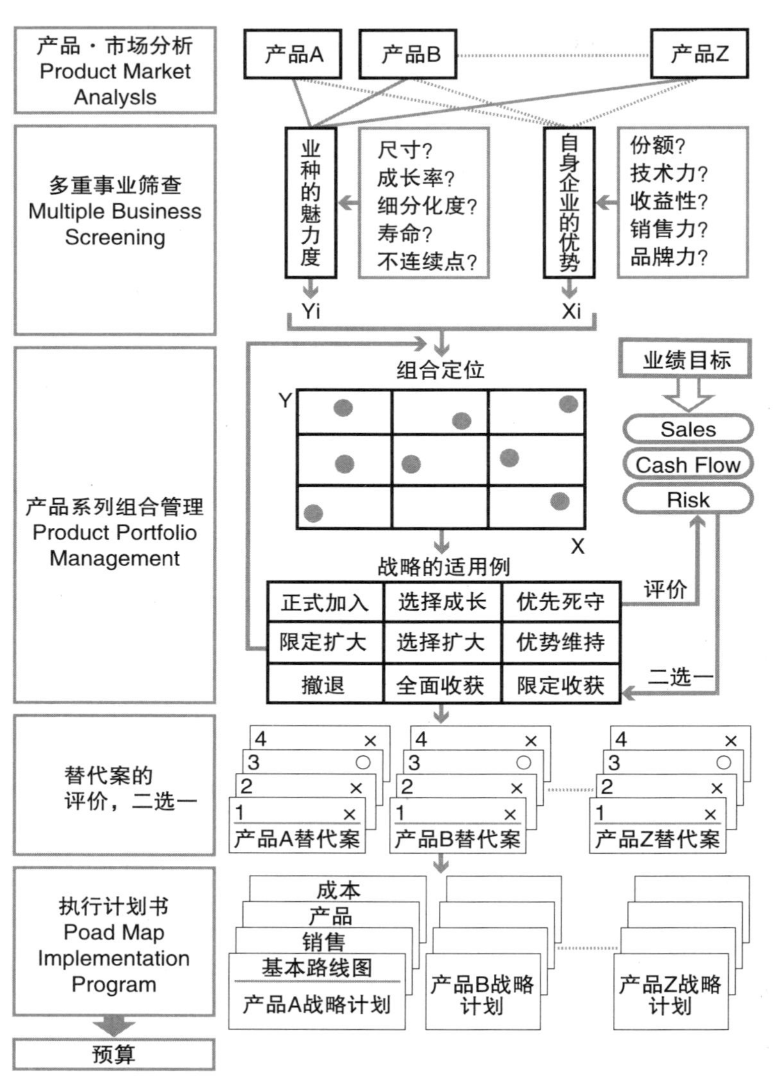

图 1–6　企业战略立案的流程与 PPM 的定位

要维持地位的难度较低，这是非常重要的条件。此外还需要较高的技术能力。比如缝纫机市场在日本达1000亿日元左右，而相应的缝纫机针的市场约50亿日元。缝纫机制造商进驻缝纫机针的市场从理论上来说是非常合理的，但由于该市场较小，且制造缝纫机针的技术非常特殊，所以某个位于长野县的专业制造商就凭借制造名为风琴针的缝纫机针，独占了全世界的市场。即使大企业想要进驻该区域，由于市场太小且技术要求太高，也只能放弃。结果就是该制造商能藏身于这个极其安全的市场缝隙中，成为利基战略的典型例子。

业界的领导型企业要做的事则刚好相反，他们需要制定反利基战略。我们将其称作“插座战略”。大企业的对策是避免给中小企业留下市场缝隙，比如洗发水大型制造商会推出去屑用洗发水、柔顺型洗发水等各种类型，就是为了防止只生产去屑用洗发水的中小品牌出现，制定尽早堵住漏洞的战略（图1-7）。

插座战略与利基战略虽然是相反的关系，但这都是根据自身企业立场所得出的最合适战略。因此我们必须了解KFS，了解自己公司与KFS之间的差距，再根据自身立场来考虑相应的战略。

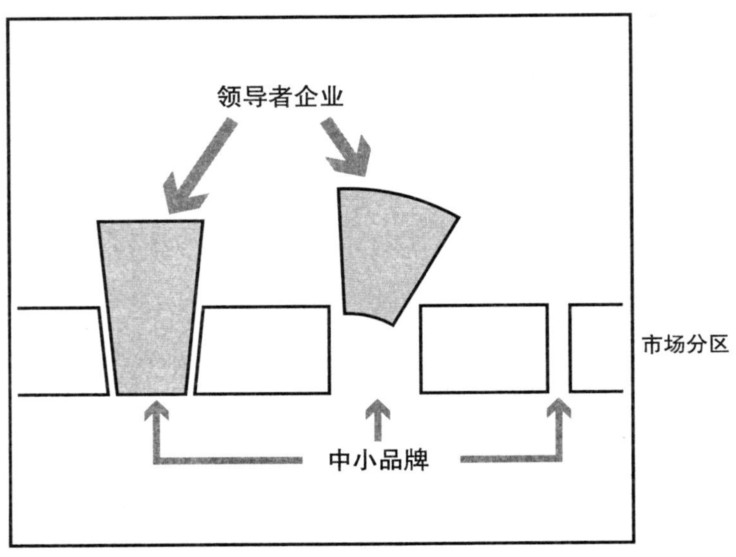

图 1–7　利基战略与插座战略

三、战略替代方案的制作

经过以上流程后，最终要制作出战略替代方案，但正如之前所述的一样，通常只会制作出一个替代方案，所以高层管理会面临二选一的情况。而在 PMS 中，应当尽可能提出更多的替代方案，再考虑从中挑选最佳选项。

这一阶段的要点是必须准备多个可实现的替代方案。“可实现”是非常重要的，只能存在于计划书中的替代方案毫无意义。所以在提出替代方案时，应当准备有实现可能的，并且是相对有利的方案。

此外还必须对替代方案做能够定量化的评价。不能凭感觉说某方案比较好，要有定量的依据。

在定量评价之外，还需要进行定性比较。比如加入该方案对转包商有多大影响，或者会让竞争企业有多大反应等定性比较。

在制作战略替代方案时，由于无法预知其中哪一个会被选中，所以在考虑方案的过程中需要积极地与在线管理者进行工作交流，说服对方一起参与计划过程。而为了预防高层管理被迫突然做出重大决定，需要事先让其充分了解方案流程。

那么要如何挑选出存在战略性差距的领域呢？在了解KFS，明白自身企业立场，且差距也确实存在的情况下，究竟应该怎么选择？不同方案的选择方式不同，接下来就给各位展示一个范例。

例如某事务用计算机事业战略与KFS之间存在差距。该市场的KFS是制造成本较低，具有大范围的流通网络，且拥有低薪的销售员，能够在短期内开发新商品，产品生命周期极短，能够通过积极输出来实现量产效果。而从该公司所处立场来看，它的制造成本比其他竞争企业高出两成，存在巨大差距。虽然销售主体是直销，但直销的问题不在于广度而在于深度，这部分也有差距。销售员成本方面，由于是专卖型销售员，效率低而成本非常高，同样也存在差距。在短期商品开发上，该公司的技术积累较差，必须进行长期开发，所以开发周期也有差距，但在输出实绩上并没有太大差异。

那么根据KFS来制作替代方案吧。比如要实现低制造成本，那么是要降低工场成本？是提高零件外部订货数量？还是减少报酬分担？或者全部外包只购买成品？可以提出多个选项，根据这些提案来制成替代方案供选择。

这时需要从企业投资管理组合的思维角度来选择替代方案。即使某方案对于某事业而言是最佳选择，有时从企业整体来看也并非上策，所以永远以企业整体视角来作出判断是非常重要的。

四、路线图的制作

最后要根据选定的战略来绘制路线图。具体而言，假如小型机市场的重点战略路线图包括降低制造成本方案与流通渠道构筑项目，那么在这种情况下，开发外部订货用的新商品，调查外部订货作业制造商并与其进行交涉，进一步进行价格交涉等各种行动都要在最合适的时机执行，还要随时确认，这也是路线图管理的基础（图 1-8）。

那么要根据路线图执行具体的改善方案，就必须制订执行计划。例如小型机的战略执行计划中不可或缺的步骤是对优秀的外部订货制造商进行调查，决定交涉对象，制作外部订货新商品，指派购买部长为责任人，调查部长为实际执行人，划分主要和次要责任人，决定具体日程安排。

这里的要点是执行计划书的安排中需要常设确认点，该确认点必须注明谁在什么时候确认什么。

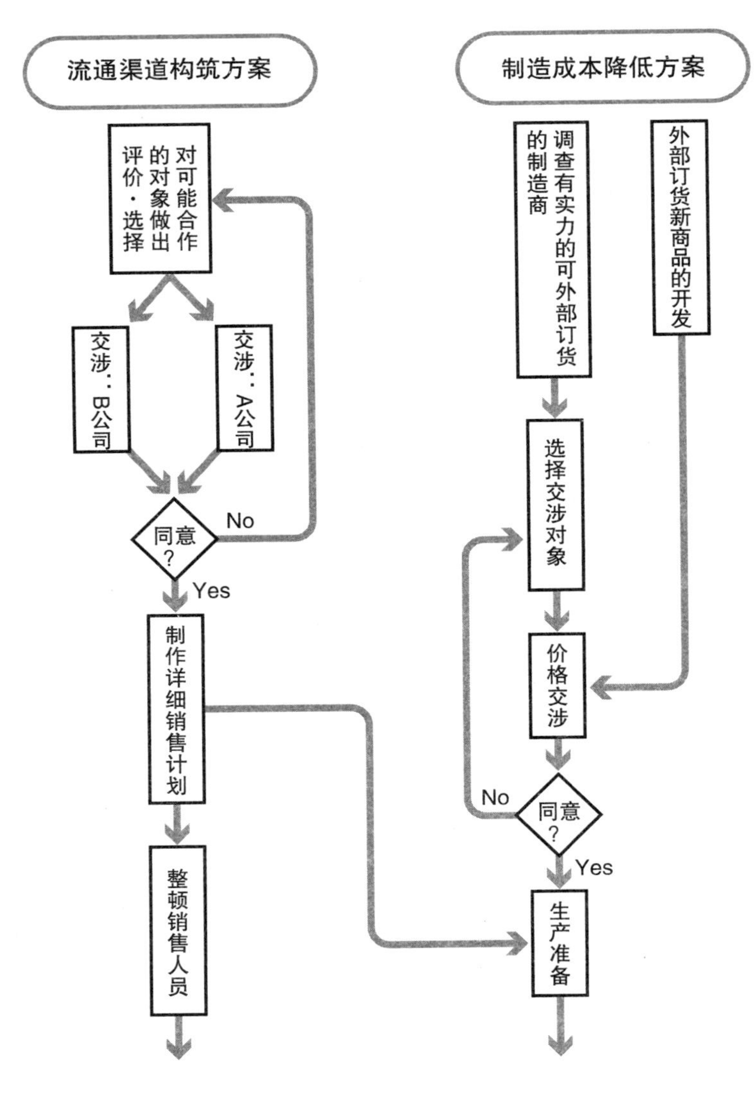

图 1–8　流通渠道构筑方案和制造成本降低方案

例如在销售利润率（ROS）的确认点阶段，假设确认 ROS 为 10% 则继续该项目，假设为 0~10% 则需要重新检讨技术。只要在该阶段的收益无法提高，就要重新考虑该方案是否有问题。像这样预先设定各种情况，一旦出现问题就立刻做出反应，在决定好的时机对其进行检查确认，就是战略立案上的要点。

至于为什么需要制订应急方案，这是因为仅仅以事实为基础进行分析的话，必然有无法预测的因素出现，最近的石油危机就是最好的例子。既然我们无法预测出现这种情况时企业应当做出怎样的反应，那么就应该分各种不同的情况提前做好战略性准备。

像这样制订改善计划并实施时，实施中的跟踪程序是非常重要的。针对最初的计划，究竟实现了多少？没有实现的理由是什么？本公司的市场是否有问题？还是因为本公司努力不够？或者是由于完全不同的环境因素？跟踪反馈并整理好问题点，再考虑企业因素究竟应该进行怎样的轨道修正。

最终根据诊断结果和 KFS 来考虑如何提出具体的战略方案，在讨论出最受认可的方案和路线图之后，按照所选方案制订执行计划，包括整体计划与个别细节计划在内的整套计划方案就是某产品 PMS（产品与市场战略）（图 1-9）。

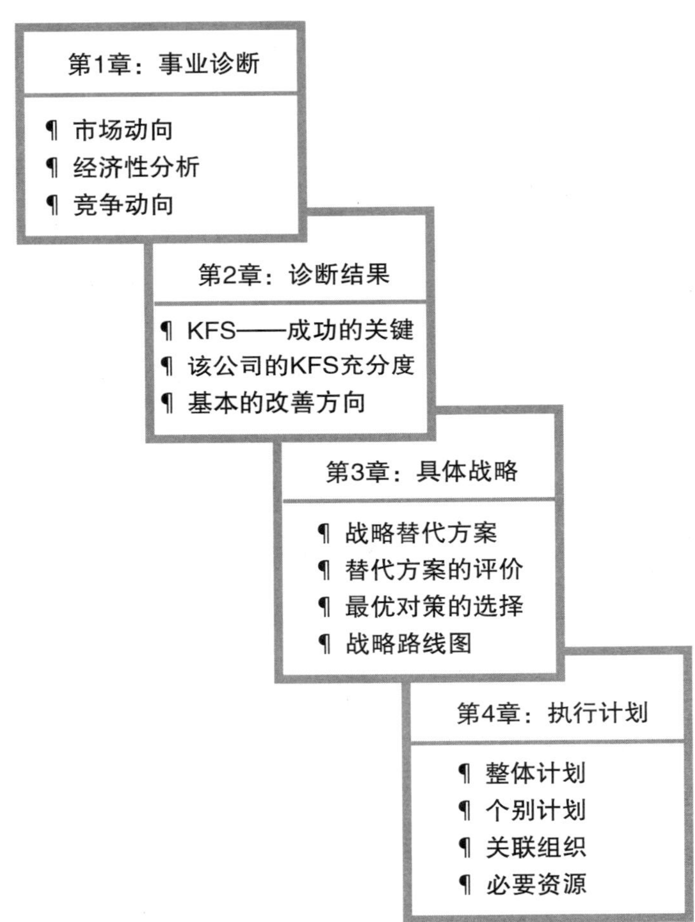

图 1-9　产品与市场战略的流程

五、运用 PMS 的关键

最后要说明的是有效运用 PMS 时的关键。首先，我们应该认识到 PMA 与其说是手法，不如说更接近于经验技巧。也就是说，同样的数据也可能有各种不同的处理方式，不同的切入角度会得到不同的答案，所以实施的人要尽可能地提高熟练度，这也是关键所在。在各种机会中通过实际分析逐渐熟悉 PMS，并且这并不仅限于负责人，要提高影响范围，重点就要让尽可能多的人学会。

此外，这种检讨工作可能会持续两年到三年。如果想要对某个产品进行完美的分析，有可能会花上 10 年的时间，但这就会导致跟不上市场，所以关键是在短期内明了问题点，为此需要投入大量精力。

而分析的前提首先是尽可能地熟悉非技巧型的技术，直到自己充满自信为止。磨炼自身判断力，在一开始决定分析领域时就做出自己的判断。

另外，要进行基于事实的分析，那么执着于弄清事实关系是很重要的。不能怀有“算了，这种水准的意见就差不多了”的心态，重点在于长期追求事实的执着心。

像这样逐步积累事实之后，再做出最终判断。即使是针对同样的分析结果，也会出现各种可能性，所以要综合各种分析，判断出其中最有可能的是哪个。该判断要尽量保持客观性和中立性。正如之前所说的一样，关键是尽可能不要让企业内部的政治性因素影响判断。

当然，仅停留在分析阶段是毫无意义的，我们还必须实施它。所以在分析力的基础上，说服技术也是 PMS 的要点。在早期让人参与其中，让高层管理理解流程，以及在最终转入实施阶段时，说服技术无疑都是十分重要的。

（海老原宽）

第二章

PPM（项目投资组合管理）——战略性经营计划的立案及实施方法

许多人应该已经了解 PPM（Product Portfolio Management）这个词组或概念，有些企业甚至已经开始实施了。但我们时常听到进展不顺的呼声，那么原因究竟是什么呢？

我们认为也许由于 PPM 这个词组本身是独立的，大家并不能充分理解其本质。更具体来说，PPM 这个概念看起来十分简单直接，但要实施起来，过程和备份体制却相当复杂，要构筑该体制具有很大难度。如果对这部分理解不够充分，可能就会成为失败的原因。所以本章将以我们在日本的经验为基础，对该过程与备份体制进行具体说明。

首先要介绍的是 PPM 是在怎样的背景下产生的，第二是说明 PPM 具有怎样的特点，第三是说明它会产生怎样的效果以及必要条件，第四是如何应用 PPM，最后则是要转换为以 PPM 为基础的经营战略应该怎么做——这就是本章将要讲解的五个要点。

一、低成长期的重要战略平衡

众所周知，我们已经从过去的高速成长时代转入了低速成长时代。高速成长期时所有业种都在发展，即使泥沙俱下，整体而言也能确保收益，市场份额的胜负几乎不会给销售额带来太大影响。但今后我们将迎来低速成长时代，将出现无法发展的事业，且萧条的事业将影响长期收益。另外，失去市场份额也会直接导致销售额降低。从这一点来看，企业经营必须要强化公司整体的战略平衡。也就是明确每个事业的职责，根据其职责来发展。或者强化选择性。这对于今后的战略胜负将尤为重要。

具体来看这些要点的话，会发现 GNP 成长率在过去 10 年间出现了降低的倾向，今后还可能以 5% 到 6% 的速度继续推移。从不同业种来看，过去 5 年间的成长率与今后的成长率预测相比，过去 5 年几乎所有业种都保持了每年 10% 的以上的增长，而今后诸如不动产、电力这类业种则难以继续实现 10% 增长，但有些业种依旧能保持与过去一样的中等程度成长，诸如服务业这类业种甚至能和以往一样继续实现高速成长。各种业种的成长率将发生变化，因此在低成长时期将同时出现继续发展和停止发展的业种，这就与过去的状况不同了。

在过去的高速成长期中，由于市场本身也处于持续扩大的状况，即使企业失去一些市场份额，销售额往往也是持续增长的。但今后的市场将不再像以前那么大，在这种状况下丧失市场份额将直接导致销售额减少。

以两个尺度来给事业定位

这里我们要考虑如何制定战略的问题了。所谓战略，就是看清世间趋势并加以有效利用，努力扩大竞争对手与自己之间的差距。由于世间趋势属于非自主因素，所以可以利用市场魅力度这一尺度来进行测量（图 2–1）。

另一方面，竞争对手与自己之间的差距这一自主性因素则可以用竞争对手所反映出的本公司优势与弱点这一尺度进行衡量。通过这两个尺度，就能将本公司事业做出平面定位，再根据该定位以“防守”“进攻”“选择”“与资源进行充分协商”等形式来给事业做进一步定位，最后得出基本战略，同时以此为基础来分配资源——这也是基本的思维方式。

这种 PPM 是从极其基本的战略理论出发，今后可能会出现更为复杂的情况，但基本原则是不可动摇的。

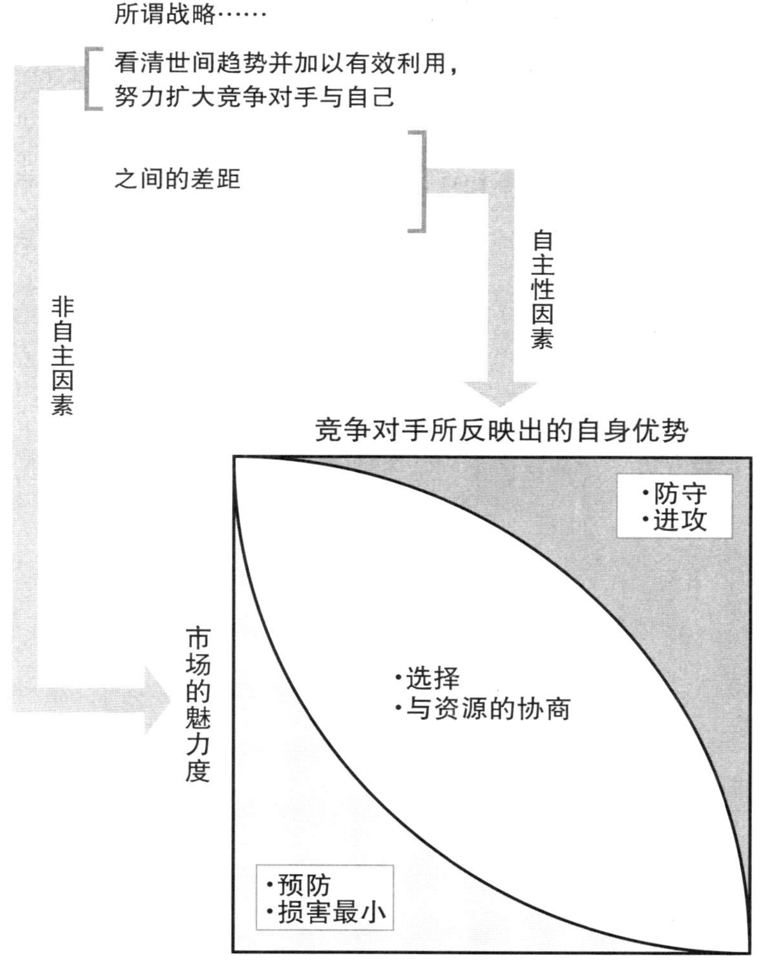

图 2-1　事业组合与基本战略

在高速成长期，各种事业部门或事业单位几乎都被赋予了自由成长的权力，但今后企业必须强化公司整体的战略平衡。也就是说，要以前述事业的魅力度这一尺度和本公司优势与弱点这一尺度为基础，将本公司事业在投资组合矩阵上分别做出定位，根据其定位来赋予战略职责。

假如本公司立场极其稳固，事业也具有魅力的话，那么可以选择维持当前发展与优势。假如本公司虽然立场稳固，但在市场中缺乏魅力的话，则可以强化事业选择性，重视收益。假如本公司立足不稳，事业也缺乏魅力，那么可以考虑将亏损降低到最小限度，或者直接撤出市场。

像这样按照事业定位来制定各种基本战略将是今后的必要手段。

二、PPM 的五大特点

多种评价尺度

我们所说的投资组合管理具有五大特点。第一是能使用多种评价尺度，第二是重视 BU（商业单位或事业单位），第三是将战略组织设定为由 5 个阶层构成，第四是同时采用自上而下与自下而上的模式，第五可以说是企业目的，也可以说是对目的函数的平衡。

接下来就针对这五点来进行详细说明。

首先是多个评价尺度。之前提到过对业种魅力度这一外部环境或本公司优势弱点这一内部环境进行评价，这也包括多种方式。最复杂的方法如图 2-2 的左侧所示，需要找出所有影响企业收益的因素。这是以哈佛商学院为中心推行的 PIMS 项目，能提炼出上百种因素，并研究其会以怎样的形式影响收益。图中展示了一部分因素。像这种极其复杂的方法就是众多方法之一。

最简单的方法则是外部环境只看市场成长性，内部状况只看本公司市场份额这种极端方式（图 2-2 右侧）。

但业界的魅力度与本公司的优势和弱点是很难以单纯的变量来分析的，这是我们的经验之谈。首先，市场成长率并不一定能表示业种的魅力度。比如成长速度较低的大型市场中，对于具有压倒性市场份额的企业而言是极有魅力的。换言之，即使该市场没有成长性，它也具有吸引力。

或者某些成长率较高但新加入企业需要进行巨大投资的市场，对于缺乏资金实力和技术能力的企业而言则并没有太大魅力。比如半导体事业。

而市场份额也并不一定能充分表示本公司的优势和弱点。例如即使市场份额占首位，只要寡头垄断度低，新产品蜂拥而入，业界变化十分激烈的话，缺乏应对力的企业也难以支撑。

相反，即使企业所占市场份额较低，只要能抓住市场利基，并发挥其压倒性优势，从而获得稳定收益的话，那么该企业立场也十分稳固。所以说市场份额并不一定能表现公司的优势或弱点。

那么究竟应该以什么形式来进行评价呢？这里通过前一章所说的 PMA 来对各事业和 BU 进行综合性、定性的评价，不仅局限于根据其得分来做出定位。在此将介绍多变量的定位案例，在之前所说的市场魅力度与本公司优势弱点的矩阵中分析市场魅力度究竟如何。比如市场规模很大，但转为成熟期后出现了供需差距，从而引发价格竞争的

· 税前ROS（业界）
· 税后ROS（业界）
· 销售额/从业员
· 直接费用（应对竞争）
· 制造费/销售额
· 促销费/销售额
· 促销费/销售额变化
· 研究开发费/销售额
· 运作率
· 运作率变化
· 库存/销售额
· 库存/销售额变化
· 相对价格
· 投资/销售额
· 投资/附加价值
· 固定资产
· 垂直统一管理
· 长期市场成长率
· 市场份额
· 相对市场份额
· 寡头垄断度
· 价格上升率
· 占销售额50%的顾客数
· 税前ROI25%以上的事业比率
· 短期市场成长率
· 生命周期以上的位置
· 品质
· 细分化度
· 新产品销售比率
· 产品专利
· 技术专利
· 分类
· 新设备比率
· 相对品质
· 行会成员比率
复杂
最终集中成几个重要变量
——市场规模（国内/世界）
——市场成长性（国内/世界）
——价格动向
——自保市场
——季节性
——市场份额变化/新加入企业
——寡头垄断度
——竞争的特性
——业界首位的强势
——代替品的威胁
——业界首位的收益性
——收益性的KFS
——生命周期上的位置
——政治社会经济环境
——行会
——法律规则
多变数
例外很多，
最终导致变量增加
· 市场成长性
· 市场份额
简单

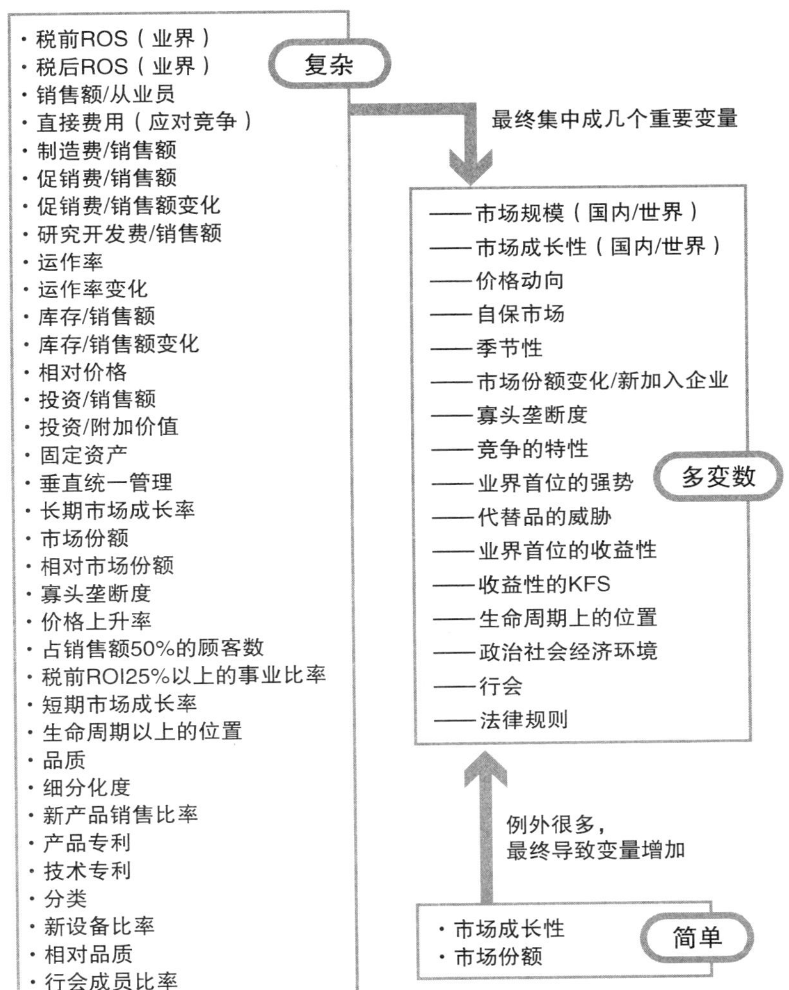

图 2-2　多种评价尺度

话，那么在整体的综合评价下，市场魅力度约为中等。

另一方面，关于本公司的优势与弱点，例如当市场份额为第二位，但销售网、服务都较为薄弱，属于高成本体质时，对于本公司强弱的综合评价也约为中等，所以该 BU 的定位应当设定为中。

从更为模式化的角度来看，PMA 的定性评价中，通过找出多个给事业定位带来影响的重要变量，就能得出该公司特有的基本变量。

不使用普通变量，而是在自身企业多次进行 PMA，由此找出多个会对公司事业产生最大影响的要素。在大项目下从市场、竞争、收益性、技术及其他因素来考虑市场魅力度和本公司的优势与弱点，比如在市场相关方面思考规模、成长性、价格动向、细分化、稳定度、结构变化等，从中找出多个最适合自己公司的变量（图 2-3）。

总结来说，就是即使使用多个非常复杂的变量，最终也将集中成几个重要变量，仅根据基础变量来制订计划，必然会出现大量意外，最终反而增加更多变量。所以这里我们要采取的方法是找出十来个适合该公司的变量，将其作为评价的要素。这就是多变量的评价尺度。

战略立案单位的 BU

第二个特点是重视 BU。之前介绍的 PMS 是基于这里所展示的步骤，首先进行产品与市场分析，再找出 KFS（Key Factors for Success），也就是该事业成功的最重要因素。紧接着找出 KFS 与本公司立场之间存在怎样的差距，得出能填补差距的战略替代方案，以此

市场的魅力度
本公司的优势、弱点
项目
——规模
——成长性
——价格动向
——细分化度
——稳定度
——结构变化
市场
——销售额
——加入区域
——品牌化
——品牌形象
——销售网
——市场份额动向
——新加入企业
——竞争的特性
——代替品
——垂直统一管理
竞争
——市场份额
——固定顾客
——业界第一的收益
——收益的关键变量
（规模经济等）
收益性
——极限利益
——现金流量
——ROI
——成熟度
——复杂度
技术
——专利
——许可证
——品质
——设计
——生产流程
——政治社会动向
——行会
——法律规则
其他
——组织
——经营体质
综合评价
业种魅力度
大
中
小
小
中
大
本公司的优势、弱点

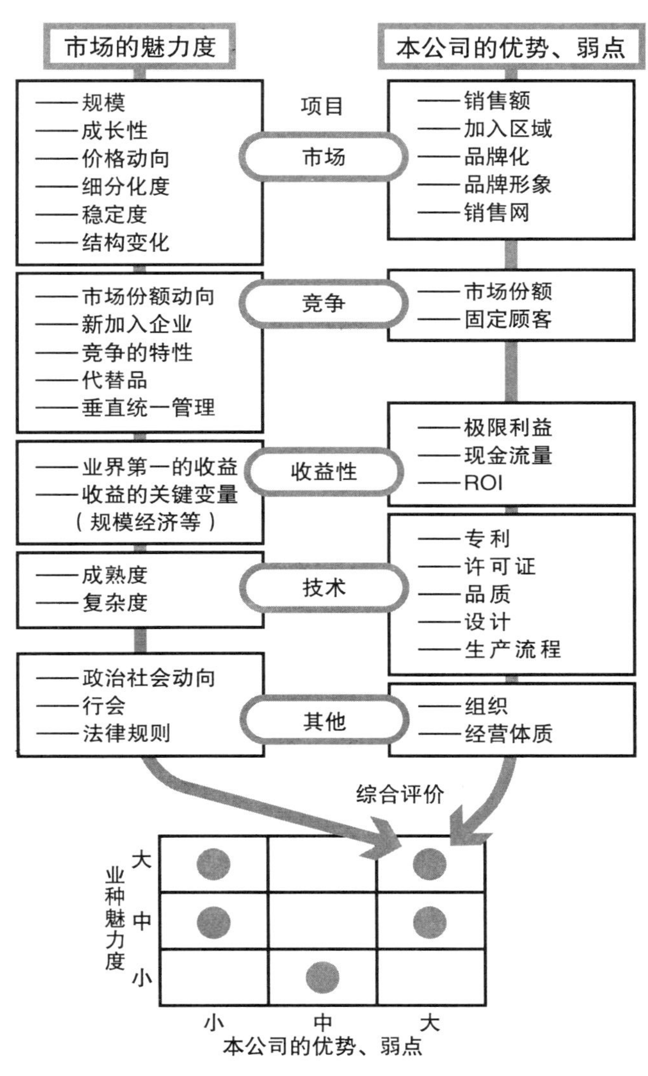

图 2-3 基本变量例

为基础制订执行计划，并实施和监控。这就是 BU 的责任。

同时，如之前所说的一样，凭借以产品与市场分析为基础的基本变量进行多变量评价，对 BU 做出定位。将其总结为全公司的投资管理组合，以此制定基本战略。在此框架中找出战略替代方案，再经过对整个公司的战略替代方案的评价与选择流程，制成执行计划（图 2-4）。

总之 BU 的责任是非常重要的。它的责任就是引出具体的实际战略。

接着来看 SBU［Strategic Business Unit（战略事业单位）］。这是对追求协作，也就是加成效果的管理主体的组织单位所做的定位。如图 2-5 所示，BU 组群集合构成了 SBU。至于以怎样的形式构成，则需要找出每个事业的 KFS 的相通点。比如工场有 KFS，或者生产设备有 KFS，此外还要考虑基本技术、销售网、主要顾客、主要竞争对手等各种 KFS。总结具有相通点的 BU 组群，就构成了 SBU。

假如某个 SBU 在同样的工场进行生产，那么就会出现一个相通点。这个加成效果的最大目的是通过竞争对手的战略中所反映出的东西来确定本公司的优势地位。所以 SBU 要成为管理这一固定费用的单位，对未来的会计体系进行修正。

总之，BU 的定义是战略的立案单位，SBU 则是执行并管理战略的单位。

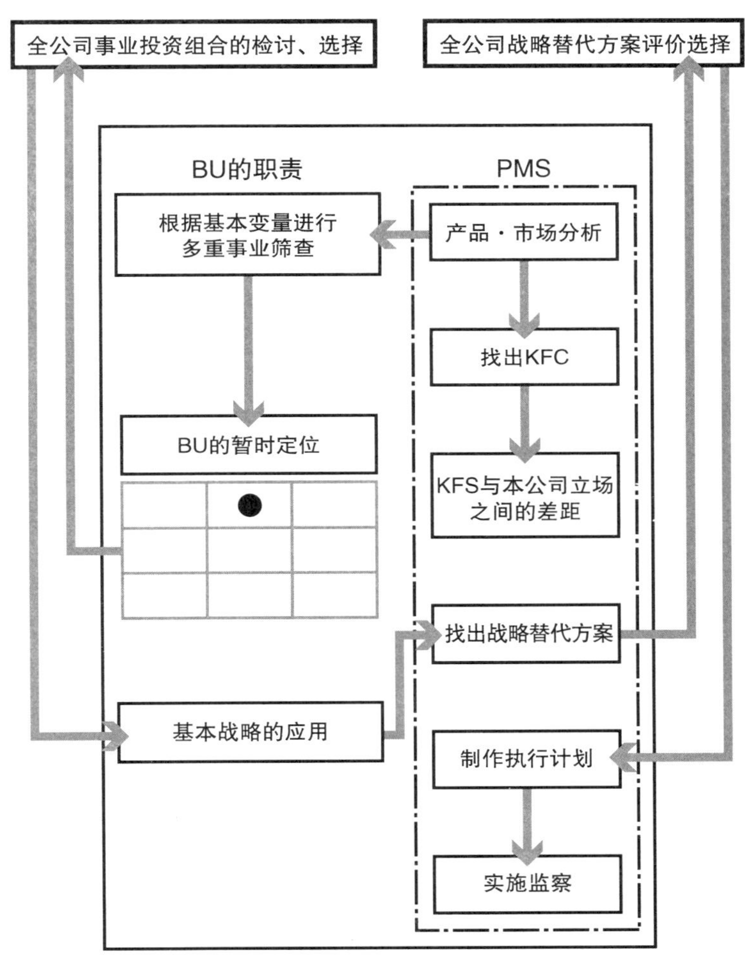

图 2-4　战略立案中的 BU 的职责与 PMS 的重要性

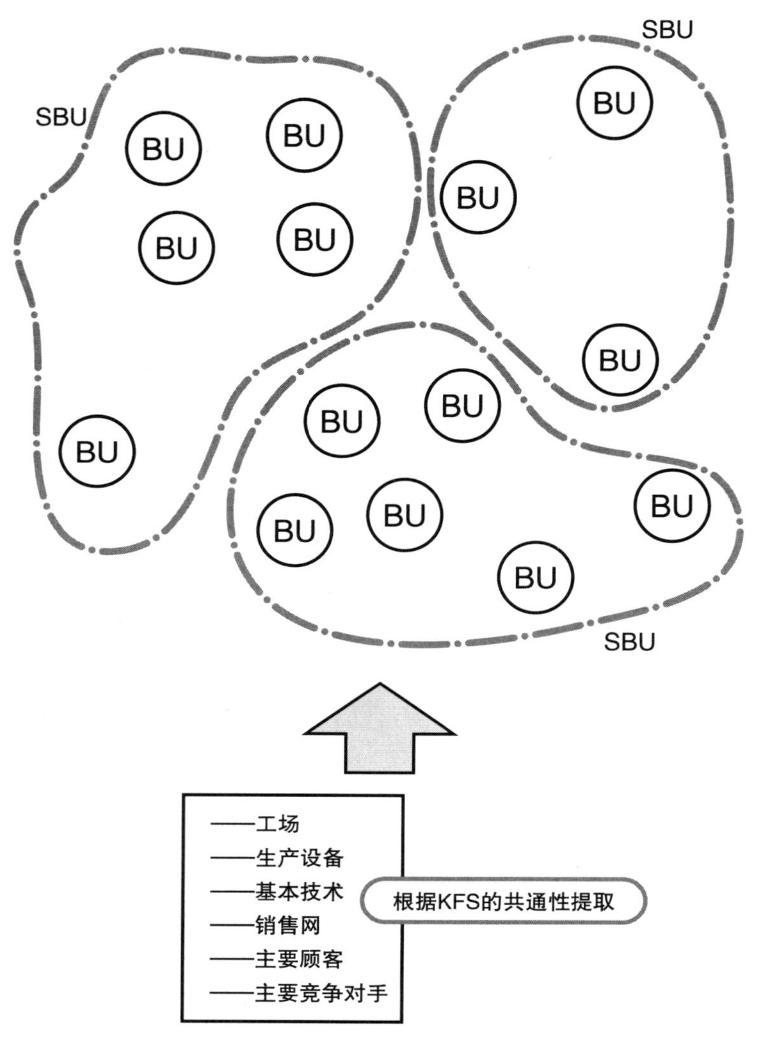

图 2–5　SBU 的构成方式

五阶层的战略组织

那么这些负责战略立案并执行的战略性组织究竟是怎样的呢？我们认为战略组织由 5 个阶层构成。

也就是将分区、BU、SBU、战略监控或本部、本社这五个阶层的计划单位规定为战略计划的等级。

最下级的是 PM（Product · Marke）分区。这是战略差别化的最小单位。将其汇集起来就形成了 BU，也就是战略立案的基本单位。再进一步集中则形成了 SBU，也就是追求不同功能协作的中期战略的实施单位。在它上面是本部或战略区，这是应对产业结构变化等的长期战略立案单位。而最后则是本社，这是企业目的的设定单位。

自上而下与自下而上的合并运用

在这五个等级的组织中，应该如何进行战略立案呢？这里需要合并使用自上而下与自下而上的方式。也就是全公司战略由从 BU 开始积累的定性评价和根据全公司的共通尺度所得出的定量评价来导出建设性的战略立案。

首先是从企业整体角度向各级别传达公司方向、指导方针、企业目的。以此为基础，首先在 PM 分区中充分进行 PMA。在此基础上以 BU 为单位，根据定性评价来做出定位。

将其整合到 SBU 等级或本部等级的组合管理中，再进一步汇总到

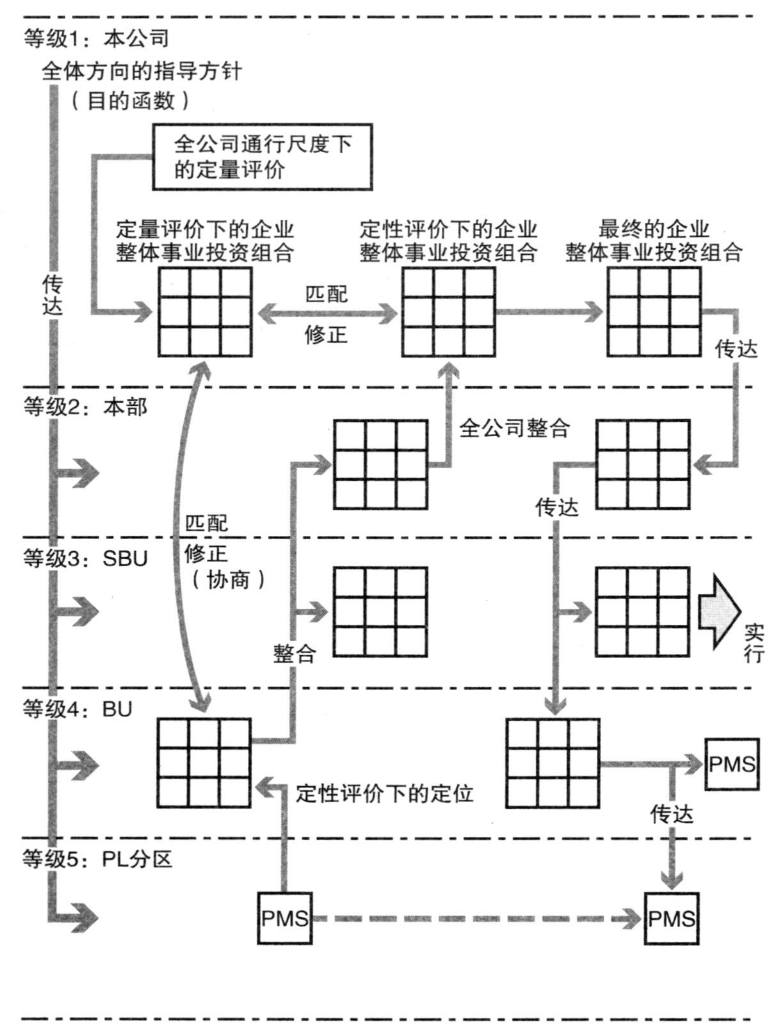

图 2-6　自上而下与自下而上的合并运用

全公司等级，就形成了全公司定性评价下的事业投资组合。

而在本社等级中规定了全公司通行尺度，也就是涉及多个事业也能进行通行评价的尺度，制成几分获得什么定位的定量评价系统，并以此为基础，与自下而上的全公司事业投资组合不同，根据定量评价来独立制作全公司事业投资组合。

接着针对这两种事业投资组合来进行修正。当然，这两者必然有所不同。在 PM 分区等级的作业具有能详细且具体地了解该事业的优点，但缺乏企业整体视角，这时的定位从整个公司的角度来看也许还有缺陷，而将其归纳总结后进行定性评价才是企业整体的事业投资组合。

定量评价下的全公司事业投资组合是在本社等级下制定的，所以从公司整体平衡这一点来看非常合适，但细分到各事业就必然会有不够详细的缺点。通过对两种事业投资组合的讨论和修正，最终能得到满意的整体事业投资组合。

完成这一阶段后，再向本部等级、SBU、BU 等级传达。至于具体战略，先从 PMA 中找出战略替代方案，以事业投资组合的基本战略为基础进行选择和执行，再由社长办公室来进行管理。这就是整体的战略立案与执行过程。

根据目的函数来进行整体平衡

关于如何挑选战略替代方案的问题，则需要对全公司进行独立诊断，找出对该企业而言最重要的事项，再根据所导出的目的函数调整整体事业平衡。

以美国的通用电气公司为例，虽然该公司过去的销售额顺利提高，但却有 ROI［Return On Investment（投资回报率）］降低的倾向，每股收益也处于停滞状态。所以通用电气公司的问题点在于即使销售额上升，ROI 以及 EPS［Earnings Per Share（每股收益）］也在降低，那么中期目的应该考虑改善 ROI 和 EPS。

日本企业最常见的例子则是以往为了应对高度成长期而增加在籍人员，但在进入低成长期后，产生了大量剩余人员。所以问题点在于高度成长期之后的剩余人员如何处理。这些企业的目的函数与通用电气公司不同，应当考虑如何最大化地吸收利用人员。另外，从 BU 的具体战略来看，符合事业投资组合定位的基本战略的范围中会存在多个替代方案。

这时如果企业在事业投资组合矩阵上的位置是既有实力又有事业魅力，那么死守优势是基本战略。像这样根据不同的位置来定位基本战略，决定是要维持优势，还是重视收益或缩小损失、退出市场，同时还要这些基本战略的范围内想出各种替代方案。

假如基本战略是死守优势，那么当然要考虑消极方案与积极方案。积极方案是大力进驻世界市场，而消极方案则是通过降低成本来强化价格竞争力。或者还可以提出中庸方案，即根据销售投资来扩大市场份额的替代方案。

此外，如果基本战略是减小损失、退出市场，那么替代方案可以是限定性地进驻蓬勃发展中的海外市场，或者集中精力于还有收益的市场区域，利用外部订货子公司生产来实现将固定费用变为流动费用，或是干脆直接地撤出市场，总之可以想出多个替代方案。

每个 BU 至少能想出三个左右的替代方案，我们可以选择其中的一个。不过首先要像之前所说的一样决定目的函数，配合考虑有限的经营资源（人力、物力、财力等），并根据该目的函数来得出企业的战略替代方案。

目的函数的例子包括销售额最大化、收益最大化、ROI 最大化、吸收人员最大化，或者更为复杂的“保证现金流量为正，将吸收人员最大化”等。根据不同的目的函数来做出不同应对，比如销售额最大化，也许会在 BU-A 中选择替代方案一，在 BU-B 中选择替代方案三。

选择不同目的函数会让企业的财务内容出现极大的差异。图 2-7 中，销售额、收益、所需投资、ROI、现金流量、吸收人员在决定了某个目的函数后，通过选择战略替代方案的组合展现了怎样的变化呢？假设设定销售额最大化的目的函数，可看出销售额的确是最多的，但所需投资也非常大，现金流量将长期低迷。

而如果选择保持现金流量为正，且吸收人员最大化的目的函数，以此来选择战略替代方案组合的话，当然现金流量在其早期就会上升，转为正数。此外也能保证一定的销售额和收益，同时能确保吸收人员。总之通过设定不同的目的函数，企业财务内容将会发生很大变化。

销售额最大
ROI最小
现金流量最大
保证现金流量为正且吸收人员最大化
销售额
8
6
4
2
0
1970 1975 1980 1985
ROI
6
4
2
0
−3
−4
75 80 85
收益
300
200
100
0
−100
−200
75 80 85
现金流量
300
200
100
0
−100
75 76 77 78 79 80
所需投资
5
4
3
2
1
0
2.6
1970 1975 1980 1985
吸收人员
40
30
20
75 80 85

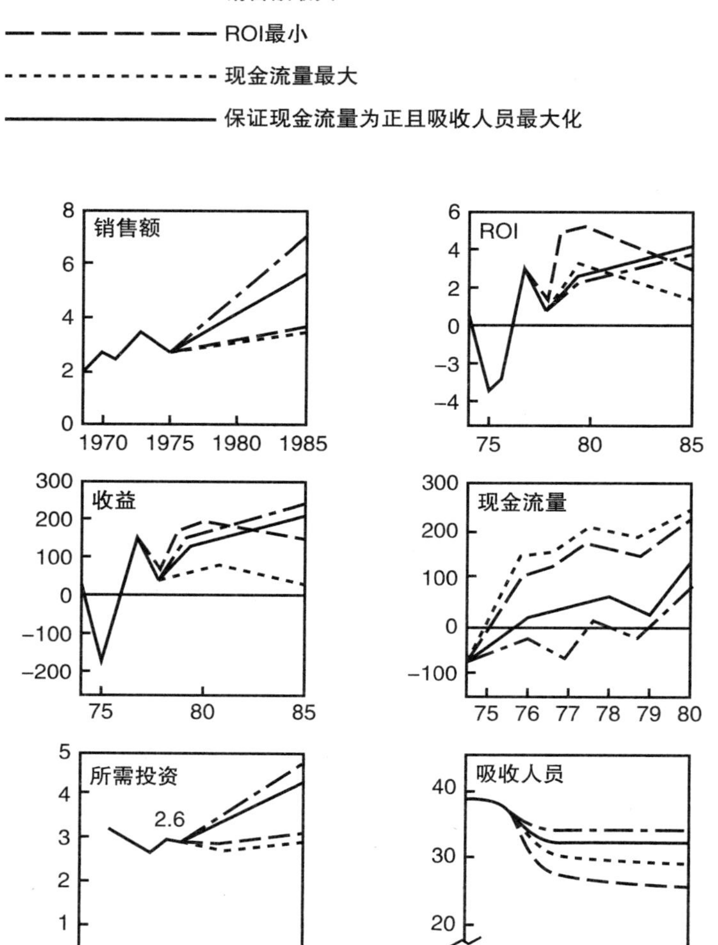

图 2-7 目的函数

五大特点的总结

重新来看以上五点。

第一是多个评价尺度，也就是不仅要看市场份额与成长率，还要利用能影响战略的十几个变量。

第二是重视 BU。以 PMA（产品与市场分析）为战略立案的中心，SBU 以追求不同功能协作的管理主体组织单位为定位，也就是 BU 是战略立案的单位，SBU 则是实施管理的单位。

第三是由五个阶层构成战略组织，即为了组织与战略的融合，将战略立案等级分为 PM 分区、BU、SBU、战略区或本部、本公司这五个阶段的计划单位。

第四是合并运用自上而下和自下而上。也就是通过从 BU 自下而上积累的定性评价和全公司通用尺度下的定量评价的建设性矛盾来导出企业战略。

第五是对目的函数的平衡。即在平衡事业投资组合时，找出对企业而言最关键的要素，也就是目的函数，并进行企业整体诊断，让事业平衡以该目的函数为基础。

PPM 具备了这五大特点。

三、发挥能力掌握多方面事业的整体状况

那么PPM=Product Portfolio Management究竟有怎样的效果呢？要发挥该效果又需要怎样的必要条件呢？接下来我们将阐述这一点。

首先来看效果。根据该PPM，高层管理能够从整体来合理审视本公司的多面性事业。对于事业涉及多个方面的企业的高层管理来说，PPM具有能给予他们整体框架的效果。

比如今后值得期待其发展与收益的事业是否足够？或者资源是否根据事业责任进行了合理分配？事业的销售额、利润机会是否得到了充分利用？

从整体角度合理审视这些要点的同时，高层管理与企业路线之间的理智交流也得以实现。

首先将投资组合的整体情况与同时的多个评价尺度作为通用语言让上层和中层领导理解，再根据该通用语言考虑战略，让两者间的对

话更为顺畅。所以要养成在整体视角下重视战略的思维，也就是能明确思考本公司的目的与目的函数是什么，应该采取怎样的具体战略以及问题点在哪。

比如在事业投资组合中，产品事业较少可以考虑是不是新产品的开发管理出现了问题，而没有产品事业则可以考虑是否失去了获得收益的时机——即使具有很大的成长机会，也无法获得收益，实现资金的内部募集——所以显然今后要依赖外部投资。

如何充分利用事业的销售额与利润机会呢？我们会在各种投资组合的定位下制定是积极发展还是死守优势的基本战略，但有时本应该保证收益，但却是一味地提高销售额，实际利润并不符合预期。或者有时本应该缩小损失，却依旧采取折扣等积极销售方式，导致亏损进一步扩大，从而导致事业投资组合的平衡难以保证。

保证平衡的事业投资组合要顾及积极成长或销售额增长的部分、确保收益的部分、不造成亏损的部分，根据其不同的职责来分配经营资源，执行战略，在保证平衡的基础上完成事业投资组合。

要从不保证平衡的投资组合转为保证平衡的投资组合，并不是嘴上说说那样容易，但通过执行该 PPM，企业整体目标能随着时间流逝逐步明朗起来。

四、PPM 的必要条件

要提高这些效果，当然有不可或缺的必要条件。首先是需要强化企划工作人员的职责，接着要构筑在 BU 单位下能掌握成本等的组织或会计体系。

另外，完善战略人员配置与业绩评价执行，提高 BU 的产品与市场分析能力也非常重要。事业投资组合管理虽然是掌握企业整体战略平衡的有效手段，但实际的创造性战略是在 BU 等级下使用 PMA 来初次导出，所以也要提高这方面的能力。

领导者还必须具备战略性思维，因为它最终还是领导者之间对话的工具。

这里先来看什么是“强有力的企划部”。以常见的例子来说，一般结构是由秘书处人员向常委会提交报告，同时在垂直系统的部门也有支持人员。但今后的企划部应该由秘书型的企划工作人员和具有多方面知识经验且具有企业整体视角的解决问题型优秀人才来构成企业参谋小组。

要让 PPM 不是纸上谈兵，能发挥出实际效果，就要充分地从人员侧面来考虑。

以初期导入了 PPM 并获得了实际效果的通用电气公司为例。虽然各种杂志都对此有各种介绍，但我们这里想说的是其中采用的人事政策（图 2-8）。

通用电气公司在人事方面实行适才适用原则。也就是将基本战略分为投资—成长、选择性—收益、缩小损失—撤退之后，在投资—成长事业选用具有企业家精神和领导力的进攻性人物。在选择性—收益为基本战略的事业选用具有极高判断力和批判精神的人物。在缩小损失—撤退事业中选用具有丰富实际经验的负责人。总之根据个人属性与基本战略的匹配度来推行适才适用的人事制度是关键。

与此同时，业绩评价也要以符合战略目的的形式来决定。通用电气公司虽然奖金比例极大，但奖金评价分为现在的业绩评价、将来的预计效果与其他要素三方面。

推行投资—成长时，对于选择牺牲一定收益也要为将来销售额打破障碍的事业负责人，最大的评价当然是他为将来的成果付出了多少努力。因为比起现在的业绩，为将来成效所做出的努力更为重要。

而在选择缩小损失—撤退时，是否根据战略执行了有效的撤退计划，以及该年或该期的实绩会是评价重点。奖金体系与战略密切挂钩。

人事　适才适用

基本战略	负责人的必要属性
投资—成长	企业家精神 领导力
选择性—收益	高度判断力 批判精神
缩小损失—撤退	务实性 丰富的经验

评价　与战略挂钩的给予制度

现在的业绩结果	将来的预估效果	其他要素
40%	48%	12%
60%	28%	12%
72%	16%	12%

教育　必要的管理能力的开发

教育、训练
——对象 ·业务企划负责人 ·SBU管理人 ——管理职务教育的重点根据PPM来变更 ——战略计划要对重要项目进行彻底训练 ·分区 ·产品・市场分析（PMA）

图 2–8　通用电气公司导入 PPM 的效果

PPM开发者麦克·阿兰曾经担任麦肯锡公司顾问，后在通用电气公司担任负责战略的副社长。他是个十分傲慢的人，有一则关于他的趣闻，当他去通用电气的克利夫兰事务所时，该事务所的秘书给他送上了如何喝咖啡的矩阵图，写明牛奶加多少，砂糖加多少，而阿兰则根据自己的喜好认真地在矩阵图上画上了标记（图2-9）。

这种事业投资组合的思维方式在通用电气公司随处可见，秘书所表现出的这种幽默就是其中一例。由此可见，教育训练是非常重要的。不仅是秘书，企业需要对实际执行PPM的人进行管理能力的开发。

在通用电气公司，以业务企划负责人或SBU管理人为对象，管理职位教育的重点是以PPM为基础来做改变。与此同时，还要对战略计划中最重要的项目进行彻底训练。例如以分区或提高PMA能力的方式来做充分的训练。

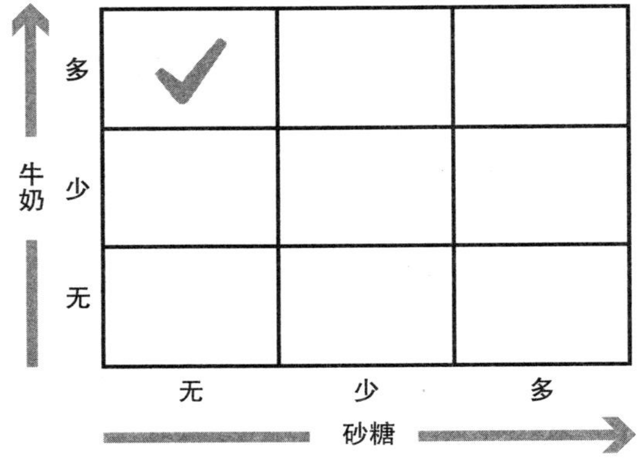

图 2–9　麦克·阿兰的咖啡矩阵图

五、单一事业也可应用

前面的章节已经介绍了PPM的效果和必要条件，那么该PPM应该如何应用呢?

所谓PPM，一般是指通过合理分配资源和明确战略来有效维持多个事业之间的平衡，但对于单一事业的企业而言，照搬这种做法有时就不适用了，它对涉及多种产品和事业的企业更有效。

但即使产品单一，只要拥有多个市场分区，那么这种企业也可以应用PPM。比如向世界各地输出产品时，根据地区会进行分区，或者银行等金融机构相关也会根据业种来进行分区，零售服务业则会根据店面来进行分区。

假设以农业机械的输出来谈PPM的应用实例，输出的对象先视作一个分区。该地区的魅力度用市场规模、成长性、寡头垄断度、新加入难度、价格弹性值、对输入的规则制度等外部变量来进行评价，并得出结论。

接着根据本公司的优势和弱点，例如成本、品质、品牌形象、销售渠道、服务水准、收益情况等，考虑不同目的的组合管理。

即使是单一事业，在涉及多个主要分区时，考虑到设置优先顺序来选择对应的战略，也可以充分利用 PPM。

六、根据全公司诊断来决定体制转换计划

最后要介绍的是以 PPM 为基础进行的经营体制转变究竟该怎么做。

PPM 的导入最好在短期内集中进行。该导入期根据各企业的事业、经营体质，可以有不同的变化。它不能是一般的通用方法，而是根据企业特质所开发的方法。

为此，首先要对全公司做综合诊断，其结果将决定转变体质时根据紧急程度采取几个转换阶段以及选择什么转换手段。这既是方法设定，也是工作主旨的贯彻。

战略转变与其慢慢推行，不如用 1 年左右的时间来集中完成。比如经过全公司诊断后认为必须进行体质改善的话，首先挑选某个事业部来进行 PMA 测试，再以此经验为基础在其他事业部推广 PMA 手法，最终汇集成整个公司的事业投资组合。以该事业投资组合为基础，按

照基本战略，制作大致的实施计划，并实施已有事业的战略。当然也会拟定新战略，所以也一同实施。这就是战略转变的一种做法（图2-10的类型Ⅰ）。

或者当通过全公司诊断后得出无须改善体制，但有必要转变战略的结论时，就要对全公司进行预备诊断，而后再进行正式诊断。在明确该企业应当以什么为目标的同时，在各事业部门推行PMA，在SBU分组进行，根据各事业部的PMA结果来挑选出符合目的函数的战略替代方案，再据此制订执行计划并实施（图2-10的类型Ⅱ）。

或者当企业遭遇危机，必须摸索出紧急的生存对策时，则需要对全公司进行紧急问题诊断，制定对策，立刻实施。与此同时还要制定企业体制改善计划，只在主要事业部门推行PMA，以全公司的事业投资组合为基础找出合适的战略。

同时还需要以BU为单位实行彻底的PMA教育，最好是在1年左右的短期内导入PMA。但要完全发挥其功能，以我们的经验来说往往需要数年时间。以通用电气公司为例，据说共花费了7年。

所以先要用一两年来尝试暂定事业投资组合，运用之前所说的定性评价与定量评价，反复尝试直到实施成功率达90%左右为止。

当PMA能力还不够高的时候，很可能难以导出合适的战略，所以先制定路线图，以此应对状况变化，或是制定能充分应对意外事态的应急方案。

以这种形式，要让其他的反馈体制也充分提高的话大约还需要一两年的尝试，最后通过三年计划确立完整的计划周期。这时PMA与

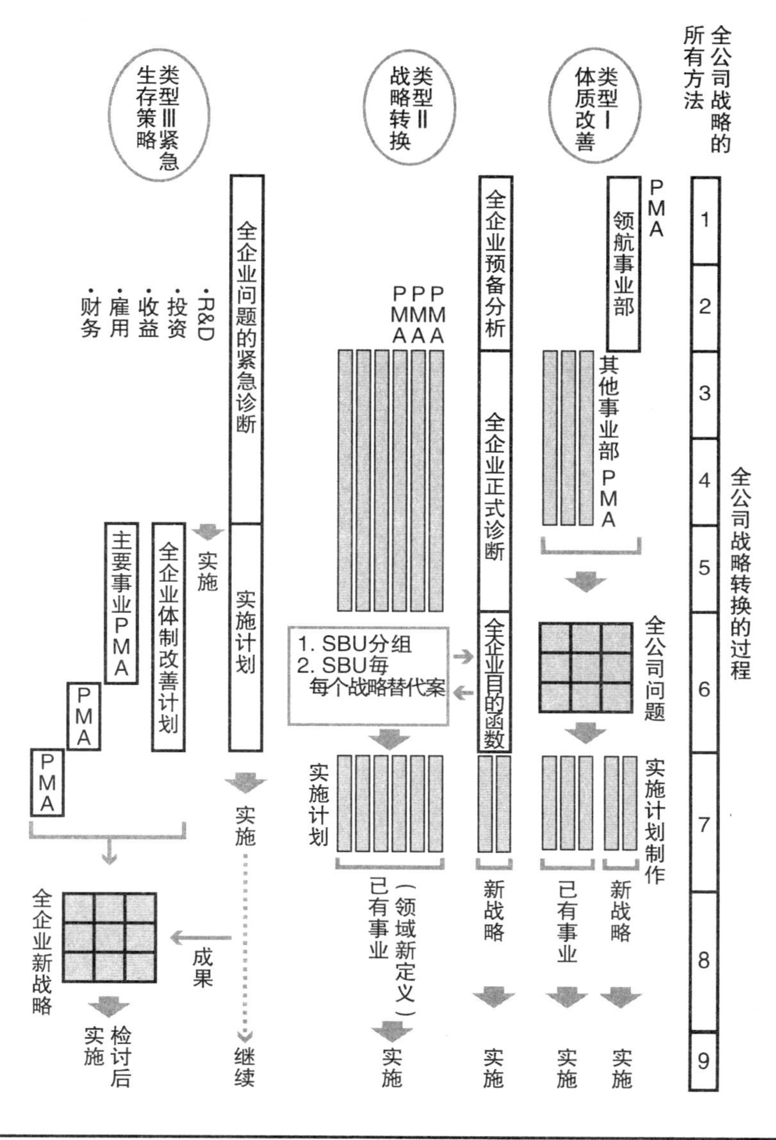

图 2-10 经营战略根本性转变的过程

PPM 之间的相互作用就十分完善了，也就是具备了以 BU 为单位的分析能力。

同时还需要将 SBU 组织化，构筑相应的会计系统，另外在人事评价方面也要转换思维，最终构成完整的计划周期。

实际上，我们实施作业的公司各有不同的特点，并且公司所处背景也大不一样。要应对这些状况需要各种方法与流程，这里举例说明。

某电机制造商企业的特点是技术指向型，具有强大的流水线，且采取事业部门制，实行垂直统一管理，但处于无收益发展状况，还面对着现金流量的问题。既然处于这种状况，那么实际应当进行的作业就是变更企业组织，将高层管理从日常业务中解放出来，让他们不再参与每日运营，而是专注于思考战略。

接着根据多重事业筛查发现主要的事业机会和威胁，随后果断停止没有魅力的事业。对剩下的主要机会领域进行评价，同时改良战略立案的流程，通过教育培训让企业组织成为一体。

再以另一个重型机械制造商为例。该公司的特点是制造指向型，具有作业能力强大的工厂，各事业部共享销售组织，一部分则依赖代理店销售。而它的问题是由于能源危机与产业结构变化而带来的收益降低风险。所以这时要进行的作业是在全公司范围内努力降低成本，并以此手法为模板在所有工厂继续推行。将优秀的事业部门战略推广到其他事业部门，制定全公司战略。实行包括所有 BU 在内的 SBU 小组化，导入综合性流程与战略教育程序，采用训练法。

总之，希望各位能像这样根据企业所处状况、特点、背景来选择实际进行的不同作业。

最后总结本章内容，项目投资组合管理对帮助理解企业的多面性事业并构筑整体框架是非常有效的。

或者说它在构筑高层与中层对话的共通语言方面也颇有效果，但仅凭对每个事业在投资组合矩阵上的定位，无法导出具体的战略。具体的每个事业战略需要贯彻 PMA，填补 KFS 与企业之间的差距。

PPM 要在企业发挥出真正的效果需要数年的时间。虽然导入它能在短短一年内完成，但要多年才能形成完整的系统。真正的战略立案者要组建企划部也需要一定时间，将战略立案单位 SBU 组织化，构筑与其相配的体系，也就是构筑以 BU 为单位分配资源和掌握成本的体系同样需要时间。

（横山祯德）

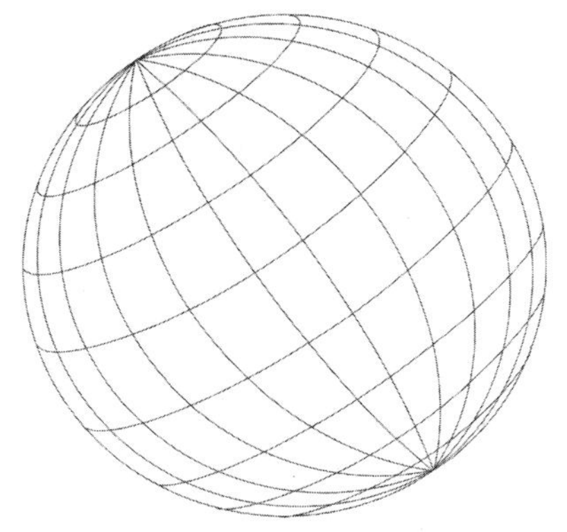

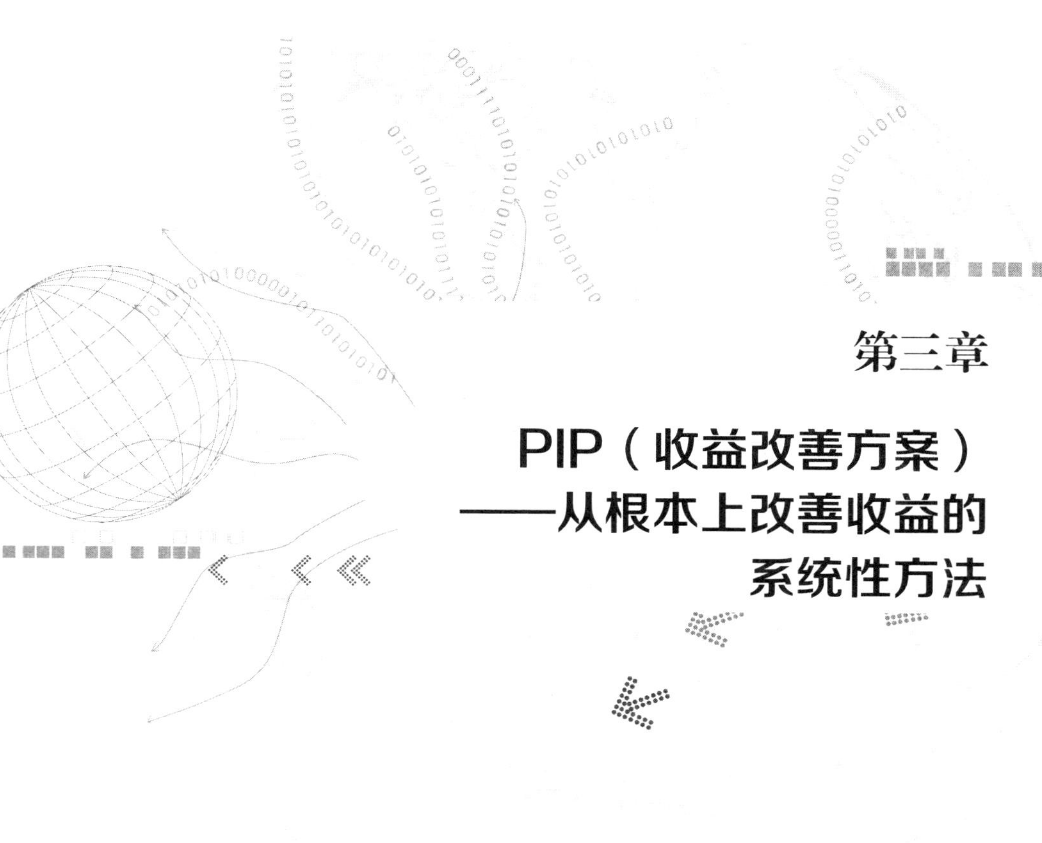

第三章

PIP（收益改善方案）——从根本上改善收益的系统性方法

PIP——也就是所谓Profit Improvement Program（收益改良方案）是指解决与高层管理所做的日常工作直接相关的各种问题的手法之一。

比如当企业的目标利益与预测利益之间出现差距的话，可以考虑两个对策。一是在现状的事业框架内，从运营方面来制定对策。二是从战略方面来弥补该差距。

PMS或PPM是以战略计划、市场战略、长期生产计划等长期性部分为对象，但PIP却多是以当前的制造销售活动为对象，其内容涉及设计、生产、库存、销售、员工业务等所有事业领域。

一、领导者参与规划是最重要的武器

在如今的环境中，企业要维持健全的收益结构就必须维持成本竞争力，而此时，高层管理的积极参与将是最重要的武器。

首先我们来看看现在的经济环境会给收益带来多大的影响（图3-1）。企业的总利润基本由价格和原价（其差价就是每单位利润）、市场规模和市场份额（其累计的销售量）四大要素决定。但现在的市场状况——也就是当需求低于生产能力时，价格很难提升，市场规模也大多处于低成长时代，不能对它有太大期待。此外，市场份额的提高也会让竞争激化，对于企业而言并不轻松。那么唯一可改善的就只剩下原价了，它自然成为经营上的重点。

但即使降低原价已经成为大多数企业要面对的主要问题，但解决之路并不好走。

我们曾归纳过在多个企业所遇到过的情况，大致总结为两种类型。

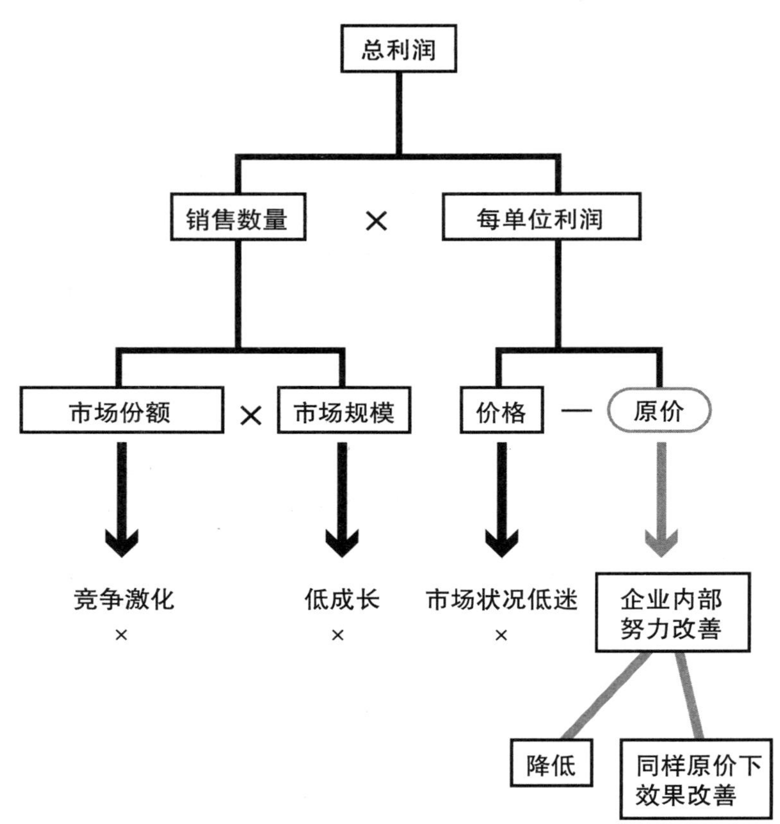

图 3–1　经济环境对收益的影响

一种是在对原价所采取的方式不够系统的企业中，中层管理困扰于“无论付出多少努力都难有效果”的状况。这种情况大多由于领导者下达目标后就只偶尔给予短期对策，并不会提出真正意义上的改善方案，自己每天忙于日常业务，即使想抽出时间也难以脱身。

另外，对原价的管理较为严格的企业情况则有所不同。这种企业在自动化、标准化等技术上非常先进，但也已经接近了极限，所以中层管理认为已经无法做出进一步改善了。不过仔细考虑的话，即使技术要素已经足够，但仅从自身部门内部进行改善的视角太过狭隘，这种视角才是导致企业难以继续改进的原因。

总之，要在各部门进行不同的改善是必然会遇到障碍的。那么当降低原价遇到障碍时，如果置之不理，在职的负责人也将不再认真对待这个问题。并且当企业慢人一步时，为了弥补差距会制定更高的目标，反而导致离改善越来越远，陷入难以从降低原价的“恶魔循环”中摆脱的困境。

要打破不同部门的改善极限，有时甚至需要彻底拆除部门的基石。从这个意义上来说，高层管理积极参与，或者将员工的视野提升至高层管理的程度是非常重要的。

针对这些问题点的对策首先是实现全公司的业务最优化，即着眼于改善部门与部门之间的联结点。假如输出部门与设计部门之间的交流不够，导致无法得到适合输出国的最低原价的产品设计时，就要通过破除部门间的障碍来开辟改善之路。

第二种对策是根据战略重要度来重新分配成本。即根据地域或客户来决定战略重要度，然后给最重要的部分提供更好的服务，对于不那么重要的部分则节约成本。

最终在实际实行这种方法时，需要现有企业组织所不具备的超组织的指导力，所以降低原价是高层管理最为重要的责任。

这里来看一个实例。物流业务的流程是从原材料送入工厂，制造出最终产品再经由商人送到客人手中，但在日本不少按功能划分组织的企业中，物流业务却往往与企业组织分离，而这作为企业统一成本的主要因素，显然很难掌控（图 3-2）。

假如从最终产品的保管来考虑的话，产品离开流水线后首先是保存在工厂的仓库里，接着送到商人或代理店的仓库保管。在市场中则是放在销售相关店或代理店的仓库。总之保管业务分散在不同功能的组织之间实施，难以掌握其真实情况。

实际上这种做法的物流成本高得令人惊讶。以啤酒为例，这种做法的成本占销售额的 30%，而书籍、卫生器具、钢制家具等也达 10% 以上。我们最近见过某个案例，账面上的物流费用仅为销售额的 6%，但算上从制造到销售过程中的真实物流费后，实际高达 12%，是仅次于原料费用的第二大成本。所以在计算物流费时，不应该只看账面上的数据，还应当加入物品流通所花费的人工与时间成本，这是非常重要的。不过前面所说的都是企业内部的物流成本问题，接下来要讲的则是实际情况下需要超越企业本身框架的例子。以电器产品制造业为例，物流成本从公司内部扩大到代理店和零售店之后，企业本身管理

平均的制造业

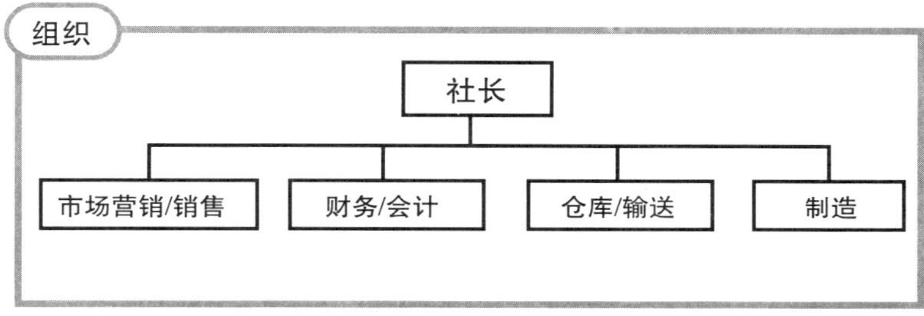

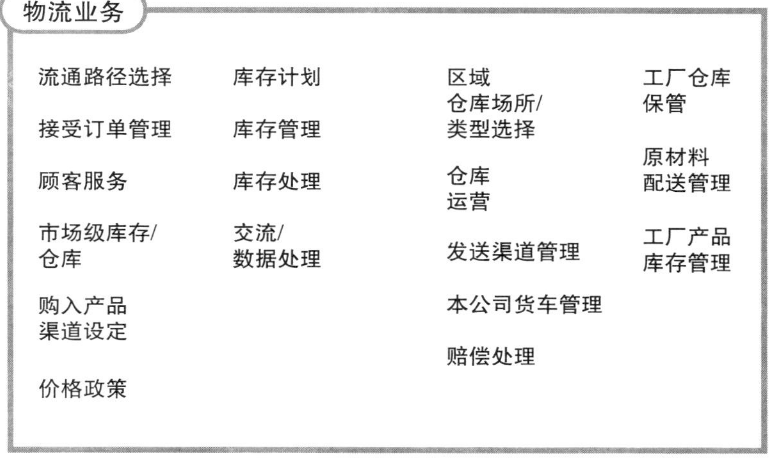

图 3–2　物流业务的分担

的只占全体的四分之一，剩下的四分之三则交由代理店等他人管理。这样一来，要降低零售价格，重点就是必须在超越本公司框架的系统下来降低成本。

总结以上内容后发现，根据我们在多家企业参与降低原价工作的经验，传统方法有3个问题点。第一个问题点是提出目标后就武断地决定对策。这种情况需要按照基本的顺序来解决问题，即通过灵敏度分析，集中精力于效果最大的部分，根据事实来得出独创性的改善方案。

第二个问题点是领导者在给负责人下达目标后，往往自己什么都不做就等待结果了。这种情况需要领导者积极参与改善，在设定目标时反复检查每个环节是否可能实现，在有必要的时候及时修正轨道。换句话说，等最后得出结果时再下达各种指示就已经太迟了。

第三个问题点是对不同的部分进行分散的改善。要解决这一问题需要构建当前组织所不具备的全职项目小组，以企业整体角度来进行改善。

所以要进行大幅度的收益性改善，将领导者积极参与和找出生产过程中的问题这两者有机结合起来是非常必要的。以下所说的收益性改善项目就是将这些要点放在一个体系中来进行改善的手法。我们已经在10多年间将其用于全世界500多家企业中，并取得了很好的效果，现在也是我们在日本的顾问活动中的最重要部分。

二、收益性改善方案的概要

那么，收益性改善方案究竟是什么呢？第一是从全公司视角针对具体改善方案系统性地找出问题点，将其与改善挂钩（图 3-3）。第二是让高层管理能有效参与，了解项目小组的做法，依照明确的安排来将其转移到工作现场。第三则是将收益性改善流程大致分为 5 个阶段，逐步实施。先从全公司视角决定目标和对象范围，接着弄清其中哪个部分能得到最大的改善效果，明确改善领域。而后集中精力于改善灵敏度较高的部分，找出独创性的改善方案，并对此制定能与现场工作互相协作交流的具体流程，最后实施。这种极其规范的方案的特点是能在最开始就从全公司角度确定问题点，而后集中解决特定问题。

这种做法需要明确规定各阶段的责任分担，一开始由高层管理负责，接着交由具体推动项目的小组，最后则转给实施的现场部门。在移交过程中需要维持整体协调，高层管理也要具有敏锐的观察力，能

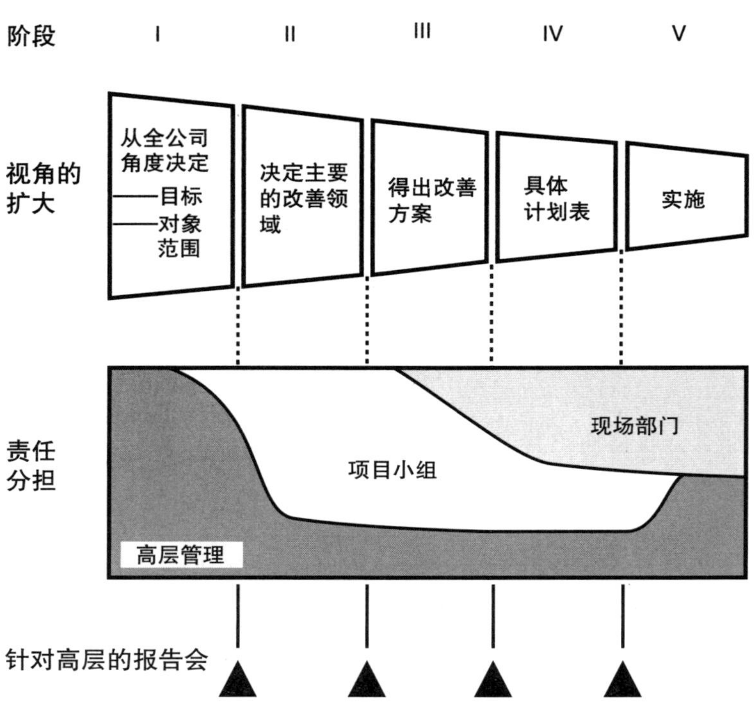

图 3–3　收益性改善方案的问题点

够随时进行轨道修正。

我们在大多数企业中所见到的降低原价活动主要是以委员会的形式实行，任职的委员只在出现问题时才有动作，这显然不可能有很好的效果。除了全职小组的成员提出独创性改善方案之外，高层管理也要跨部门进行指导，以及站在长期且客观的立场上进行可能暂时看不到效果的方向性引导（图 3-4）。

这里所说的高层管理既包括社长，也包括多元化企业中的事业部长。另外，科长也在实施时对成果负有责任，所以必须频繁地了解小组活动与作业进展并发表意见。还有一个重点是企划部、生产技术部的总公司员工要经常参与原价降低活动，在做出反馈的同时还要将积累的经验向全公司普及，在企业内部构筑降低原价的体制。

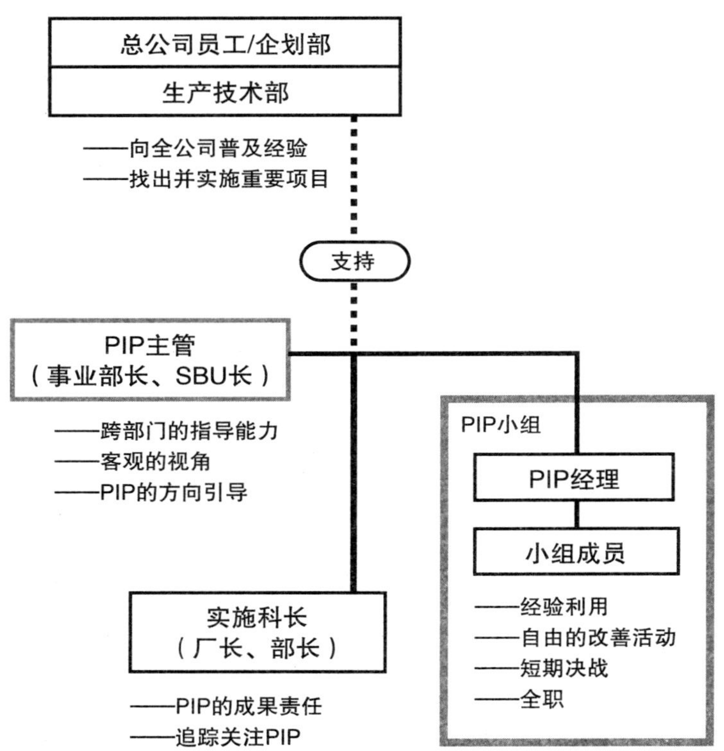

图 3-4 通常的 PIP 变化体制

三、PIP 的五大阶段

在第一阶段制造舞台

PIP 是按照五大阶段来进行的。第一是 PIP 的初始阶段，第二是预备调查，第三是诊断，第四是制作具体的执行方案，最后则是实施后的追踪。

在第一个阶段中，先确定项目活动，制造能确实提高效果的舞台。这时，高层管理要站在全公司的立场上来明确 PIP 的目的和方向性，确立相关部门的协助体制（图 3-5）。

具体而言，就是以目的、背景、范围、目标、安排、执行体制、主要步骤这样的形式，让人一目了然地弄清行动方向和应该做什么。此外，领导者集中对相关部门与项目小组发布方针，通过切实地执行来避免项目组是项目组，工作现场是工作现场的孤立活动。这一点是

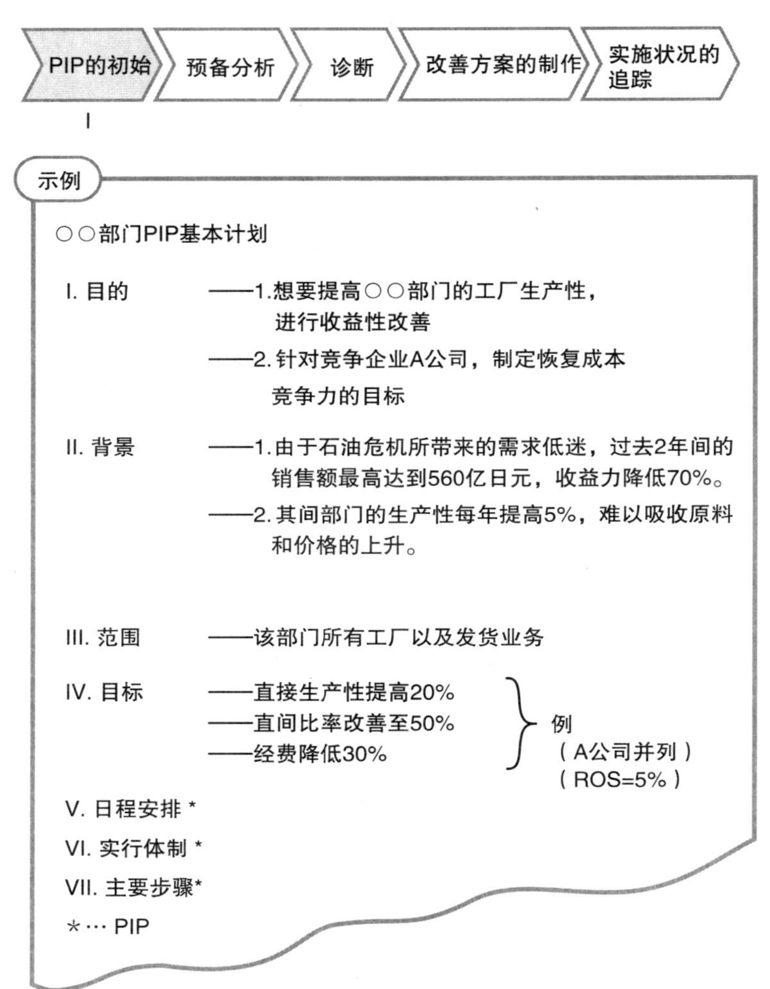

图 3–5　PIP 与相关部门的协助体制

极为重要的，也是该阶段的目的所在。

第二阶段进行经济性分析

第二阶段中，项目小组要开始具体的活动了。这时目的是进行经济性分析，选出敏感性较大的改善领域。这一阶段在某种意义上来说是 PIP 特点最为明显的阶段，从原价的费用按项目分解到改善活动领域与目标的设定，共分为五个步骤（图 3-6a）（图 3-6b）。

首先第一步是将原价按费用类别来分解，划分为活动费用与固定费用。第二步是在将成本分解为活动与固定费用之后，进行盈亏平衡点分析。最后找出基本问题点在于销售额、价格、还是成本，并弄清该如何改善，改善的最佳方法是什么。

第三步是假如问题在于成本，那么就分析成本的费用项目究竟哪里恶化了，并找出原因。而解决的方法则是观察每年的成本变动，思考变差的部分究竟是什么，并与竞争对手做比较，调查本公司与其相比的劣势，或者观察各部门的不一致之处，找出真正的恶化原因。

第四步是根据各种费用过去的实绩、与其他企业的比较等来弄清可改善的幅度，设定目的的预估值，并根据各种费用的改善来计算利润的改善幅度。

最后是从利润的改善率和实现性来决定改善领域，接着进入下一个诊断活动。

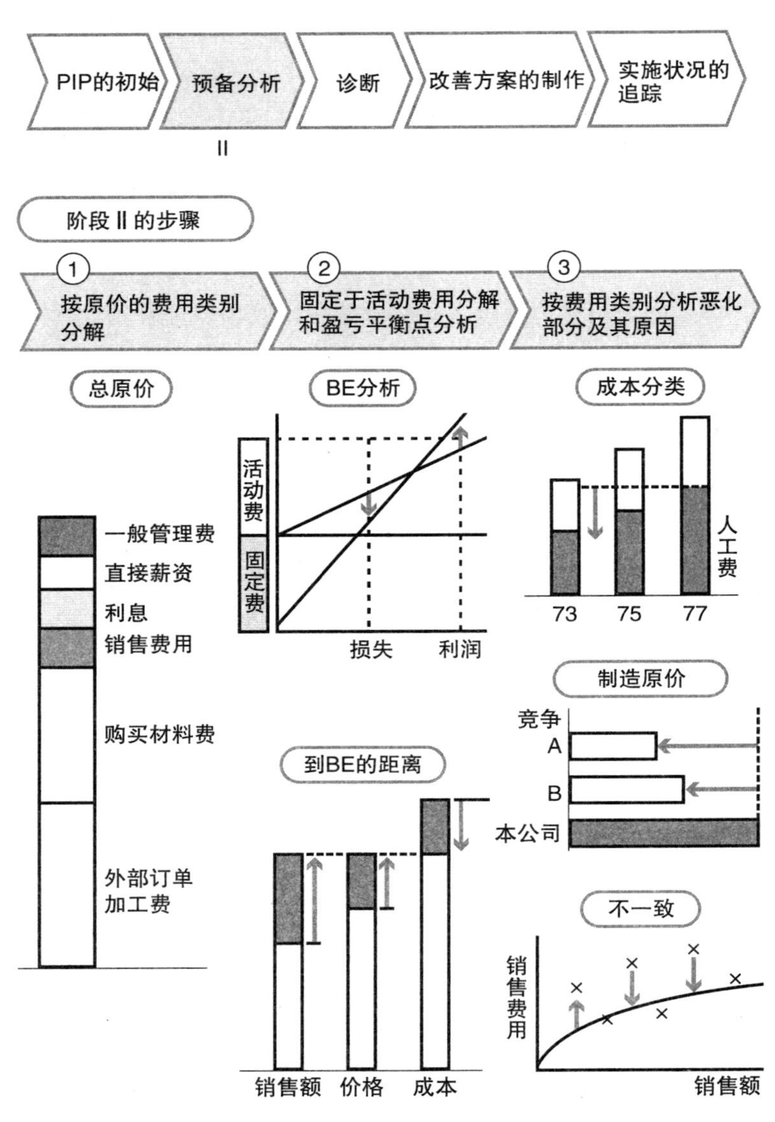

图 3–6a　PIP 特点最为明显的阶段

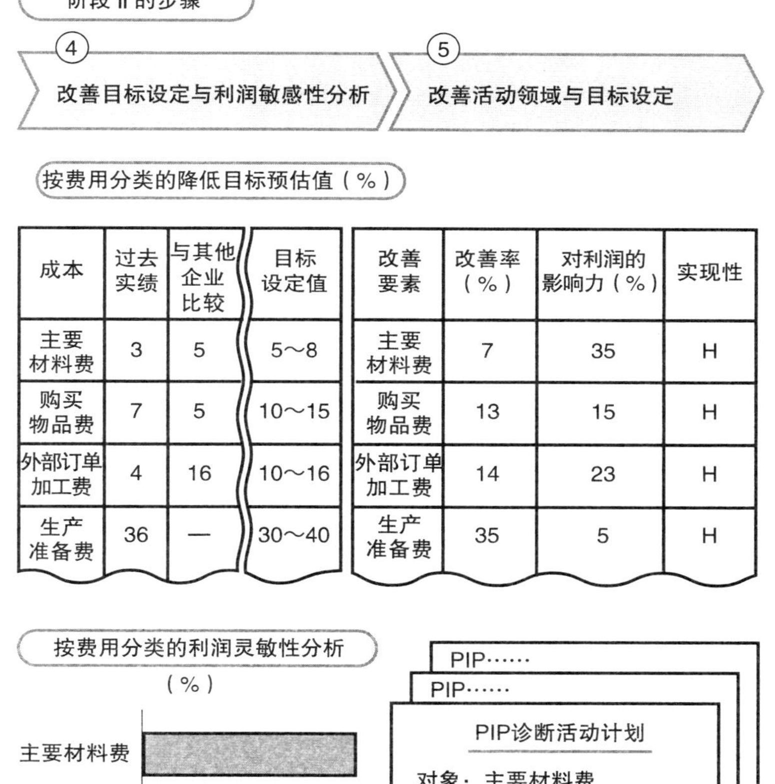

成本	过去实绩	与其他企业比较	目标设定值
主要材料费	3	5	5～8
购买物品费	7	5	10～15
外部订单加工费	4	16	10～16
生产准备费	36	—	30～40

改善要素	改善率（%）	对利润的影响力（%）	实现性
主要材料费	7	35	H
购买物品费	13	15	H
外部订单加工费	14	23	H
生产准备费	35	5	H

图 3-6b　PIP 特点最为明显的阶段

PIP 在这一阶段的重点是无须考虑改善方法，而是集中研究从成本的哪个方面入手。就我们所见，难以完成改善的原因之一就是根据目标贸然制订改善方案，其结果反而导致错过了非常大的改善机会。

接下来稍微介绍一下经济性分析的具体做法。我们在进行经济性分析时经常使用的方法中包括利润树状图（图 3-7）。这是将总资本收益率分为作为构成因素的利润和总资本，将利润分为销售额和原价，又进一步将原价分为固定费用和活动费用，逐步分解成能够进行实际改善的等级，或者是能明确负责人的等级。

因为这一方法很简单，所以领导者和员工应当随时在脑海中对自己所负责的领域有树状图概念，或者在自己办公桌的抽屉中放置树状图表，在遇到利润问题时就能立刻明白哪个部分是最根本的问题。

像这样分解成本后，接着必须找出让利润恶化的原因究竟在哪。假如制造原价是最大的恶化原因，那么就将其进一步细分，寻找问题所在，那么可以得知材料费和薪资是最大的恶化原因。接着详细分析改善灵敏性较大的部分，判断问题点的大小程度。

如此这般逐步缩小问题点，就能弄清自己能做到哪种程度的改善，从各费用项目的改善幅度来看，能很快计算出利润能改善到什么水准。同时能推定进行改善所需的必要人数，得出投入成本对改善利润的比值。

总资本利润率
3.1%
利润
180
总资本
5834
原价
4524
销售额
4704
运营资金
3637
固定费用
1869
活动费用
2655
流动资产
4298
流动负债
611
固定资产
2197
直接劳务费 555
间接人工费 634
经费 328
成本折旧 103
利息（固定份） 177
杂项账目、其他 72
在产人工费 2120
欠款票据 2105
现金、其他 73
赊购款票据 601
预售款 60
加工费 313
材料费 1669
外部订单费 433
利息（变动份） 240
建筑物 712
工场建设 502
土地、其他 983

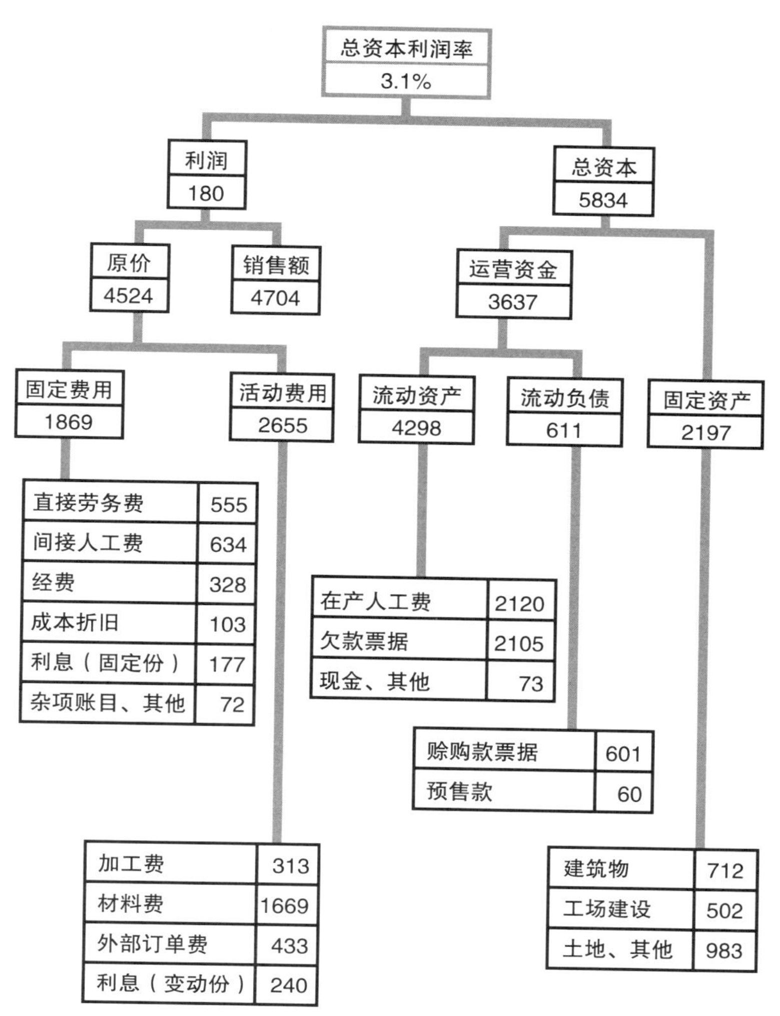

图 3-7 利润树状图

但仅仅如此还不能决定改善领域，还需要检讨实施时的妥当性。比如从改善的前景、领导者的意向、实施的难度、对其他的不好影响、是否能快速得到成果等来看，改善任何一点对于提高劳动生产性都有用，但从价格来看，实施难度较大，所以应当进行综合性的判断。总结以上各点，从妥当性、利润敏感度或预估人员来设置改善的优先顺序，并以此分配人员，进行实际的改善活动（图 3-8）。

在第三阶段考虑改善方案

进入第三步的诊断阶段后，需要开始考虑改善方案了。这时的关键在于提出不拘泥于现状的意见，并通过实践证明它来得出独创性的改善方案。这需要四个步骤（图 3-9）。

首先对特定的对象提出改善的假设。我们为了提出有独创性的方案利用了各种秘密武器，比如逻辑树状图、互偿概念、系统分析等。

第二是为实践证明这一假设，需要搜集必要的数据。第三是使用该数据在产品与市场分析（PMA）中按之前所述的一样进行分析，实践证明该假设能否实现。最后则是从效果与实施难度来决定是否真正实施。

与第二阶段一样，这里我们再进一步做具体介绍，假设要考虑的是削减材料费。很多企业会选择与材料负责人交流，进行各种努力尝试。但我们试着列举实际进行改善的要点后发现还有很多可改善的余地。为了防止出现这种结果，建议使用逻辑树状图（图 3-10）。

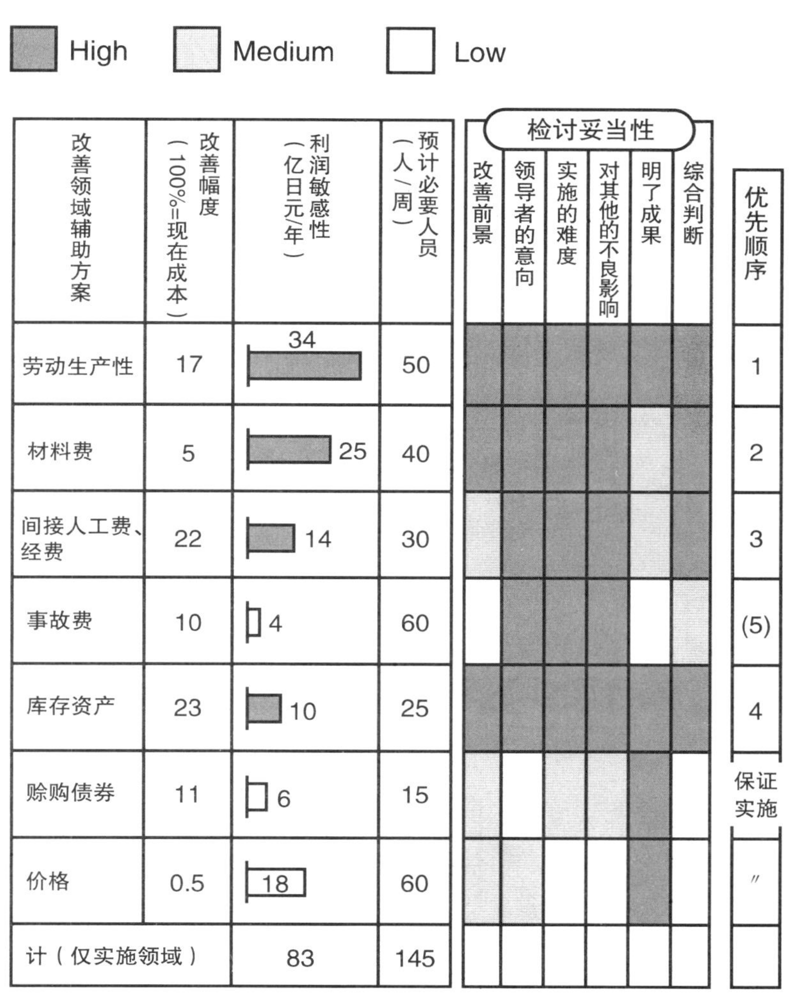

High　Medium　Low

改善领域辅助方案	改善幅度（100%=现在成本）	利润敏感性（亿日元/年）	预计必要人员（人/周）	检讨妥当性：改善前景	领导者的意向	实施的难度	对其他的不良影响	明了成果	综合判断	优先顺序
劳动生产性	17	34	50							1
材料费	5	25	40							2
间接人工费、经费	22	14	30							3
事故费	10	4	60							(5)
库存资产	23	10	25							4
赎购债券	11	6	15							保证实施
价格	0.5	18	60							〃
计（仅实施领域）		83	145							

图 3-8　改善活动（辅助方案）的优先顺序设定

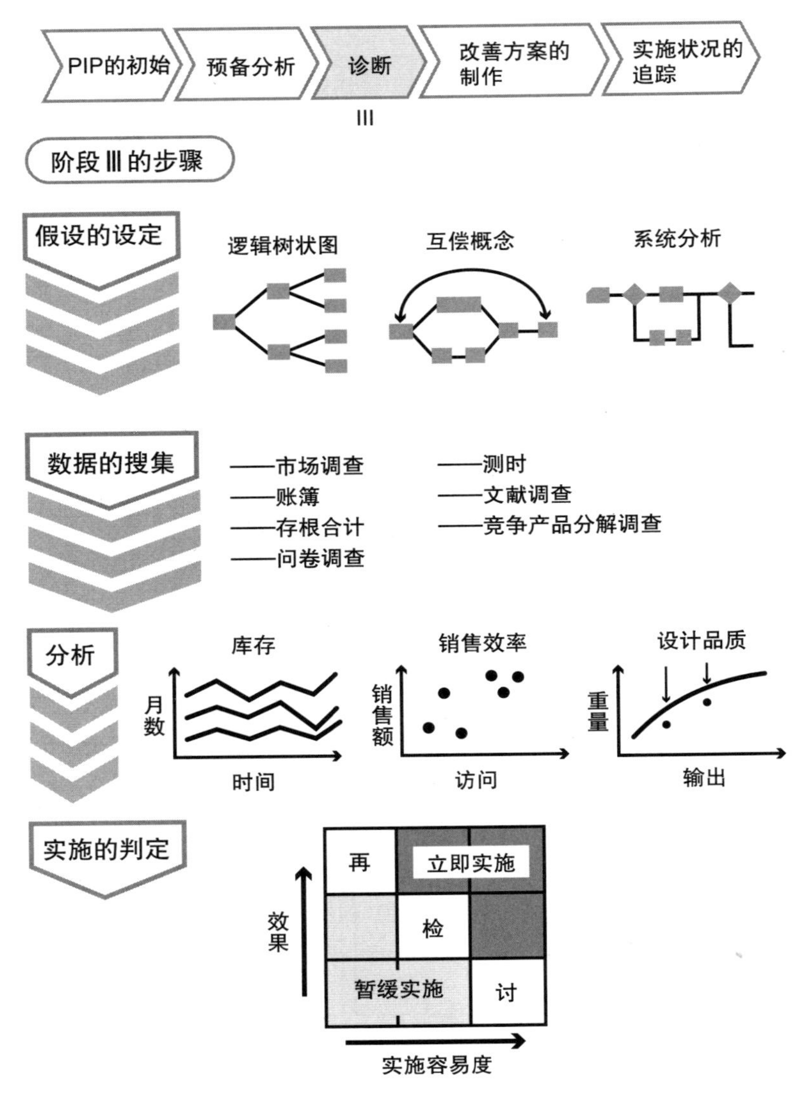

图 3–9　改善方案的四个步骤

材料费的降低
审视规格
审视零件单价
过高规格的
修正
标准产品
零件通用化
外部订货/购买
内部制作
审视性能
规格产品的标准
批量化
审视
价格
审视供应商
生产方式的
变更
企业内部
零件通用化
竞争制造品的
规格
在工厂/部门间
集中订货
批量化
业者整理
和其他企业相同
长期订货保证
支付条件
国产/输入
竞争导入
VA/VE
（设计、购买/共同作业）
购买战略

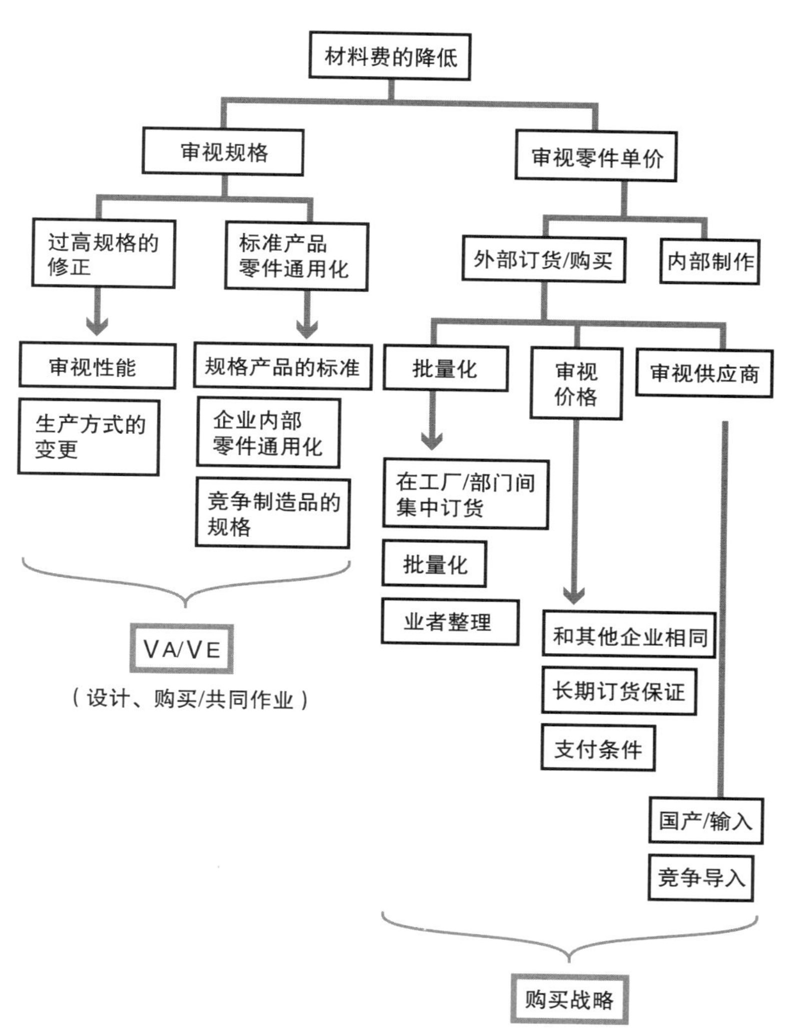

图 3–10　逻辑树状图

要降低材料费，基本上只有改善规格和另加单价这两种方法，且由于这两者互不重合，所以只要分别考虑即可。而重新审视规格只能考虑改正过高规格和让标准产品实现零件通用这两种方法。过高规格的改正则分为重新审查性能与改变生产方式。像这样通过细分改善方向，就能在可处理的部分实现细分化。这里最终大致分成 VA、VE 等设计开发领域的方法和购买战略这两者。

比如从 VA、VE 来看，将产品价值与其成本相比较和分析的基本技术如今已经被大多数企业掌握，但能从竞争战略这一观点来使用它的企业还极其少见。我们称之为逆向工程的做法是购买竞争对手的产品，通过拆解该产品来比较它与本公司产品的成本与性能差别，由此可以得知本公司成本是比竞争对手高还是低，性能是比竞争对手好还是差。如果两者都是本公司优势的话可不做处理，但如果成本高于对方但性能更好的话该怎么办呢?

在这个例子中，通过适用 VA、VE 也能降低成本，但在实际的竞争战略上来看，还可以考虑将成本转嫁给价格或者通过商品目录提出诉求的方法。从全公司视角进行 VA、VE 的时候也可能遇到障碍，但从竞争战略的视角出发，再加上新的想法，则有可能发现完全不同的可能性。

同样的状况也可以用于生产领域。如今许多企业在提高生产技术方面都遭遇了瓶颈，而采用零基生产这种做法就能以截然不同的形式、以颠覆传统生产方式的手段，针对一定的成本目标来从零开始新的开发，从而有可能实现大幅度的成本降低。

比如ECR（Electronic Cash Register）的低端机能在一年内实现成本大幅减半，那么PPC、传真机的30秒机型、VTR也同样有可能。

以上稍微接触了一堆VA和VE，但在针对零件规格的改善上，多数企业还是只涉及了自己发现的或能做到的部分。但事实上将改善效果从大到小排序再逐步改善是非常重要的，也就是需要根据二八定律重点解决问题。

此外，在实际实施改善方案时，往往会遇到想法很好但难以顺利实施的情况。所以在本阶段需要负责部门检讨该创业能否用于实际。

以某个耐用消费品公司为例，它共有A、B、C、D四个产品系列，从负责购买的人员分配和所用金额来看，各自是完全不对等的。平摊到每人所用金额后发现，D的额度非常大，与A相比可以说是远远超额了。因此显然要努力降低最花钱的部分的成本，变更购买体制。像这样时刻关注实施体制也是不可或缺的重点。

以上的关键在于利用逻辑树状图等手段来系统性地提出改善意见，再通过讨论具体等级来引出负责人隐藏的能力。也就是说，极其独创性的改善方案不仅能应对各种问题，同时还能防止检讨时所遗留的漏洞。

第四阶段制作执行计划

在第四阶段需要检讨如何将改善方案具体化，并制作执行计划。由于PIP是项目形式，所以要通过项目小组与现场的共同作业来进行实际改善。在图 3-11 的例子中，针对变速器，从成本分类到是否设计后再向制造商下订单或者是采用省力设计，都与现场做了充分协商，在此基础上提出具体方案。

这时我们最应该重视的问题是是否还缺少负责实施的责任人，是否造成了真空地带。以某个化学公司为例，虽然决定了负责每个工厂的系列产品改善负责人，但由于没有指定负责购买和生产技术的负责人，所以每个工厂负责人努力的成果都无法推广到其他工厂，降低原价也仅在该工厂有效。在其他的例子中，也有因为没有指定整体负责人而导致某部分工程产生了改善效果却无法应对工程整体出现问题的情况。

在第五阶段实施

第五阶段终于进入了实施阶段。从之前的介绍来看，降低原价的努力所带来的成果能从原本的 10% 一跃到之后的 80%、90%。换言之，实际在现场实施改善方案最难的问题是进展不顺。

这时假设弄清了进展不顺的原因在于责任人不明确，以及当发生问题时不具备解决能力，还有没构筑起能追究拖后腿的人的具体责任体制（图 3-12）。那么要处理这些问题，就要组建一个追踪项目进展的事务局。它的责任是定期接受项目实施责任人的进展报告，掌握整体情况，针对滞后的部分分析延迟的原因，同时该追踪事务局还要参与其中，制定支援对策。并且领导者时时了解实施状况，在有必要的

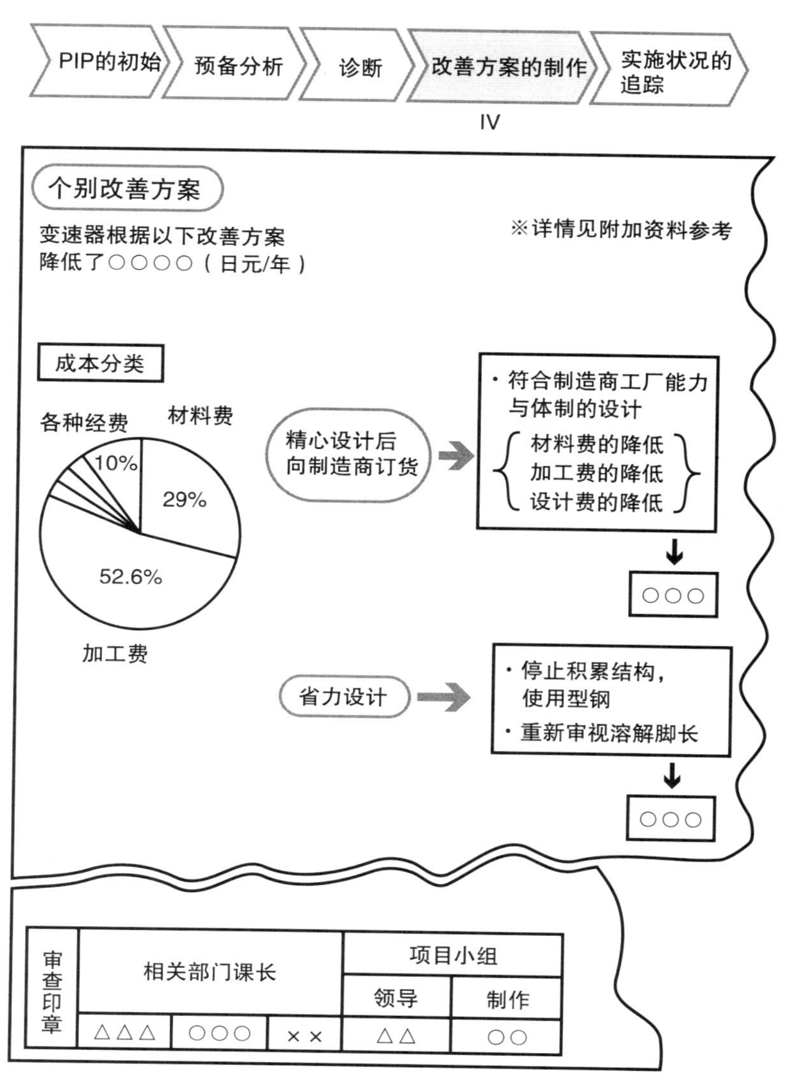

图 3-11　变速器的改善方案执行计划

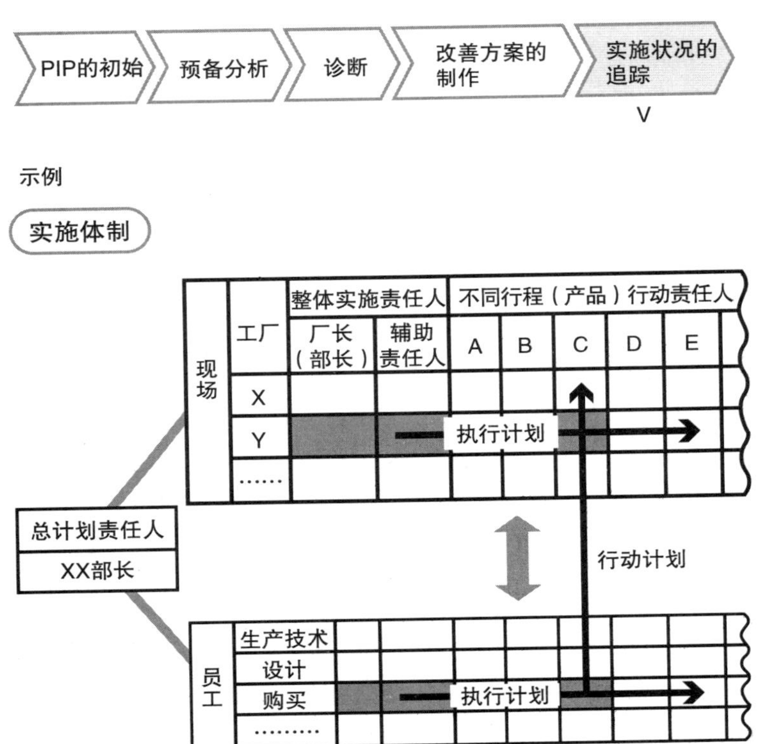

注：如果是销售PIP，现场组织代替工厂和行程负责分店、营业所以及代理店。

图 3–12　改善方案的具体责任体制

时候修正轨道也是非常重要的。事实上，当出现一些预想不到的社会状况或经营环境变化时，企业必须具备能根据新情况来修正改善方向的功能。

像这样的实时追踪一般在PIP中必须维持两年左右。此外，追踪事务局的功能也是公司员工的基本功能。换言之，员工能直接进入现场负责协助解决问题在实施上也是非常重要的。

四、实施要点

在实施收益性改善计划（PIP）时，有几个注意事项需要铭记。收益性改善计划虽然是个项目，但绝不是暂时性的。在某种意义上来说，只要企业体制没有得到改善，就不具备真正的竞争力。而随着实际收益的改善，其改善效果也会逐渐降低，也就是所谓的收益递减现象（图 3-13）。

以分店的库存管理为例，通过让各分店长独自进行库存管理到全公司以统一规格进行库存管理，最终必须实现由电脑来进行一体化管理。改善难度逐步增加，效果则逐渐变小。所以需要定期回顾并审核 PIP，时时努力找出新的改善方向，构成企业中的原价降低体制是非常重要的。

PIP 在全世界已经有 500 家企业投入使用，在日本则大多是由食品、电机、电子、运输机械、化学产品等领域的企业实施。比如在食

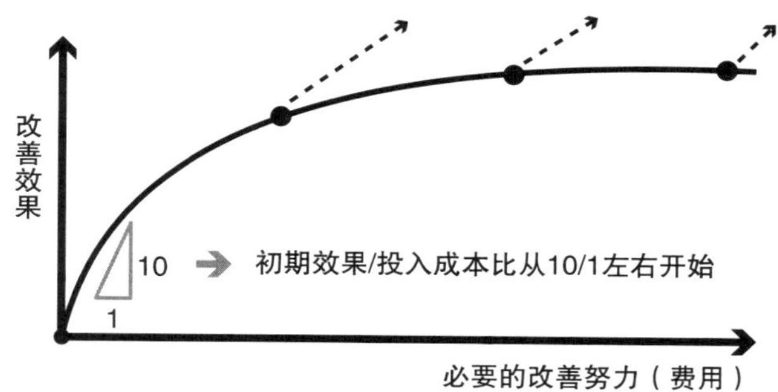

（例）

分店的库存管理：

各分店长根据个人判断独自管理库存 → 全公司以统一规则管理各店库存 → 用电脑实现全公司一体化管理

图 3–13　成本降低的费用与递减效果

品业种，目标销售额如果是500亿日元，那么就能找出一成约49亿日元的改善机会。或者在一般机械的领域每170亿日元中就存在60亿日元的改善机会。

总之在推行PIP的时候，平时对于降低成本没有系统化机制的公司可能能发现10%的目标，平时对成本管控比较严格的公司可能只能找出2%的目标，但在实际执行后，通常一年内能实现85%到95%，甚至100%以上的达成率。

虽然降低原价已经成为所有企业都重视的问题，但要在保持企业整体平衡的基础上实现它依旧是十分困难的，要着手进行超越职业限制框架的改善也同样困难，最后往往都是只停留于现状基础上的一些小改善。所以PIP的关键在于进一步从高层管理的视角出发。为此首先需要对全部费用进行客观的灵敏度分析，第二要不受限于当前的职业制度，将重点放在改善灵敏度较大的部分，第三则是运作全职的项目小组，进行跨企业组织的活动，最后是构筑监控体制，追踪是否有效实施，一旦发现问题就要立刻制定针对性的具体对策。

（千種忠昭）

第四章

OVA（间接成本价值分析）——为增加竞争力而采用的间接费用削减法

接下来要介绍的是麦肯锡公司称其为OVA的间接经费削减方法——Overhead Value Analysis的概要。

内容一共包括四点。首先介绍降低间接成本对于强化竞争力的重要性，也就是为什么必须重视间接成本的背景，接着介绍在此背景下立案的OVA的概要，然后是OVA的实施过程，最后则是实际效果和实施要点。

一、降低间接成本的重要性

日本的国际竞争力衰退

首先要说的是降低间接成本对于提高竞争力的重要性。众所周知，日本企业过去是将重点放在降低直接成本上，并以此提高了国际竞争力。但与努力降低直接成本形成对比的是，在间接成本领域却落后于其他国家。

按不同规模来看这种倾向的话（图 4-1），在千人以下的中等规模公司中，1965 年整体的间接比率为 29% 左右，非常低。但在之后的 10 年间，到 1975 年为止已经大幅增至 43%。

再看超过千人的大型企业，这一倾向就更显著了。1965 年时间接比率为 22.8%，与中坚企业、小规模事务所相比非常低。从这一点来看，大企业显然存在规模经济。但之后的 10 年间情况逆转，1975 年时大

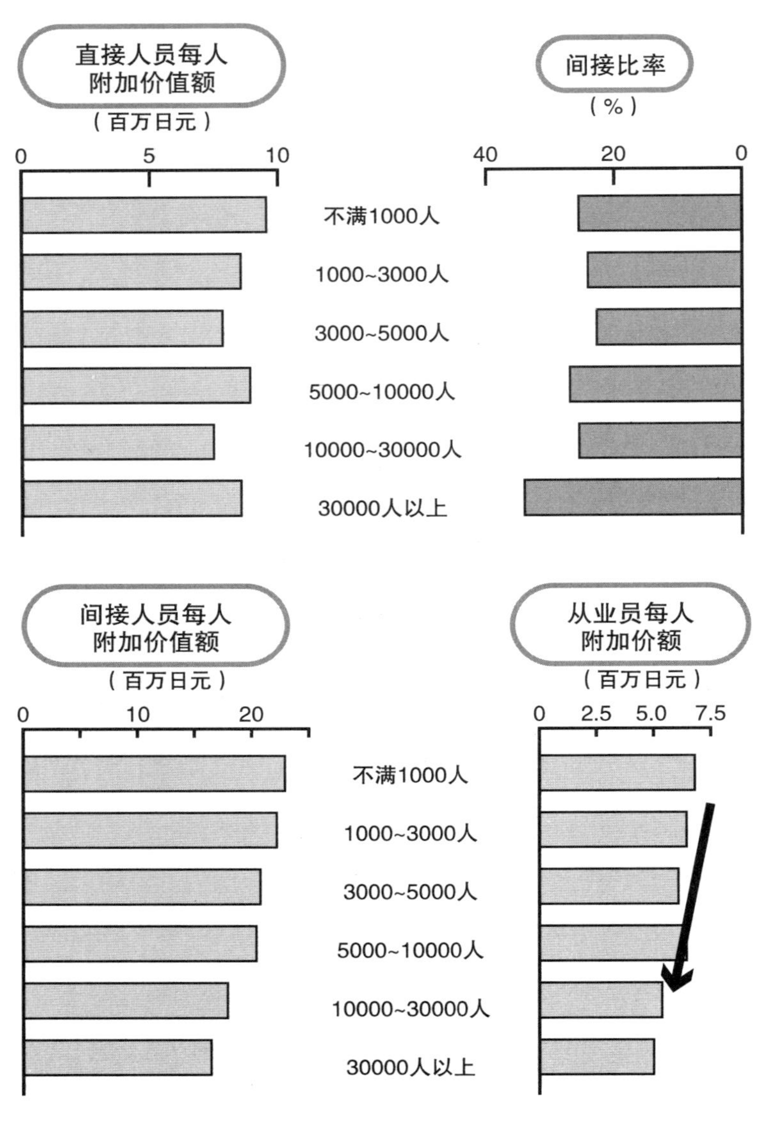

图 4-1　间接成本的不同规模

企业间接比率达 44%，超过了中坚企业。

这 10 年间，大型企业失去了自身的规模经济，比中坚企业的间接比率更高，显然会导致效率恶化。从另一个角度来看，每个直接人员的附加价值额其实与企业规模关系并不大，而是维持在一定的水准，甚至可以说大企业的附加价值更高一些。

但调节间接比率的影响后，其倾向会截然不同。从企业规模的角度来分析每个间接人员的附加价值会发现，企业越大，越是极端下降。

那么结果就是好不容易维持直接人员的附加价值在同一水平，但由于间接比率过高，间接人员的附加价值随着规模降低，最终导致在每个从业员附加价值这一总指标下，企业规模越大效率越低。

从这个方面来看，日本企业——尤其是规模较大的事务所，如果不致力于提高间接人员的生产性，显然就无法提高竞争力。

这种倾向再加上最近的经济形势，让降低间接成本成为企业面临的最大课题。最近的汇兑变动和通货膨胀让日本与各国之间的薪资差异关系发生了逆转。从日美事务职位的标准薪资变化来看，从 1971 年到 1973 年间，日本事务职位的给薪水准远远低于美国，但自从 1974 年后，由于汇兑比率发生变化，再加上薪资膨胀，从 1974 年到 1976 年，美国与日本的事务职位给薪水准几乎就没有差距了。

加之日元增值，以目前来看，日本的平均男性事务职位给薪已经大幅高于美国水准。美国水准下的年薪约 1 万美元，而日本则达到了 15000 美元，形成了很大差距。

这里所说的薪资当然是不包括员工福利的，所以加上福利奖金的话，薪资差距可能会进一步扩大。

这一倾向不仅针对美国，与今后将和日本激化竞争的新加坡、韩国相比，也显示了同样的倾向。

总之，从薪资水平方面来说日本的国际竞争力已经不复存在也并不夸张。

难以管理的间接业务

日本具有间接业务相关的固有背景，这引起了间接成本领域的滞后现象。

第一种背景是日本企业在成长期对间接部门采取的人才处理方式是大量投入大学毕业生，而这种做法在各部门引发了不同的问题。由于间接人员增加过多，即使企业想要降低间接比率也会因为种种原因而难以实现。

那么各部门分别控制间接比率怎么样呢？但这种做法对于公司整体而言影响太小。这一问题也是间接成本控制中最大的问题。

此外，现在日本企业的实际状态是将量视作第一目标，对于间接业务的生产性、品质相关的讨论很少涉及，都只注重于确保量。

第二种问题则不仅仅是日本企业面对的问题，这就是将业务多余地复杂化。经营管理技术，尤其是电脑的发达原本应该让业务更为简洁化，但实际上反而让间接业务过于复杂化。

为什么会导致违背本意的复杂化呢？首先以日本来说的话，日语这种固有的语言体系让业务完全机械化非常困难。

而机械化引起的功能细分化又让企业组织本身出现极度复杂化。其结果就是努力给细分化的每个组织附加新的功能，反而走向了修正企业组织方向而非进行实际工作的歧途。最终导致作业量日益增加，出现失去下降弹性的问题。就这样，原本是想要简化业务，结果却让业务过于复杂化。

与现场业务相比，间接业务还具有难于管理的因素。

从现场业务与间接业务在特性上的不同来看，现场业务对成果的计算更为容易。利用销售量、制造量、份额等就能计算成果，且由于业务本身也由多人进行类似作业，均一化处理，所以很容易掌握业务内容。另外，现场业务十分具有成本意识，工作的前提就是努力贯彻降低原价的原则。

并且现场业务也是比较容易管理的业务。相比之下，间接业务无论是成果本身还是业务价值都比较难以判断。比如在对高层管理提交报告时，要计算其究竟有多大的价值就是非常困难的。

另外，间接业务是不平均化的，由各种业务混在一起。业务内容的多样也就意味着其他部门不太了解隔壁部门在做什么。这也是由于自己部门为了让其他部门看不懂自己究竟在做什么而有意识制造的专业障碍。例如有些公司的高层管理即使进入会计部门也不可能完全掌握部门内的情况。

当这种部门障碍形成后，就会出现难以培养成本意识的基体。甚至会只注重提高功能，将降低成本放在第二位。

另一个间接业务的问题点是表现为帕金森第一定律。也就是随着人员的增多而增加不必要的业务的定律。只要有人就增加业务，而业务增加又会增多人员，并且由于业务的不可逆转性，让企业陷入工作和人员一味上升的状态。

有的企业会让间接部门成为直接工人的坟墓，这些极端的企业会让无法在现场工作的员工进入间接部门。在这些要素的基础上，与现场业务这种相对清晰的业务相比，间接业务在管理上十分困难。

另外，日本雇用形态的特殊性也加大了间接成本的管理难度。关于这一方面已经有不少人提出批判了，终身雇用制的存在让人员削减变得非常困难，而即使想要在不削减员工的基础上换成录用低薪者，又会让高薪者难以物尽其用。在这些前提下，业务也出现了极其专业化的倾向。各位的公司中应该都有只为特定的人而存在的业务吧?

加之论资排辈的薪金制度又会在无关业务质量的前提下让成本持续上升。而人在特定业务上的能力在超过了一定的经验曲线后就难以再提升了。即使部门同事之间想要进行人事交换，但由于在论资排辈薪资基础上成本的增加与质量无关，所以接受人员的部门并不想要高成本的人，更倾向于雇用刚毕业的年轻大学生，最终导致部门之间无法实现人事交流。

不仅在成本方面，如今复杂化的间接业务的企业组织在功能方面也处于不乐观状态。例如调整业务的增大。各种复杂的人际关系让调整业务增加，导致会议越来越多，形式化的文件也堆积如山。

还有业务本身分散化的问题。业务分散化导致重复业务增加，反而让重要的业务难以引起关注。以我曾实施过 OVA 的某公司为例，在某个需要制作预算的业务中，间接成本占了百亿日元预算中的 16 亿日元，也就是预算中的间接成本达到了 16%。但实际上这个预算是怎么来的呢？不过是在前一年的基础上加几个百分比，按决算的结果来进行作业而已。

然而该企业却完全不具备审查重点预算并在该预算超额的情况下做出应对处理的功能，所以最终根本没有进行审核。换言之，这就是进行重复作业而不重视关键部分的典型例子。当然，如果审查功能过剩，让多人参与审核的话，反而会导致责任不明确，出现瞎盖章的情况。

这也将导致官僚主义，增加处理时间，思维方式也陷入扣分主义的僵局。最终让决策僵化，无法当机立断，引发各种功能上的障碍。

从这些前提来看，间接业务的简化不仅在成本方面极为重要，对于业务功能的效率化来说也是不可或缺的一环。

二、OVA 的概要

与其他手法的比较

以上述背景为基础，接着介绍 OVA 的概要。

OVA 是在用于降低产品成本的价值工学——VA、VE 手法的基础上加入了业务流程和心理性因素的新手段。

对于间接业务的削减，过去提出了多种手法，例如一律削减法、零基预算、PPBS 等代表性例子。OVA 则是从这些手法中吸收了各种要素，又加入了独创性的新思维。

那么 OVA 与其他手法最大的不同在哪呢？首先来看历史最悠久的一律削减法。该手法正如其字面意思一样，将所有成本一律降低，比如全部下降 10% 的手法。

这种方法的优点是无须事先准备，但缺点是完全没有考虑每个部门的实际情况。比如给予过去根本没有增加员工的部门和大量增加员工的部门制定同样的目标，至于是否需要提供费用也完全交由部门领导来判断。所以从企业整体角度来看，就出现了一些原本不需要削减的部分也被削减的问题。

相比之下，个别经费管理法作为限制每个经费项目的使用方法的手法，它非常简单。例如将铅笔的使用量、事务用品、消耗品在全公司减少 20% 的管理方式就极其简明，但问题在于削减效果太小。它只注重于费用，所以缺点在于不可能实现业务质量的提升。

第三种则以 ACR 为例，它是以 Administrative Cost eduction 的缩写命名的方法。

ACR 是麦肯锡公司在 1960 年末频繁使用过的手法。基本而言，它是将在工厂使用的生产性分析手法直接套用于间接业务的方法。由于会进行生产性分析，所以有能提高效率且分析作业过程非常细致的优点。

但问题在于只分析作业，却不重新评估作业本身的价值。ACE 不会讨论是否有必要进行该业务，而由于以作业为中心，最后当然会变成以削减人员为中心，并且作业分析还会耗费大量时间。所以这种手法在保险公司的合同文档处理流程等比较类似现场工作的业务部门中非常有效，麦肯锡公司也曾广泛使用。

而 OVA 是以这些手法为基础，弥补了各种缺点，配合生产性分析和价值工学的 VA、VE 思维，又加入了新的要素。

OVA 的优点首先是能在短期内取得很大的效果。一般而言，我们的作业会在 3 到 4 个月之间制订所有执行计划，在之后半年到 1 年以内可期待具体的削减效果。

之后由于需要重新审视作业，所以随着质的提升，工作部门也会很快参与其中，很容易在执行中达成一致意见。

缺点在于短期内很难做到充分的分析，但从实际的即时效果来看，我们依旧认为这是最有效的手法。尤其是对于需要即时效果，又有多种业务混杂的情况尤为有效。

OVA 的五大基本概念

用一句话归纳 OVA 的话，就是首先确定间接业务相关概念，以此概念为基础设计推进的顺序，再彻底贯彻该流程管理的方法。

作为 OVA 基础的概念就是首先要将间接业务视作成本来掌握，第二则是间接业务的价值不在于进行业务，而是业务后的结果，也就是其价值在于服务。

第三是根据帕金森定律，当间接业务的专门化业务增加后，也存在极大的削减余地。

第四是从现实角度了解间接业务是极其专门化业务。

第五是间接业务在各种意义上都会给战略造成极大影响，所以考虑的前提是将其视作战略上的重要业务。

以上是它的五大基本概念。

这些基本概念反映在 OVA 的具体推进方法上。首先第一步是通过将间接业务视作成本，按业务单位划分来计算成本。接着站在将间接业务视作服务的思维基础上，重视受益者方对作业的评价。然后考虑到由于帕金森定律带来的专业化作业增多，削减余地也很大，以此为前提制定尽可能高的目标，鼓励创造性思维。通常我们会制定企业简介成本的 40% 这种极端的高目标。

通过制定较高目标，进一步促进创造性思维，从零开始重新考虑，而不是靠日常积累。

专门化业务意味着从上至下推进执行难有进展，所以 OVA 的推进流程基本是自下而上的。负责部门的成本降低方案由自己制定，再将其提交给上司。另外，在解决人员专属化问题时会伴随着人员移动和削减，所以要尽可能在短期内决胜负。如果拖延两到三年，企业将会丧失活力，所以我们会采取强势的推行体制，在 3 到 4 个月内得出结果。

此外，在战略上也会出现重要的问题，所以不能让各部门自行做出削减判断，而是站在全公司的立场上进行筛选。这就是推行 OVA 时的五个基本。

依照这样的思维，我们从 1972 年起开始将 OVA 手法推广至全世界范围内使用。现在有百余家企业客户使用了该手法，其中美国占 40% 左右，剩下都统称为非美国地区，而非美国地区也使用良好。从领域上来看，有银行、化学、保险、食品、办公机器等，从服务业到制造商均有囊括，适用于多种行业。日本也有几家公司采用并获得了很大成果。

这里想要大家注意的一点是，该 OVA 并不仅仅以美国式的冷漠雇佣关系为前提，在欧洲和日本这样人情味较重的雇佣关系中也是极为有效的手法。尤其是欧洲，它的雇佣关系复杂度甚至高于日本，但其中几个采用该手法的企业都获得了显著成果。

三、OVA 的实施流程

准备阶段

接着来简单介绍一下 OVA 的实施流程。该 OVA 是在做好了完善准备的基础上，短期内大刀阔斧地改善。所以这里所要求的是极其缜密的流程管理技巧，以及项目管理技术和高层管理的责任承担。这 3 个要素是 OVA 成功的关键。

在实际的实施流程中，共有五个阶段（图 4-2）。首先是准备作业，接着是被称作阶段一的分解职务并预估成本周期，然后在阶段二制作实际的降低方案。阶段三则是选择提出方案的周期。阶段四制作执行计划书，阶段五进行执行。这五个阶段构成了全部流程。

这里所说的周期是以我们的作业标准，但根据企业规模和所处理范围，实际操作周期会有所不同。

准备
·为顺利运营而做的准备
——组织
——人事政策
——交流计划
——主要经费处理
——训练
Phase I
约3周
·业务的细分化
·成本预估
Phase II
约3周
·成本降低方案的制作
Phase III
约2周
·降低方案的选择
Phase IV
约2周
·执行计划的制作
Phase V
·执行

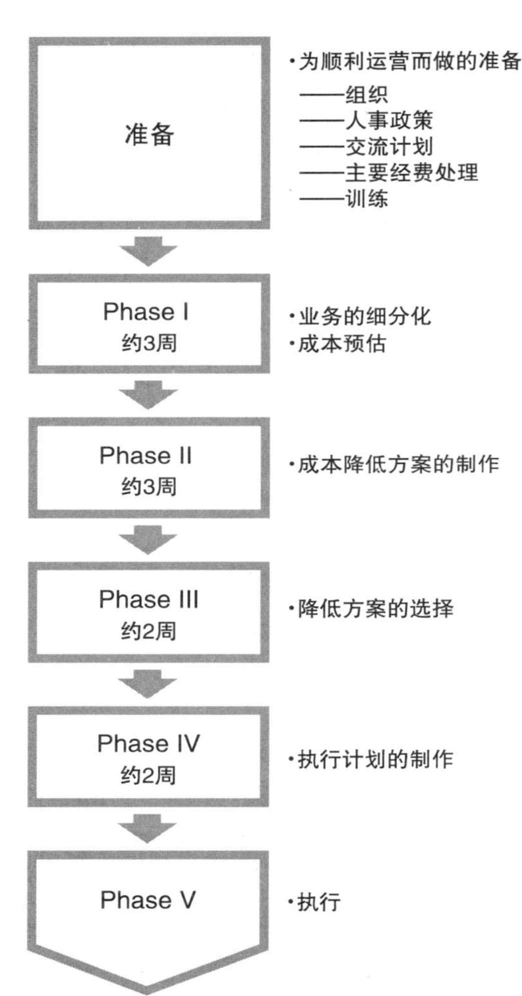

图 4–2　OVA 执行流程

整体流程会用到非常多的表格和各种流程图，这里仅挑选其中几种表格来做简单的概要说明。

之前说过，OVA是在做好完善的准备后实施的彻底流程管理手法，所以第一阶段是非常重要的。接下来列举一些必须准备好的要素。

首先是创建实施OVA的推进组织，接着由于涉及人际关系，所以要尽早明确人事政策，加之要进行企业内外的交流，所以要在早期制订好计划并贯彻。此外还要尽早规定包括哪些经费项目。

而要具体推进该作业，需要相当多的特别工作组和基层单位经理，所以此阶段的要点是明确如何才能尽快且有效地训练作业人员。

关于OVA的运营组织，之前已经说过，基本上是按照各部门自下而上的方式。所以是以负责管理各种成本的基层单位经理为中心来制订降低成本方案。其单位的标准一般是部或者课，人员30人左右，预算规模为每单位1亿日元到1.5亿日元。

为什么会划定这种规模呢？因为如果不具备一定的基础，那么在提出各种方案时的灵活性会受到限制，所以最低也要保持这种规模。但反过来说，如果规模过大，那么仅靠一个单位经理就难以处理了。

具体推进OVA的组织是由被称作OVA负责人的整体项目领导者为中心构成的特别工作组。以某个日本客户为例，OVA负责人就是社长自己，OVA特别工作组由各部提供一位员工，共有全职人员16人左右，单位数量则共有64个。至于每个单位要负责用3到4个月的时间进行调查，调查时间占50%。

在这些实施组织的基础上还有筹划指导委员会。该委员会负责决定具体作业核心的重要政策，并且站在全公司立场上对最后得出的方案进行筛查并做出选择。

另外，准备阶段的重点还包括人事政策的问题。与人事相关的政策说到底就是重新配置剩余人员或者削减人员，或者前两者混合进行的政策，它必须尽早明确。假如考虑重新分配人员，那么就要先行预估需要什么年龄层的人，以及大概需要多少人。

接下来则要预估接受人员的部门会有什么反应，企业内部的服务人员要如何使用，营业会有什么影响，交易方会如何——在早期对这些情况进行估算是关键所在。同样，如果决定削减人员的话，假设从经验年资来看，需要削减哪种水准的人，需要削减多少，削减时的做法是否采用减少部分百分比的方式，是否要提高实际遣散费，每个人大约要花费多少成本，等等。主要作业是对以上情况制作出详细的表格。

为什么必须在准备阶段决定好人事政策呢？以往大多是先制订方案后再考虑如何处理剩余人员，这样一来虽然作业进展顺利，也提出了很好的方案，最后却常常因为人员专属化的问题而受挫，领导者也难以做出决断，陷入只有想法而无法实施的恶性循环。尤其是在间接部门，如果多次重复这种无用功的话，可能会导致员工从一开始就产生抗拒反应，所以必须在早期就制定好人事政策。

另外，由于人员专属化要素的存在，需要在各种部门进行交流，以求得统一性。OVA 相关的高层管理、OVA 关系人、宣传室等都会流出各种情报，如果这些内容不能保持一致的话，很容易引发混乱。

职务成本的预估

做好前期准备后，进入阶段一。该阶段所进行的是细分实际职务并预估成本的作业。

具体来说，首先是了解职务。以某课为例，需要每月制作相关公司动向报告（图 4-3）。该职务的作业由三部分构成，先要访问相关公司并进行协商，再将协商结果制作成资料，最后交给部长以上的领导。

而对相关公司的访问协商实际上包括访问与协商两个附带作业。这需要分解职务之后再进行成本预估。对相关企业的访问和协商在总额上每年大概需要花费 240 万日元，搜集资料也需要大致同样金额的人工费。再加上其他经费、旅费、复印费等，光是每月制作相关公司动向报告，每年都要花费 636 万日元。

这数字看似庞大，但在实际实施 OVA 时，无论多么平台的资料，每月花费都以数百万为单位。如果是大型业务的话，甚至会以两千万到三千万为单位。领导者也要通过了解这些数字来重新思考自己所下达的指令是否值得承担如此大的成本压力。

制作降低方案

在阶段一实现职务细分，在预估成本的基础上，阶段二将具体制作成本降低方案。

降低方案的制作方法大致分为两个方面。第一是检讨业务价值。

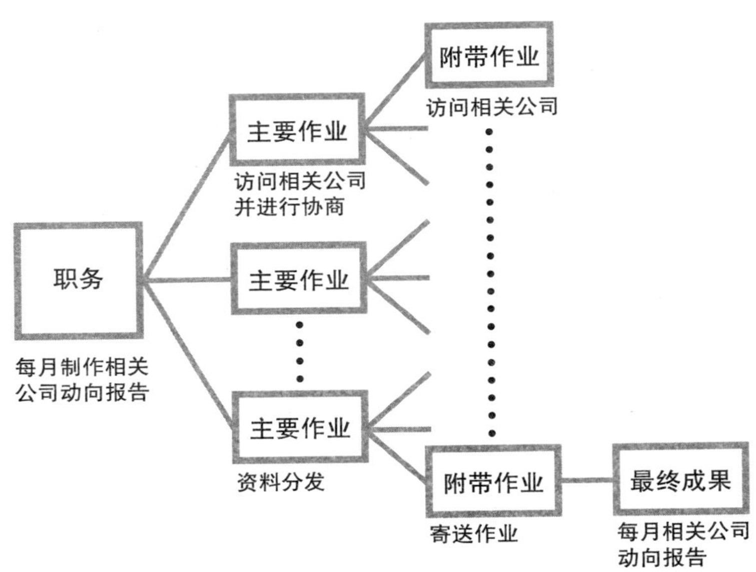

图 4–3 相关公司动向报告

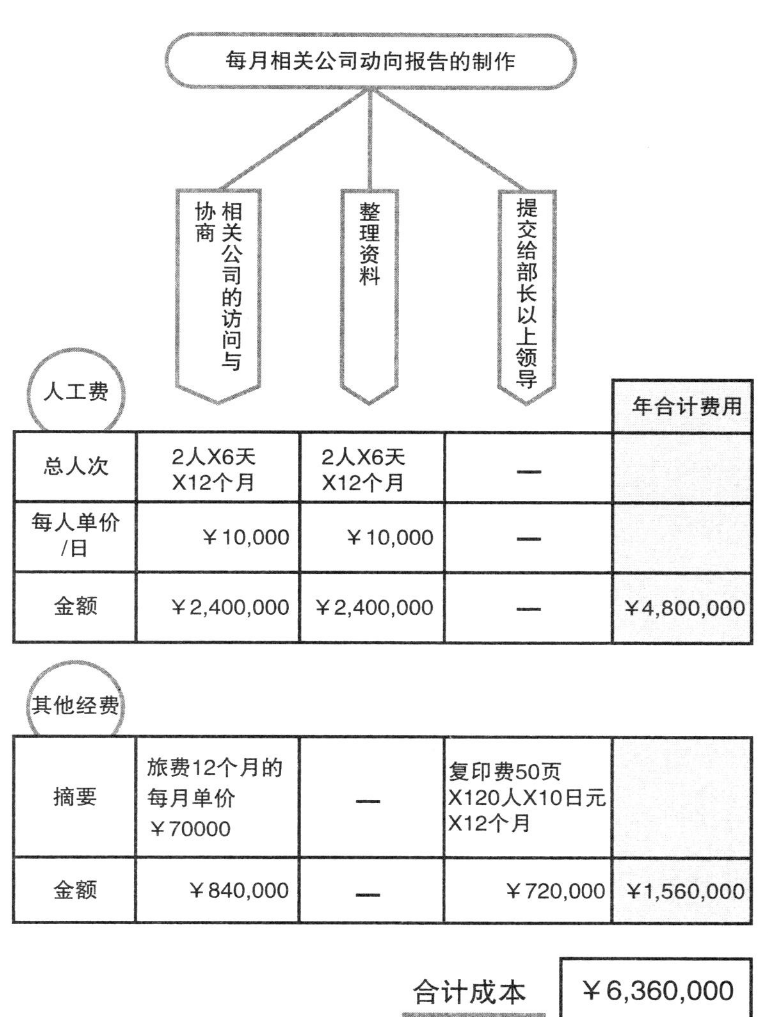

人工费	相关公司的访问与协商	整理资料	提交给部长以上领导	年合计费用
总人次	2人X6天 X12个月	2人X6天 X12个月	—	
每人单价/日	¥10,000	¥10,000	—	
金额	¥2,400,000	¥2,400,000	—	¥4,800,000

其他经费				
摘要	旅费12个月的每月单价 ¥70000	—	复印费50页 X120人X10日元 X12个月	
金额	¥840,000	—	¥720,000	¥1,560,000

合计成本 ¥6,360,000

图 4–4 XXXX 课 服务受益者 各董事及部长

先前已经介绍了 ACR 和 OVA 的不同，OVA 需要验证业务本身是否具有实施的价值，所以业务价值的检讨是放在第一位的。

这时还要对职务进行检讨，考虑其是否具有成本价值，或者将成本降低到什么程度才能取得价值与成本之间的平衡。

另一方面则是针对作业方法本身的改善。这与之前所说的 ACR 手法比较相似，也就是在业务具有价值时，从基本上考虑如何才能让它的成本更低，如何才能让负责的业务简单且廉价化。

根据这两方面的思维来制作成本降低方案，这就是阶段二。

以之前所说的每月相关公司动向报告为例，削减的替代方案有十几个。

比如利用电脑和相关公司连接就能降低一半左右的成本，或者让相关公司自己制作报告，或者在极端情况下甚至停止报告。而折中的方法则是省去不必要的部分，比如只留下盈亏计算书、资产负债表，以及市场和同行各公司的概要报告。此外，也可以将以往提交给部长以上的报告削减为只提交给常务部门经理以上。将这些替代方案一字排开，计算究竟能降低多少成本（图 4-5）。

接着对各方案做出评价，这一工作要由服务提供者和受益者两方共通进行。

所谓受益者在这个例子中是负责事业开发的常务部门经理，该受益者方在看替代方案时，首先要便于他们审查方案，所以只提供盈亏计算书的确更为简明。不过这么做的缺点是重要事项的相关联络会比较慢，所以要附加特别注意事项，制作简单的报告表（图 4-6）。

XXXX课

降低方法	降低方案	降低预计额
削除	全面废止	￥6,360,000
自动化	用电脑连接	￥3,000,000
降低品质	只做P/L的报告	￥2,860,000
降低数量	只提供报给给常务以上	
频率的减少	改为每半期一次	
替代	让相关公司自行制作	￥3,500,000

降低前成本 ￥6,360,000

图 4–5　每月相关公司动向报告的制作

降低业务名称：相关公司报告变更

- 只做P/L
- 只提交给常务以上职位
- 只每半期制作一次

服务提供者：相关公司课		服务受益者：事业开发常务负责人
服务提供者的评价	（降低金额） ¥2,860,000	服务受益者的评价
优点： ·大幅减少准备作业 ·能得到必要情报	（危险度） ☐ 大 ☐ ☐ 中 ☑ ☑ 小 ☐	优点： ·减少审查作业
缺点： 无	（执行难度） ☑ 容易 ☑ ☐ 普通 ☐ ☐ 困难 ☐	缺点： ·重要事项的相关联络慢
执行所需必要条件 无	（综合评价） ☑ 执行 ☑ ☐ 检讨 ☐ ☐ 不执行 ☐	执行所需必要条件 ·附带特别注意事项，另外制作一个简单的报告表

图 4–6　简单的报告表

从全公司视角作出取舍选择

经过这一系列作业，部门提交出成本降低方案后，接着在阶段三将以全公司视角来进行取舍选择。

这种取舍选择必然会经过非常复杂的流程，首先要做的是由特别工作组或 OVA 事务处随时确认内容并修正。比如某个方案被认为主旨明确但难以实行的话，在第一阶段就会做出修正，其他各种方案也会按此流程来通过审核。修正之后的方案还会有各部门领导再做进一步确认，当各部门都认可后，则再一次交由特别工作组做出评价。接着，将其分类为特别工作组与现场部门在执行方面达成一致的方案、特别工作组赞成但现场部门不认可的方案，以及必须交由筹划指导委员会来进一步确认问题重要性的方案等（图 4-7）。

重新确认这一分类后，最终将方案提交给筹划指导委员会。在这一阶段，特别工作组和现场方面都已认可且风险不大的方案不用一一交由领导者过目，可以立刻决定执行（图 4-7）。

虽然不同规模和范围的企业具体情况有所不同，但大体上一共会提交 2500 个到 4000 个左右的案件，而交由领导者过目的要缩减至 50 至 100 件。筹划指导委员会则针对这些案件来决定是否实施（图 4-8）。

这里最重要的是在 OVA 中尽可能不留下需要“重新检讨”的事项。之前说过，由于人员专属化，一旦过程拖长就会产生各种混乱，之后所检讨的方案往往只是白白浪费时间，最终无法执行。而这显然会给负责人增加负担，所以在 OVA 中，必须明确方案是否执行以及执行

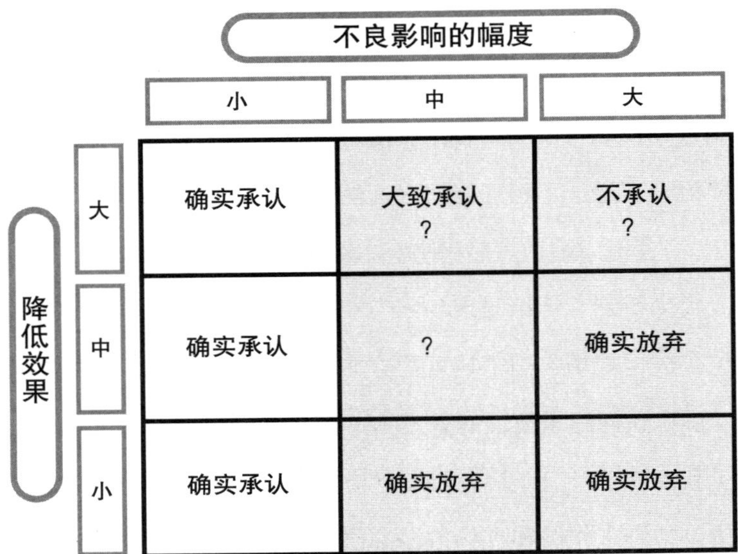

图 4–7　互偿决定

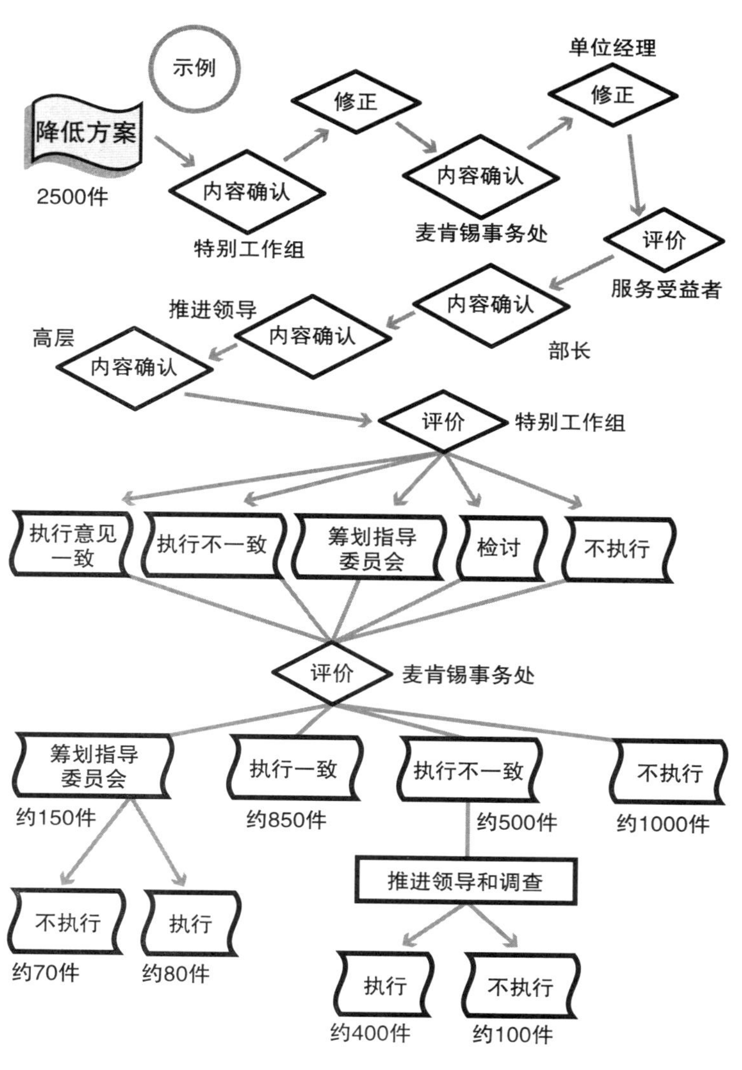

图 4–8　降低方案制作与评价流程

哪一个。

实际上，筹划指导委员会在做出选择时的想法当然是倾向于挑选削减效果大且风险较小的方案来实施。此外，如果风险较小的话，无论削减效果是大是小，一般也能得到大家的认可。而对于效果很大但同时风险也很大的方案，则会进行慎重的检讨，如果能找出控制该风险的方法则执行，否则就放弃，以此标准来决定是否执行。

执行计划书的制作

阶段四是对所选出的各方案制定具体的执行计划书。

执行计划书与一般的计划书基本相同，但要明确执行顺序、责任者和时间，此外就是注意在什么部分确认什么。

以这种执行计划书为基础，最终进入阶段五。

以上已经简单说明了阶段一到五，但由于要使用大量表格，同时处理大量案件，所以在现实实施中会非常复杂。以我们的经验来说，基本上会在 3 到 4 个月的时间内审核完 2500 到 4000 个的案件后，才能进入执行阶段。

四、OVA 的效果与实施上的要点

最后来谈谈 OVA 的效果与实施上的要点。先来看效果，第一就是间接成本的降低。大多数客户都是从“能降低多少间接经费，怎么做才能降低它”的问题意识出发来实施 OVA 的，从该间接经费的降低效果来看，一般平均能降低 20% 到 25%。如果大幅低于该数值，就意味着没有充分执行前述流程，或者没有进行彻底分析。如果大幅高于该数值，说明审核较为宽松。一般而言，即使制定 40% 的目标，所期待效果也大概在 20% 到 25%。

此外就是时间的问题。大多数方案都是具有即时效果的，比如以某客户为例，共达成了 28 亿日元左右的成本降低，约 6 个月后就完成了目标的 80%。

另外，OVA 在某种意义上来说还附带降低间接费用以外的重要好处。

比如对于做详细的职务分析并将其提供给受益者做评价的服务提供者来说，能以此明确掌握自身企业职务中究竟哪些是重要职务，哪些不是。还能通过整体职务的简化来将资源集中于重要职务上。例如通过高层管理下达政策，将企业会议频率减半，这样一来就能得到减少会议密度和复杂的准备工作的次要效果。

另外，服务提供者与受益者之间的相互评价、磨合，以及高层管理与负责人之间的交流能多少打破一点部门之间的隔阂与闭关自守意识，逐渐了解外面的世界究竟在做什么。当然，这也能增加企业组织的灵敏性，提高决策速度。

还有一个重点是由于进行了彻底的成本分析，各部门也以此贯彻了成本意识。在该项目结束之后，我们再递交其他项目资料时，对方就能明白“啊，这大概需要三百万日元”等。虽然也有可能遇到实施上的难题，但间接部门的成本意识已经浸透了整个企业。先前介绍了服务提供者、受益者的评价表格，如果制定企业规则，要求今后各部门在应对大型业务时都必须使用表格的话，就能控制不必要业务量的增加。

虽然 OVA 会给我们带来这些效果，但它依旧需要多个基本的适用条件。

首先，企业状况与适用性的问题非常重要。这是指我们要详细检讨对于企业的需求和 OVA 的体制。

如果企业业务陷入前所未有的低迷，不大幅削减间接业务就难以生存下去的话，像之前那样用 3 到 4 个月时间实施 OVA 就会在员工之间引发不安。所以这种企业就要放弃这种做法，选择大刀阔斧地迅速削减 20% 成本更为有效。

充分检讨企业所处状况与 OVA 体制是否合适是很有必要的。根据企业体制不同，其实施方式也不同。比如某些部分领导者的能力较强，那么采取自上而下的方式效果更好，而某些部分不仅需要领导者的带领，还要实际的负责部门协力才能实现成本削减。像这样，根据企业体制的不同，多少需要修正一些方式。

另外，项目管理上的基本条件首先是高层管理的承诺。正如之前所说的一样，OVA 会涉及大量人员和大量部门，所以领导者本身必须展现积极的姿态。我们在实施项目时，高层管理往往会以降低自身成本的方法来表现出全力合作的态度。比如领导者要求尽量削减自己所需的资料和服务等。通过这种方式，先在第一阶段表现出积极的态度。

同时由于涉及复杂的人员问题，高层管理在项目途中可能会遇到各种困扰，对此必须采取一贯的态度。假如必须将人员调离公司的话，那么高层管理绝对不能改变自己的决定。这种一贯的态度是非常重要的。

其次，各要点是之前所说的完善的准备。对人事政策的沟通，项目计划的制订都要仔细，确保万无一失。同时由于要在短期内决胜负，所以还要构建强有力的推进体制。领导本身也要在尽可能短的时间内适应。最后则是要给予负责企业内部推进的领导和了解 OVA 的人反馈。

另外，实施 OVA 时必须同时进行综合诊断，这在日本尤其重要，所以已经成为麦肯锡东京事务所的规定政策。OVA 往往被员工视作是一种十分消极的方法，认为它就是降低成本、削减员工。所以从这个意义上来说，通过综合诊断来确认哪些部分是企业的成长领域，通过该 OVA 所得到的资源是否具有再投入的余地是非常重要的。

如以上所说，OVA 是效果巨大、具有即时性、能带来附加效果和极大好处的方法，以其基本条件为前提，通过具体实施，今后也许会成为日本大型企业积极使用的手段。

（堀新太郎）

第五章

SFM（销售能力管理）——高效率销售的战略推广法

销售力计划的必要性如今已经无须多言了，但对于其影响力，我认为还是有重新审视的必要。例如像家电业界这样用户极为分散，市场份额由市场覆盖率决定的业界很多。以彩色电视为例，各企业的连锁零售店数量与市场份额是成正比的。

此外，销售部门对于收益的影响力也极大。以某机械制造商为例，制造原价降低 10% 时对利润的贡献度和销售或价格各改善 1%~5% 时的利润贡献度相比，销售额或价格远远比降低成本对销售部门影响大。该企业的例子并不是什么例外，甚至可以说是典型案例，我们在做咨询顾问时遇到的大多数企业也是同样情况。

一、低成长时代成功的关键是销售力

那么为什么会出现这种情况呢？我们来看其背景（图 5-1）。从高度成长转为低成长经济后，事业成功的关键也随之从产品开发力和制造力转为了销售力。由于高度成长时代下，新市场一个接一个地被开发，企业战略核心当然是对新市场的开拓，或者对需求的发掘多样化。但如今市场已经进入了发展瓶颈，出现供大于需的状况，所以此时企业重点是扩大市场份额或者获取销售所带来的附加价值。

从附加价值的角度来看，成长期时的附加价值大多分配于制造或产品开发方面，但如今的附加价值更多地出现在销售中。因此事业成功的关键不再是供小于需的成长期时的产品开发力、生产能力、生产技术，已经转移到了销售力和商品力上。可以说随着经济环境的变化，经营的重点已转向了销售。

另一方面，销售部门本身要形成能够应对市场变化的最合适销售

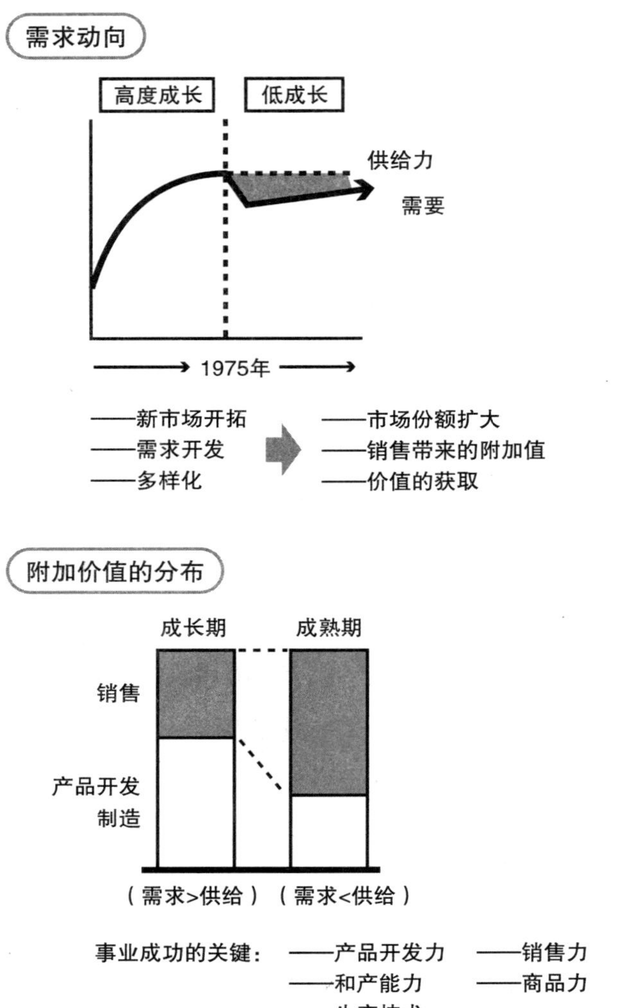

图 5-1 低成长时代的背景

渠道，也必须重新审视自己。例如从市场构成的变化影响来看（图5-2），作为耐久消费品的相机、电视机、音响设备或办公机器、复印机、电脑等都出现了相通现象。这些产品在导入市场的初期都是以高级机为主体，但随着商品生命周期进入成熟期后，开始呈现两极化，由高级机和普及机各自占据一部分市场。这时从客户的构成来看，在产品最初导入市场并以高级机为主体时，客户主体为大规模客户或有钱的客户。但随着需求的两极化，高级机和普及机分别占据市场，大规模客户和小规模客户，或者说大众与高收入者让市场也出现了两极分化。

而在市场出现两极化之后，企业销售形态大多也被迫从最初的单一销售组织转为按客户规模或按客户层组建的专业销售员组织。如果依旧和之前一样保持单一组织的话，销售员往往只能出售畅销商品或者只能出售手续费较高的高级机。我们在以往的咨询顾问业务中经常遇到这样的案例。

在市场变化中不改变自身销售网络，固执坚守传统渠道的话，大多会由于销售渠道本身的变化而导致慢人一步，陷入被市场抛弃的危险。例如十五年前，大荣、伊藤洋华堂等超市大量兴起时，食品业界或服装业界也曾为了应对这一新的流通业变动而一度引发了混乱。

如今类似的状况也以折扣商店的形式再次出现，并且这次不仅限于食品和服装业界，它进一步影响了更多业界，例如相机业界的淀桥相机，钟表和眼镜业界的 Megane Drug、Eye World 等。当然，市场中会出现顾客选择性喜好等变化，但这里所说的情况基本发生在成长率高，市场本身较大，并且流通手续费大于一般情况的行业。

高级机
主体
二极化
（高级机+普及型）
商品的生命周期：
销售额分布
小规模
客户
顾客数量
按规模分布：
大规模
客户
销售形态：
按地区负责
单一销售组织
按客户规模
专职销售员

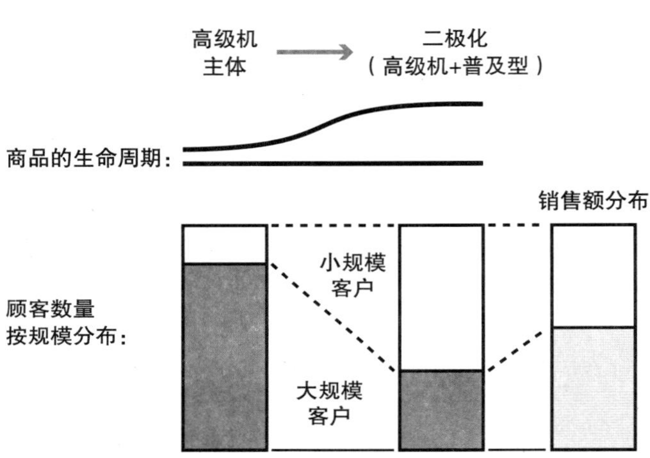

图 5–2　市场构成变化

以服装为例，零售价格的 50% 以上是流通手续费，所以缩短流通路径就能削除不必要的成本，最终实现以低价将商品供应给顾客。

如果原有企业依旧死守现有渠道，不采取任何应对，仍然负担不必要成本的话，就会出现被新加入者抢走部分市场的情况。

至于原有组织是否具有应对这种变化的自我纠正能力，根据我们的工作经验来看，大多数都不具备。以某化学产品公司为例，它的产品销售网是通过分店、代理店、二级批发商送至客户手中，共包括四个阶段。在成长期，这种形式对于扩大市场是很有帮助的，但顾客需求的反馈要从二级批发商到代理店，再到分店，最后才能传递到总公司，这种传送游戏一般的路径不仅耗费时间，也会让企业难以掌握市场的真正状态，因此所采取的战略也不一定符合市场状况，从而长期以来都很难根治销售网的真正问题。加之该渠道曾经的优点如今也正在逐渐变成弱点，因此具备能够从销售第一线直接搜集情报的系统并以此维持企业竞争力是非常必要的。

另外，除了销售体制问题之外，由于销售活动本身的多样性和可重复性较低，遇到问题往往难以解决，也很难应对市场变化。比如针对不同地区的客户层、业界构成或习惯不同这一现象，采用全国统一的销售方针就会出现只能应对一定范围市场的问题。此外，状况的变化也会导致每个客户的反应变化，在面对竞争时还会增加价格下降等不确定要素，这都会让销售员做自由判断的范围扩大，从而难以对销售活动的特点做出统一回答，最终只能对销售额、毛利等结果来进行管理。

但我们认为这是远远不够的，或者说我们认为探讨销售问题的原因所在并防止其发生，也就是通过明确流程来应对可能发生的状况才是真正意义上的销售力管理。接下来要介绍的SFM［Sales Force Management（销售力管理）］就是由这种思维归纳而成的系统性手法。

二、销售力增强计划概要

所谓SFM，首先是将销售活动限定在目标领域，从战略到销售员都进行统一管理，或者对销售网经费削减等问题进行解决的手法。

其次则是改善目标收益，提高市场份额，稳定业绩。要改善收益，就必须考虑提高价格或增加销售额、削减固定费用、提高销售生产性等对策。而要提高市场份额，则需要增强销售力，强化竞争力，改善销售手法。至于长期维持业绩稳定，则必须对人事政策、MIS（Management Information System 即管理信息系统）或销售报酬等方面进行管理。通常销售的目的只是被看作提高销售额，但我们确认必须有意识地维持收益、份额与业绩稳定这三位一体的平衡，在此基础上进行销售活动。

第三则是该手法是以达成目的的最佳措施为核心，逐一解决从高层管理到现场员工的问题。

重点是对原因的管理

SFM 的基本阶段包括从销售战略的制定到实施体制的确立，共五大阶段（图 5-3）。

第一阶段的销售战略制定将根据市场构成的变化来设定目标市场，再依照漏洞分析来找出丢失市场份额的真正原因，决定销售战略的基本方向。

第二阶段是根据战略方向来进行销售资源的重新分配。

比如对于销售员的重新分配，如果针对市场规模，某些部分过少，某些部分过多，出现不同地区份额不规则现象的话，就必须对销售员的投入做均衡化处理，接着检讨市场范围内的人员分布状况是否合适。

在第三阶段要确立销售活动的管理流程。这时需要从销售员的时间分配角度来检讨销售效率，确立能有效分配时间的销售员管理方法。与此同时，还要检查是否对毛利进行了充分管理，并将其与销售额做对比。

在第四阶段要通过削减经费来改善收益性。这时要通过对间接效率、直间比等的改善来检讨是否改善了收益。

当提出了具体的改善方案后，第五阶段将确立实施该方案的体制。在这一阶段需要按地区制作不同的具体方案，同时还要以总公司的角度来明确销售报酬制度或组织、MIS、代理店政策等政策相关问题点。

图 5-4 总结了传统方法与 SFM 的不同点。传统做法是利用销售管理对象的销售额、毛利等结果来进行管理，但 SFM 却只将销售额

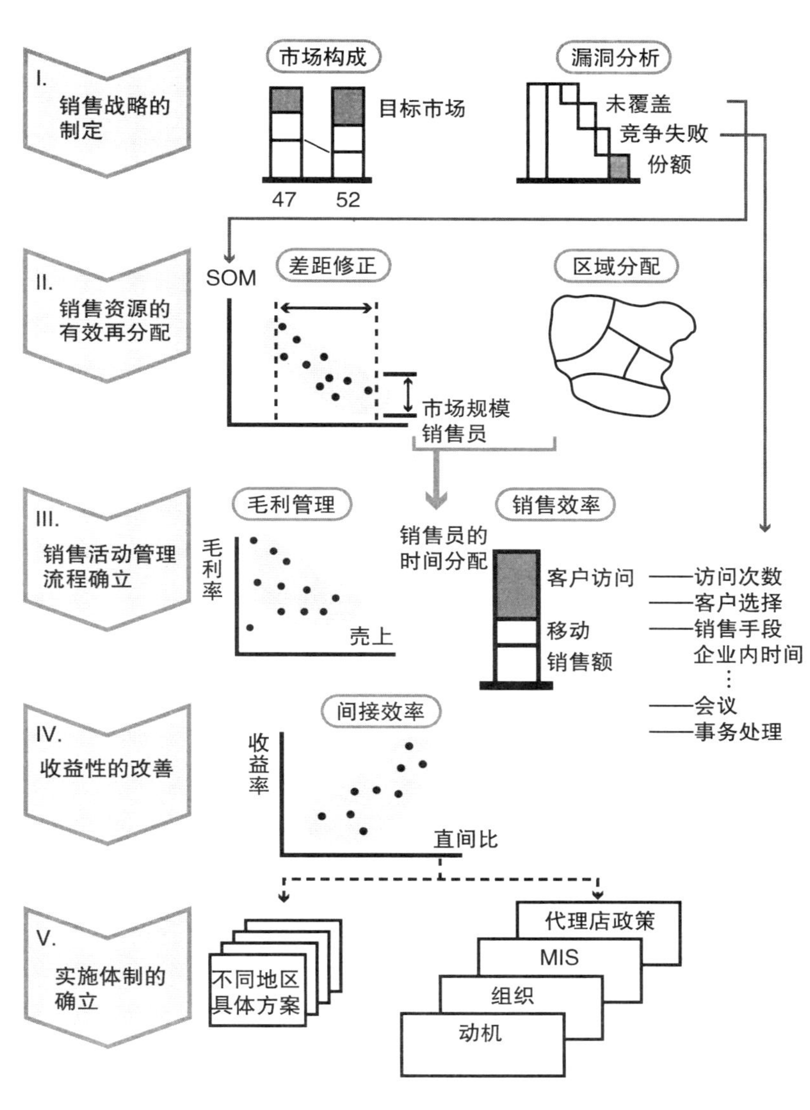

图 5–3　SFM 的基本阶段

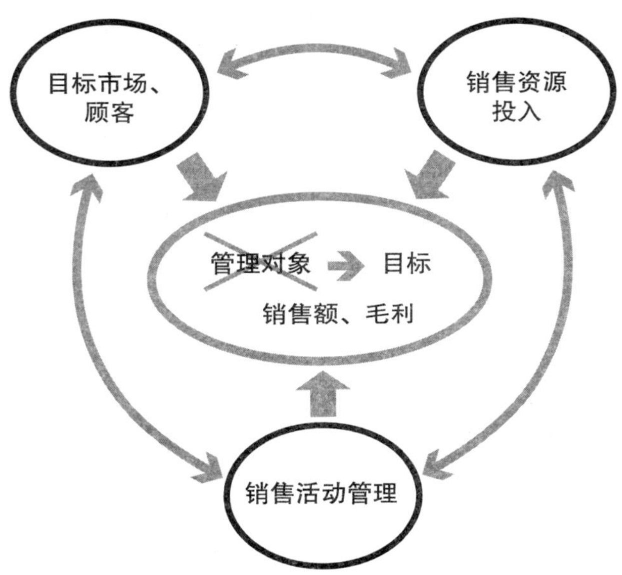

图 5-4　SFM 的重点

和毛利作为目的，管理形成它的原因——也就是管理销售资源的投入量，或是销售活动、目标市场和顾客等。换言之，管理的重点转向了原因。

三、五大基本阶段

战略计划的制订

接下来将详细介绍各阶段。

首先在第一阶段是制定销售战略。一般提到强化销售力就会想到增加销售员，但实际上销售力管理的方向根据战略的不同有很大变化，因此这里首先要确定本公司基本的销售战略方向。

战略的第一步首先是决定目标市场在哪里。这一分析手法在PMS（产品与市场战略）章节中已经做了详细介绍，所以这里只举一个例子进行简单说明。在决定目标市场时，首先必须面对的问题是弄清市场构成的巨大变化究竟发生在什么地方。以冰箱产品为例，在观察不同地区的市场构成时会发现变化并不大，但从大型到小型的不同市场产品系列却出现了巨大变化。同时从客户层的比率来看，购买小型冰箱的一般消费者远比购买大型冰箱的机构比率增幅大。

决定了这一目标后，最常见的做法立即对该区域投入销售员或下达提高销售额的命令，但 SFM 的重点却是先确定问题的大小，再制定相应的对策。

这时要提高分析效率，其中一种手法就是“漏洞分析”。图 5-5 针对整个市场到本公司市场份额之间，对失去市场份额的理由究竟是什么进行了定量化分析。基本我们只考虑两种情况，其一是未覆盖客户的情况，其二则是即使与客户接触依旧被竞争对手夺走份额的情况。

根据不同理由造成的所丢失市场份额的大小，改善方向也有所不同。如果是店铺数量覆盖不足，那么要重新审视的不是销售战略而是销售组织，或从销售资源的配置方面增加销售员数量，或扩展据点，或从销售管理方面增加访问次数。另外，如果在竞争中被夺走过多份额，那么就要考虑开发新产品或者审视价格设定方法是否有误，同时在管理上改变访问密度，进一步改善销售方法，或者强化价格管理等，采取各种各样的对策。也就是在决定了目标区域后要根据丢失份额的问题点来考虑各种情况并制定对策。

在这一阶段，明确区分产品的问题点和销售的问题点是非常重要的。除了产品开发、价格设定之外的解决对策都是属于销售力计划的改善策略。通常导入新产品或修正价格会立刻引起竞争对手的反应，效果难以长期持续，甚至有可能招来竞争对手的反击，陷入竞争泥潭。

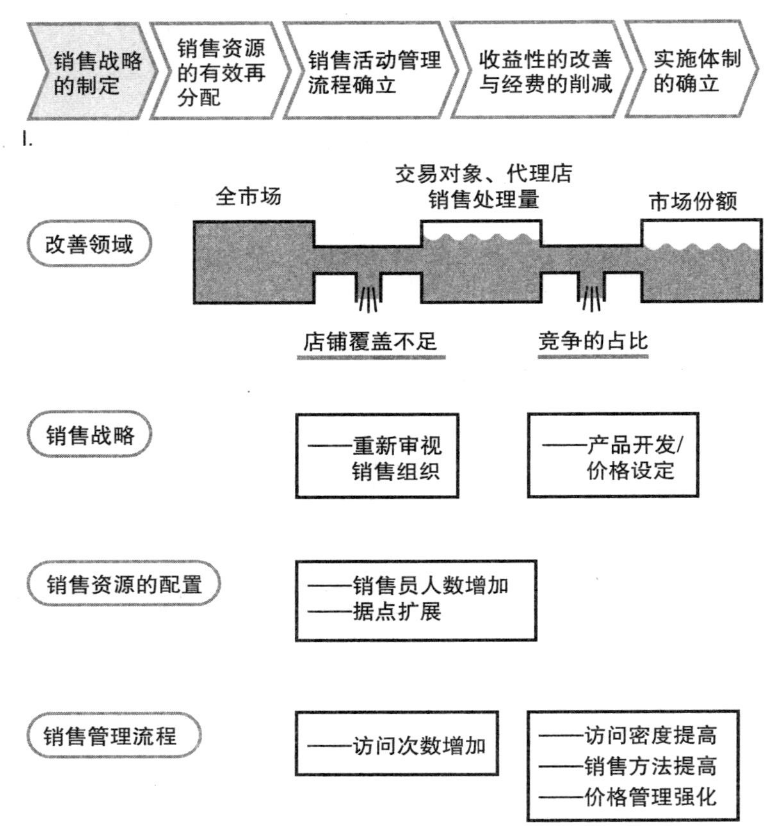

图 5–5　遗漏分析与改善方向

而以销售力计划为基础的改善策略从外部来看基本是难以察觉的。比如提高销售员的访问密度就是非常底层的现象，要让竞争对手的高层管理察觉需要一定时间，所以当对方发现时，本公司已经领先一步了。从这种意义上来说，这是很适合低成长下竞争激烈的时代的战略方案之一。

像这样决定了基本的改善方向后，接着要重新审视销售渠道。这时要从当前销售渠道对市场需求的适应力和实施或管理方面是否便于管理这两点来分析。假如是直销的话，那么应对市场需求的适应力方面技术能力会较高，管理上也更为容易，但市场覆盖率将非常小。

经由二级批发商的销售体制在覆盖率上虽然较大，但难点在于管理上较为困难，成本也比较高。

所以要通过区分本公司客户是非常分散的一般消费者，还是非常集中的特定业者或政府机关，或是销售具有极高的技术，根据客户分区的特点来决定最合适的销售体制。

结论是通常只要一个销售体制即可，但有时也要从现在的销售体制中针对一部分区域采用别的销售体制。所以高层管理必须时常确认自己公司的销售体制是否能应对市场变化。

销售资源的有效再分配

决定了基本的销售战略后，接着进入销售资源有效再分配的第二阶段。这时要根据销售战略来检讨销售资源——尤其是销售员的配置是否合理，如果不平衡的话则要进行再分配。

以某化学公司为例。每个销售据点的市场份额与每个销售员所负责的市场规模呈反比关系，也就是每个销售员所负责的市场规模越大，该部分的市场份额就会下降。而该企业每个销售员所负责的市场规模相对不规律，其结果就是分成了市场份额较低和市场份额较高的两个部分。

那么，该企业要制定的对策就是对销售员的投入进行平均化处理，纠正销售据点之间的差距。

进一步与竞争对手比较后发现，竞争对手每个销售员所负责的市场规模较小，也就是同样区域内它所投入的销售员更多，从而市场份额更大。这时的差距分为两个部分，一是之前所说的投入的绝对人数差距，二是所投入销售员每人的市场份额差距，这也就是销售员的生产性差距。

所以该公司试着检讨投入和竞争对手同等数量的销售员的经济性是否合理，最后得出能获得充分利润，于是针对这一内容制定了对策。

销售员分配不平衡的问题也会出现在销路方面。对于销路或客户区域的潜力，企业的销售员努力程度和关注度等销售资源以及销售员的投入量都有可能出现偏差。

这可以通过长期从市场角度检查本公司的销售体制来做出修正。如果只从公司的销售角度看待问题，往往会产生现状才是最正确的固定思维，从而难以跟上市场变化。

图 5-6 是一个实际的案例。由于该公司的领导者只从本公司交易

销售战略的制定
销售资源的有效再分配
销售活动管理流程确立
收益性的改善与经费的削减
实施体制的确立
II.

需要变更为混合销路
零售店
批发店
本公司角度所见构成
顾客角度所见构成

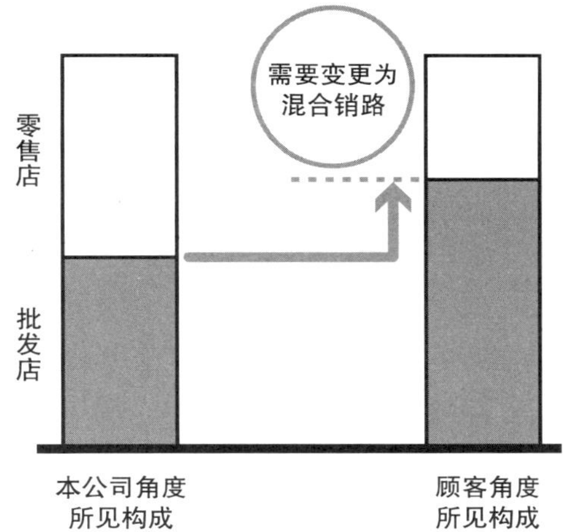

图 5-6 销路构成

商和代理店口中听取意见，当然会认为公司产品十分畅销。但从统计数字来看，本公司市场份额较低，所以他不明白这种差距是如何产生的。然而从顾客角度与从本公司角度出发所产生的差距，其实在日常就是由我们所得的感觉和统计之间的差距所构成，所以以客观的眼光来审视销路构成是非常重要的。

实现销售资源的投入和再分配之后，接着要考虑的是现在的势力范围形态是否充分满足了客户需求。所谓势力范围形态，通常包括按地区分配和按客户分区分配专业销售员这两种类型。当然，这两种类型共同作业也是有可能的，比如对大型政府机关提供技术支持时，地区负责和客户分区的销售员也会协同合作。

这里尤其需要注意的是是否符合客户需求，在专业知识和人际关系上是否处理得当。还有一点则是移动效率。对于地区和城市或客户的分散度等，要弄清是按地区进行分配比较好还是按客户分区进行分配比较好。

如果需要根据市场构筑变化变更势力范围形态的话，要通过充分分析后设计最合适的形态，抢在竞争对手之前做出决策。由于改变势力范围形态不是一朝一夕能够完成的事，竞争对手往往不会产生过激反应，本公司就可以在此时期慢慢改善销售员与客户之间的联系。

销售管理流程的确立

当销售资源的分配变得有效率之后，第三个阶段将着眼于每个销售员本身，强化销售活动的管理，也就是确立销售管理的流程。要改善销售员的效率，我们认为从时间分配上入手是最佳方法（图 5-7）。

销售员的时间分配通常分为花在客户上的时间、花在移动上的时间、花在企业内部业务上的时间这三个方面。其中改善效率的两个基本措施是增加访问客户的内容，或减少移动时间和访问频率，增加访问客户时间。在这一阶段的重点是首先明确要切实地实行这两个措施需要怎样的管理指标。

访问客户的内容基本上是围绕提高市场份额或提高毛利这两个目的。而要提高市场份额，通常考虑的是制定能提高需求覆盖率的对策，以及提高胜率——也就是我们所说的提高内部份额或储备份额，提高每个店铺内本公司对竞争对手的份额。

要提高需求覆盖所考虑的管理指标包括访问次数、访问店铺数或者混合店铺规模。要提高价值率或内部份额，则要考虑不同客户的访问频率和时间、驻留时间、面谈者等各种管理指标。这些管理指标能在多大程度上提高份额或毛利，需要通过数据来分析，今后还将从对销售额或毛利的管理逐步转为对访问次数或访问时间的管理，也就是逐渐演变为更为细致的管理。

同时由于还必须削减移动时间或企业内部业务，所以要考虑制定直行直返的路线计划等。

以某耐用消费品公司为例，比较每个销售员的月访问次数和销售额之后发现并没有明确的比例关系。这种情况下，由于访问次数极其不规律，所以可以通过对访问次数的管理来增加访问，从而期待销售

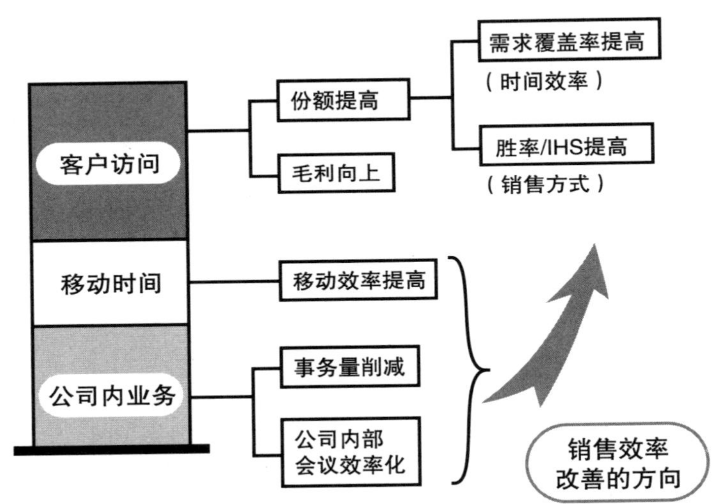

图 5–7　销售员的时间分配

率慢慢回升。

另外，根据我们常见的案例而言，有些时候还需要确认访问对象的选择是否妥当。因为有时在确认客户规模或按重要程度确认访问次数后会发现，对一些非常重要的且具有潜力的客户访问次数过少，对不那么重要的客户访问次数却过多。这从销售员的心理来看十分好理解，他们可能更愿意去一些温和的或者易于交流的客户那里，在熟悉的客户身上花费时间。这可以通过决定对每个客户做怎样的访问，再对是否达成目的做细致的管理来进行改善。

在其他案例中，有时也会遇到与客户时间相冲突的情况。以某生产物资为例，不到下午的话客户基本没空，所以除下午之外的时间带访问成功率非常低。那么就应当将访问集中到最合适的时间带，在此之外的时间用来磨炼销售战略，考虑新的销售方法或进行事务处理。通过这种方式来有效改善销售效率。

间接业务的效率改善

当销售的直接部门的效率得到充分改善后，在第四阶段要通过改善间接业务的效率来实现总额的收益改善（图 5-8）。

某耐用消费品公司在各县都设有销售点，而获取每个销售点的直间比，也就是销售员人数与间接部门的数量比之后，将其与经常性净利率比较后发现两者间存在比例关系，当然也有不规律的部分。这种情况有两种改善方法。一是通过改善直间比来改善利润率，即增加销售员的绝对人数或者从间接部门调配人手到直接部门。

另一种方法则是以同样的直间比，通过改善直接销售效率来改善经常性净利率。这时除了之前所说的方法之外，还应该注意来自间接部门的支援，也就是改善间接业务的效率，用剩下的时间帮助销售员工作，比如将销售员的一部分资料记录交由女性员工管理。以我个人经验来看，某生产资料公司通过将部分作业交由女性员工管理来改善销售员效率，可实现企业内部业务 50% 的转移。

在进行这类改善时，通常需要做业务分析。而在进行大幅改善时，有时还可能会考虑实施其他部分介绍的 OVA（间接部门效率改善）或 PD（物流计划法）。

如果让这里所说的间接业务的效率改善与之前所说的直接部门的效率改善同时进行的话，大多数情况下都会在销售部门或销售公司中造成混乱。通常我们是先进行直接部门的改善，当销售员完全习惯了新的销售体制并产生效果后再加入对间接业务的效率改善，这才是最妥当的做法。

以我们的经验来看，从组建对直接部门的改善项目并开始实施起，一般需要约一年到一年半时间来让直接部门适应新体制。这时就可以进入间接部门的效果改善阶段了。

改善对策的实施

在第五阶段将实施以上所述的各种改善对策。

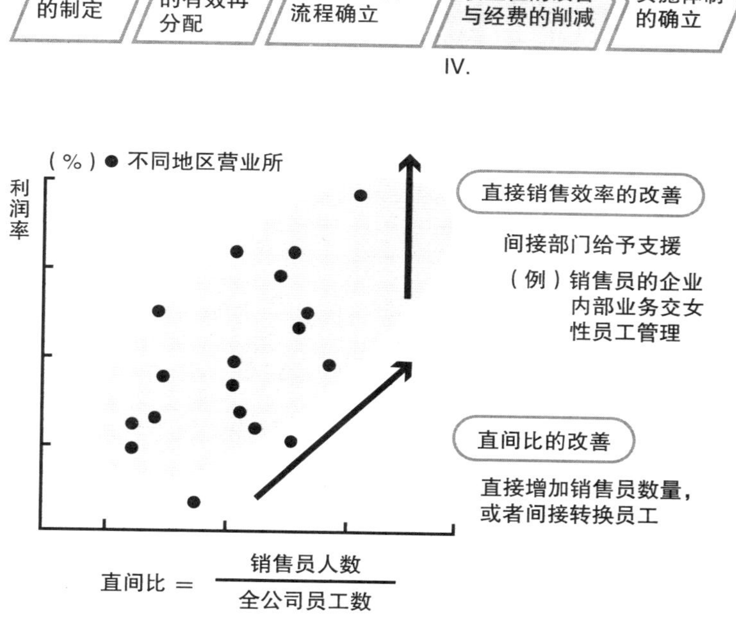

图 5–8 地域利益率的直间比

以我们在各种企业中分析销售的经验来看，一旦销售战略制定之后，企业方或高层管理就会开始考虑现场实施。但实际上最难的问题往往发生在开始实施后，各地分店与代理店具体推进的阶段。

所以在进行 SFM 时，要以和之前一样的比重来确立该实施体制。其中尤为重要的是由领导者来说服和引导分店或代理店，通过对在之前的战略立案中积累了经验的小组所负责的分店或代理店的直接访问指导，确立在理解上统一的或者能够反映地域特点的地区性战略（图 5-9）。

假如制定按渠道采用专职销售员的统一战略，那么要首先在都市内实施。但在地方或郡县，由于顾客密度较低，移动效率——也就是每个销售员的访问次数会随之降低，所以有些情况下在地方采用兼职销售员更好。

像这样并不对销售战略实行标准化命令，而是根据地区采取灵活应对就是 SFM 成功的关键之一。

这时需要由本公司具有 SFM 实际经验的项目小组对各分店和代理店进行直接指导，但有时还需要对销售员进行直接指导。比如在某代理店停留一个月，等 SFM 充分实施之后再转移到下一个代理店，通过这种方法让项目小组前往全国做直接指导，从而在不丢失战略主旨的基础制作出利用地区性特点的灵活战略方案。

要顺利地实施包括地区战略在内的整体销售战略并进行管理，需要审视能支持现场工作的总公司各项制度。比如销售报酬制度、组织、情报搜集系统、MIS、代理店政策、职业路径、广告、宣传计划等。

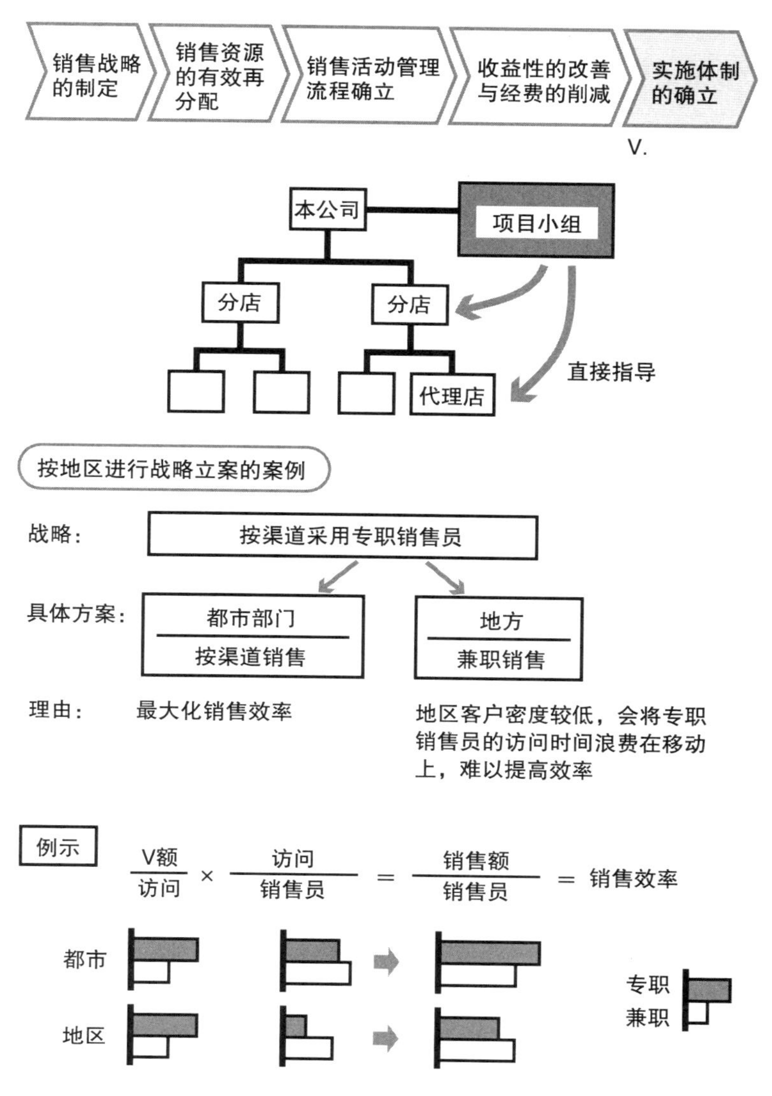

图 5-9 反映地域特点的地区性战略

假设要重新考虑销售报酬制度，那么应该采用奖金制度还是固定薪酬，对于销售相关人员来说往往是个很大的问题。以我们的经验来看，究竟是奖金制度比较好还是固定薪酬比较好，并没有统一的答案。我们能说的只是要时时观察销售员的状况，根据问题来决定是采取奖金制度还是增加固定薪酬，以灵活的体制来做出应对。

这时的评价标准是观察当前计划中的优点与缺点哪个更为突出，此外则是当出现特定的战略目标时，需要对其设定合适的计划。比如当奖金制度较多的情况下，优点是能增加销售额、份额或毛利，但长期持续的话会导致强行销售，容易引起市场方面的反弹，也会出现让销售员精神状态不稳定的缺陷。另外，一个计划长期持续的情况下，其优点是能让人对工作产生安心感和稳定感，但由于缺少刺激，会导致故步自封。

所以如果以奖金为核心的报酬制度在持续一定时间后开始暴露其缺陷时，就转为固定薪酬制度。而当固定薪酬长期持续又会导致销售员过于懒散。某消费品制造商的销售部门中，50% 的销售员的工作能力都不足以赚回自己的薪水，这种情况就有必要强化奖金制度了。

再来看销售情报收集体制。以往所采取的方法是定期分析销售额和毛利等，并以此为基础制定新的目标，但今后要确认的不仅仅是营业实绩，还有销售员的活动成果，并针对目标和实际的差距来修正轨道，最终构筑能提升销售额的管理系统（图 5-10）。

与此同时，企业不仅要收集经济动向等宏观情报，还要通过销售员来吸收市场情报或竞争情报、商品情报等，并利用它来制定微观战略，确保今后能在低成长经济中生存下去。

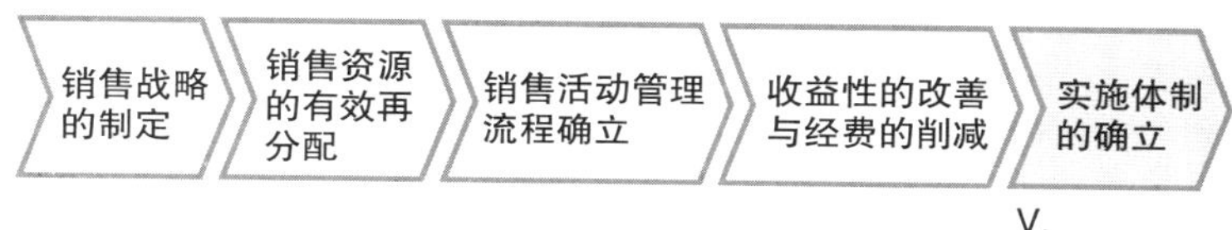

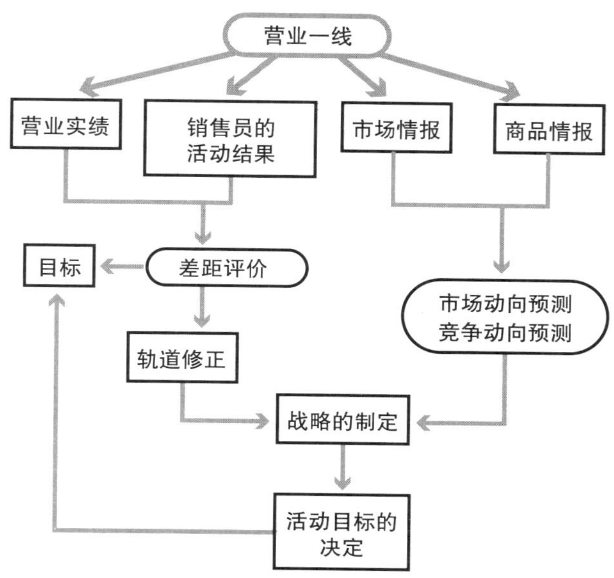

图 5–10　销售活动管理系统概念图

四、适用于所有行业

接下来我们将比较以上销售力管理的当前做法的问题点和所述特点，在归纳的基础上重新审视它。

第一个问题点是现在多数企业所采取的战略中，领导者或总公司与第一线，也就是分公司或代理店之间的经营讨论是分散的，连接他们的仅仅是销售额、毛利等销售活动的结果。因此在SFM中，需要制定从整个公司战略到销售员行动标准的一贯措施，以项目小组的形式来连接总公司的分析能力与销售现场的知识，以此解决问题点。

第二个问题点是全国统一下达的方针不符合某些地区的实际情况。在一般的企业中，总公司设有营业企划部，该部门负责制定新的管理方法等，并将其推广至全国。对此，SFM需要很好地调和全公司战略和地区战略，让项目小组的成员作为经验技术的媒介前往地区进行直接指导，以这种方式来谋求解决。

第三个问题点则是以往大多是以宏观数据为基础来决定战略方向，而今后将积累微观的市场情报，或者通过对销售员的行动情报的管理以及与总公司的宏观情报的结合来制定战略，推行更为细致的措施。

许多人都会怀疑这种销售力管理（SFM）能否用于自己的企业。而我们现在说明的SFM其实是我们在许多企业作为咨询顾问解决问题时尝试过并取得了成果的方法，并且进行了持续改良，如今已经确立了其体系，能够解决任何行业品种的销售问题。

比如一开始所介绍的漏洞分析，这种思维方式就能适用于任何行业品种。换言之，就是从整体需求到本公司份额之间究竟哪里出现了漏洞，以及该漏洞是市场覆盖率还是竞争。它能用于处理订货商品或者运用于超市。在用于处理订货商品时，未覆盖的部分就是未投标的部分，在竞争中落败就是指投标未中。而在用于超市时，未覆盖的部分就是未上架的，或者没有顾客的部分，在竞争中失败则是指价格过高而无法出售。

对于实施对象，之前的例子中也提到过，假如在全公司销售战略中考虑销路选择的话，那么就能用于分店、代理店中销售员的配置等地区战略立案，并且还能利用漏洞分析来检讨每个销售员要从哪些问题来改善自身效率，或是弄清自己持有的客户中哪些人能成功合作，最后通过结果来了解访问次数是否不足。

而这种销售力计划是否与本公司营业部门的体制融为一体，对于实行合理的销售战略是十分重要的。尤其是在多元化企业中，由于拥有多种销售形态，所以要通过确定公司内的销售力计划来掌握更为标准和有效率的管理手法，而不是采用总公司方的单一的、不符合实情的销售战略，这非常关键。另外还需要做到能针对市场变化随时采用最合适的销售战略。

SFM 的实施必须得到高层管理的积极参与和支持，尤其是在说服分店长、代理店社长时，非领导者难以做到，并且这对于总公司支持体制的整顿，尤其是对于构筑能被销售第一线所接受的体制以及制定包括效果估算在内的政策是极其重要的。同时，实施的监控和轨道修正虽然并不属于销售力计划，但也很重要，需要创建销售活动管理系统并随时监控。

由于市场是时刻变化的，所以高层管理必须牢记SFM并反复使用，随时能制定最适合本公司的销售体制。与此同时，还要构成能给予支持的参谋小组，努力让 SFM 融入全国分公司和代理店。

（千種忠昭）

第六章

TPM（技术投资组合管理）——技术开发战略的有效管理

本章要介绍的是在已有技术开发基础上的投资组合管理，以及在创立新事业时如何刺激企业创造性。具体计划由技术革新的现状及其问题点、对已有事业的R&D战略、新产品以及新事业构成。

一、技术革新的现状与问题

轮盘法则

谈到技术革新的现状与问题点，首先想到的是开发力差距，也就是长期低成长经济下企业实力的根本性差距，对这一点大多数人都没有异议。而技术开发最终归结于资源分配的问题，这是非常重要的一点。

不久前我在《商业周刊》中读到了一些关于技术革新放缓的内容，发现美国也正困扰于经济变革逐步消失的情况。

但技术革新由于其选择性的多样化，也会产生风险增大的问题。比如要修建核反应堆的话，是选择轻水反应堆还是增殖反应堆呢？而增殖反应堆又包括各种形式，导致选择极其多样化。加快这种选择就能加快各种最先进的技术进步，从而在整体上降低能源成本。而能产生利润的技术革新的发展如今却出现了放缓。当然，有的人认为技术革新不仅没有放缓，还正在加速发展，也有人认为确实出现了放缓，这两种意见我都能理解。

在这种情况下，技术革新其实非常类似赌博，我将其称作“轮盘法则”。假设将数百亿的研究开发投资比作轮盘的筹码的话，将筹码平均地放在不同的位置，即使其中一个赌对了，但却失去了其他不中的筹码。那么如果以豪赌原则对一处堵上全部筹码的话，一旦其他部分成为主流，该公司就会出现危机。因此以豪赌原则将筹码投入特定点，赌输概率极高，还可能会造成企业破产。从这一点来看，可以说非常类似轮盘赌局了（图 6-1）。

技术革新的另一个问题点是大型化。以往投资与效果的关系是只要给予某种程度的投资就能得到一定效果，但出现大型化现象后，投资不达到某种程度以上是得不到任何效果的。也就是说成功的阈值越来越高了。所谓技术革新的阈值法则，是指无论进行多少次阈值以下的投资都不会有累积效果。企业在进行了一部分投资后，如果退缩并将目标转向别处，接着再次重复将同样大小的投资转向另一处的话，将不会得到任何市场回报，还可能会在竞争淘汰中急速陈腐化。总之这种犹豫不决的做法会被其他更为果断的企业远远甩在身后，最终导致被淘汰。

这种大型化所伴随的问题可以用前面章节中曾提到的石油挖掘问题来解释，如果凭借企业本身实力能保证投资的话，则依靠自己，如果不行，则考虑以企业联合组织的方式来实现成功，总之需要提前估算所有项目计划，而这其实也具有战略意义。

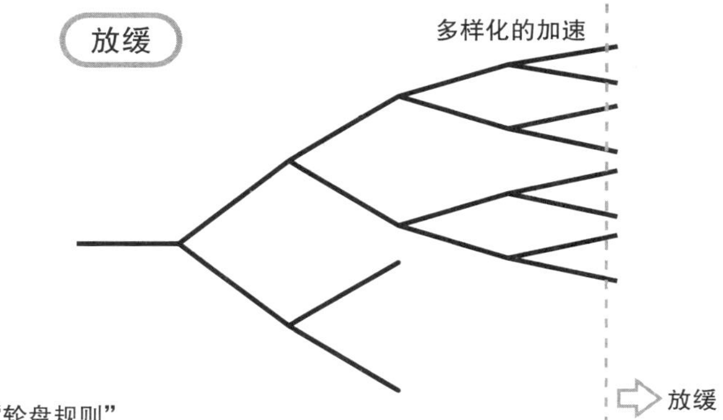

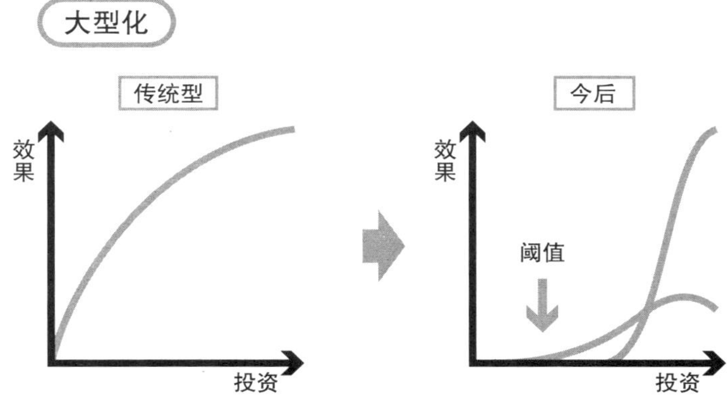

图 6–1　技术革新的放缓和大型化

我们的纽约事务所中有一位名叫布莱德·古拉克的人，他最近10年间在《哈佛商业评论》中发表过多篇R&D管理论文，并在1975年时说过，R&D的轨道修正自由度是与掌控成功的能力成正比的，假如能全方位地对轨道进行修正，那么成功的可能性会相当高，但随着研究开发的进展，这种自由度会越来越小。不过无论在任何企业，领导者都可以在自由度较高的研究初期给予部下更多的自由发挥空间，当修正自由度变小时，领导者则需要插手进行管控，否则将出现问题（图6-2）。

总之，在有一定研究开发的选择自由度的初期阶段，领导者要关心的是分区定位是否正确，是否符合战略意图，竞争如何，否则等研究开发进入某个阶段后才发现成果不尽如人意，那时要想再恢复其价值就很难了。这一点对于东西方企业而言是相通的。

如今虽然出现了选择的多样化、大型化等问题，但优秀的日本企业还未曾面对研究开发摇篮期伴随而来的各种问题，仍处于市场营销与生产技术能力持续成长的背景之下。

从长期角度来看技术贸易收支的话，从1960年到1975年之间，技术输入出现过暂时性的放缓，但很快又开始加速。而技术输出一直稳步提升，不过在石油危机之后相对于输入速度而言有所减缓。换言之，技术基本上还是依赖于海外，虽然从42倍的输入变为如今的4倍，技术收支看似逐步走向平衡，但其根本基调并没有改变，还有加速的倾向。

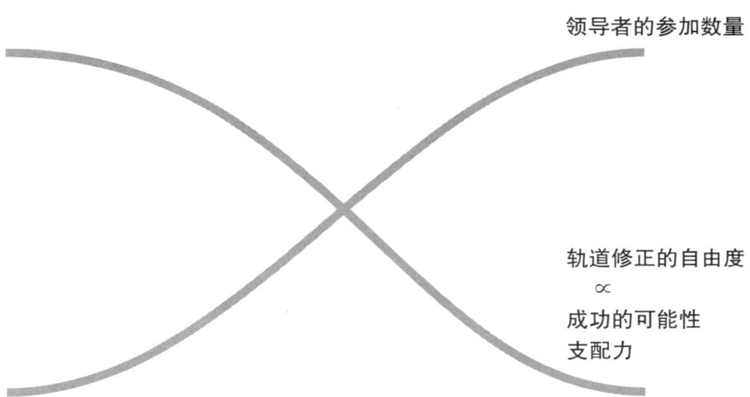

* Managing technological change: a box of cigars for Brand
F.Gluck, Harvard Business Review, September, 1975

管理技术的变化：一个雪茄品牌的变化
F.Gluck著，哈佛商业评论，1975年9月

图 6–2　F.Gluck 的剪刀论法困境

日本企业称霸世界的模式

为什么选择困难与领导者参与计划困难会成为不少企业共同的难题？为什么日本企业却能在这一点上做得很好呢？让我们来回顾日本企业称霸世界的模式，从中找出原因（图 6-3）。

当某个产业在发达国家出现后，一旦经过摇篮期，日本企业就会以低端产品为突破口入驻市场。例如摩托车，就以 50cc 的型号为目标。这是非常优秀的战略。日本企业的主要战略是进行彻底的市场分析，用生产技术一决胜负，以东南亚为主要对象，在美国部分地区则开拓测试型市场。

为了避免市场营销上的风险，日本企业的基本方针是依赖 OEM，利用商社，只发挥自己的生产技术，避开其他所有风险。

当逼近成熟期时，则将市场扩大到中高级区域。同样以摩托车为例，可能会扩大产品市场至 250cc 型号。这时日本企业所追求的是规模经济，将重点从东南亚转向世界市场。并且品牌定位也转为高端指向，例如资生堂通过在第五大道的销售提高了品牌形象。

而为了避免市场营销的风险，日本企业选择了 OEM。选择它的理由是为追求规模经济，即使是非本公司品牌，只要有人愿意买就尽量出售，以此作为扩大世界性规模的手段。

最终进入称霸世界阶段时，企业品牌毫无疑问已经树立起来了。有趣的是，进入这一阶段的日本制造商却几乎没有一家是在某个区域独领风骚的，船业共有两个知名品牌，相机两个以上，复印机两个以

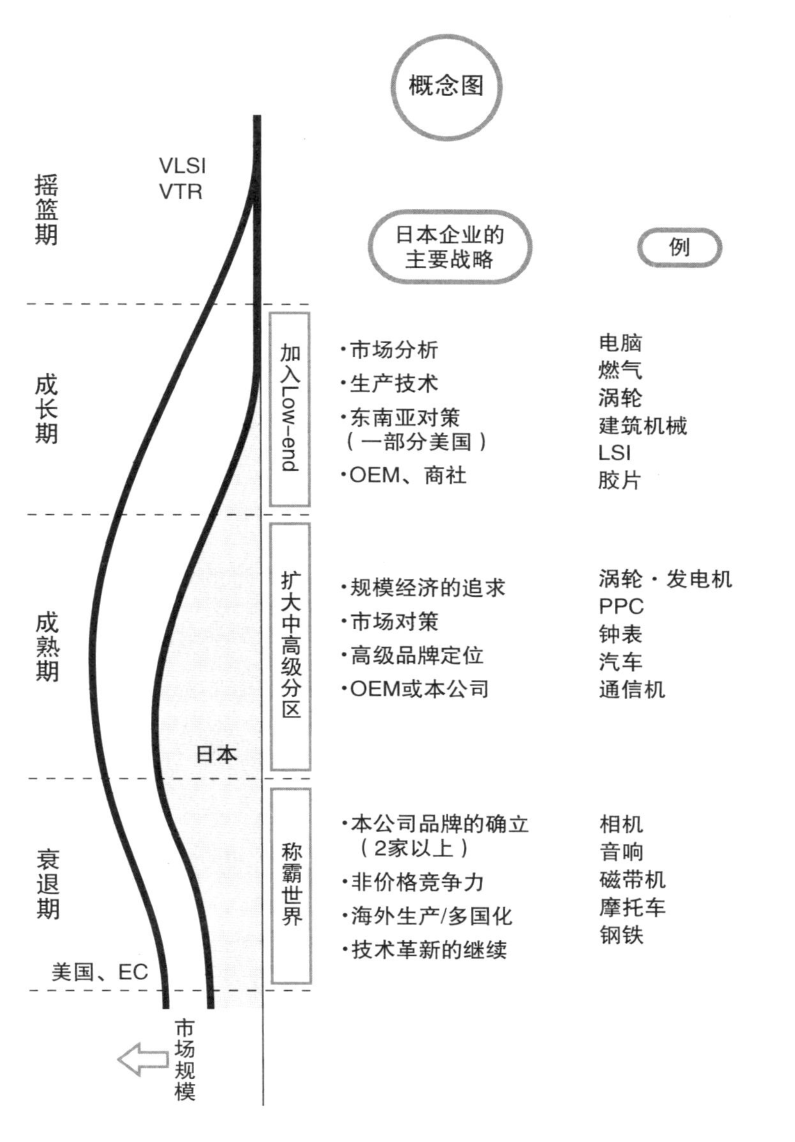

图 6-3　日本企业称霸世界的模式

上——比如表有西铁城、精工，计算器有夏普、卡西欧，必然都是两个品牌以上。今后显然也会发展成为日本企业之间的竞争。当国外企业大部分被淘汰，只剩日本企业互相较量时，也就真正意义上实现了称霸世界。

这种方式能够不落入价格竞争，通过海外生产和多国化来实现持续的技术革新，从而摆脱产品生命周期进入末期后的低迷阶段。从图中所示的产品可以清楚地看到处于初期状态、中期状态的企业，以及达成了称霸世界目标或偏离轨道的企业。

问题是例如 LSI 或 VTR 这种产品，日本企业并没有采用以低端产品打入市场这种后发制人的战略，反而比欧洲和美国更快一步进驻市场。因此不得不开始面对真正的技术开发所带来的选项多样化和风险巨大化等伴随着摇篮期出现的问题以及研究开发本身的问题。

从这一点来考虑的话，日本企业的技术开发明显遇到了障碍。从之前所说的技术输入来看，海外技术革新显然在减少和放缓。欧美的政府规则增多，全世界的主旨从科学技术转向了人类福利，尤其是美国企业最近的战略转为重视短期收益，所以经营者针对 R&D 的思维十分受限。

当生产技术的革命遇到极大障碍时，假设从之前所说 OVA 角度来看，就会出现雇用问题，或者会出现从业人员参与经营的问题。例如通用汽车公司的 Vega 车专用工厂，虽然建造了这种生产性极高的工厂，但当员工要求降低现场生产速度时却被无视，这就导致了在提高生产性时带来了严重的人际与社会障碍。

而 R&D 管理技术本身不够发达也是一个问题。在初期阶段考虑到要紧跟市场，所以 20 世纪 50 年代到 60 年代掀起过建造中央研究所的热潮。该热潮中的重点领域往往被寄予希望到 10 年、15 年之后，对于从事这些基础科学的人也提出了学术会议、专利、原创性、取得博士学位，或者长期开发、R&D 经营的独立性等极其严格的要求，为其拉起了大旗。

然而在 10 年、15 年之后的今天，中央研究所在专利和报告上的确取得了不少成果，但能够实现事业化的研究却屈指可数，自然大多数企业的投资收益率都是负数。并且由于领导者对此过于关注，也给予了巨大压力，反而造成了研究者思想上的反弹。所以事实上中央研究所变成了中央思维研究所，研究者也“蓝领化”了。

于是 R&D 的重点领域就从以前的远大前景转向了耐用消费品、服装、自动化装置、流程管控等身边事物，关注事项也变为了“与市场的接轨程度”“与现场部门的联系性”、应用研究、短期开发、畅销商品等。原本的理想也被抛弃，所有高风险、难以实现的主题都不予考虑。换句话说，由于能与现场部门密切联结的“理想型中央研究所”无法很好地实行，所有大多数企业的中央研究所都陆续变为了类似应用研究所的组织。

R&D 本身是有一个生命周期的。在研究的摇篮期属于可行性研究，接着是商品化研究、量产技术、自动化、原价降低、品质保证、VA、VE、系列产品缩小、延长寿命对策。如果当事者不能随机应变，随时转换思维的话，就会在无谓的地方浪费时间，从而陷入冗长的研

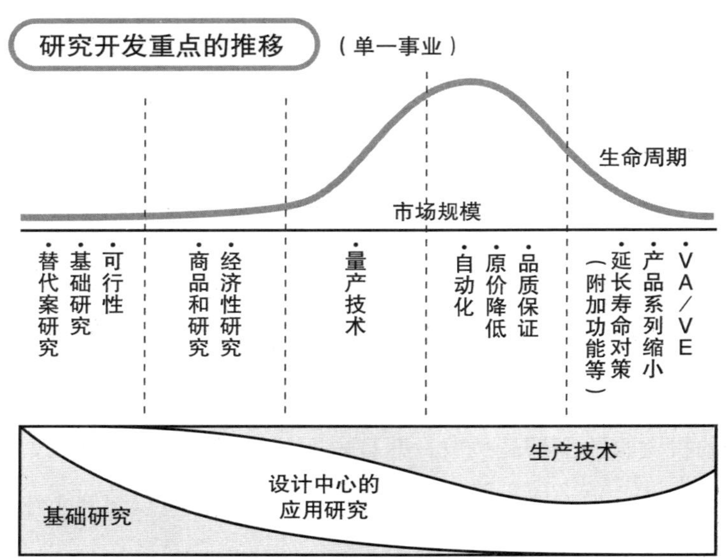

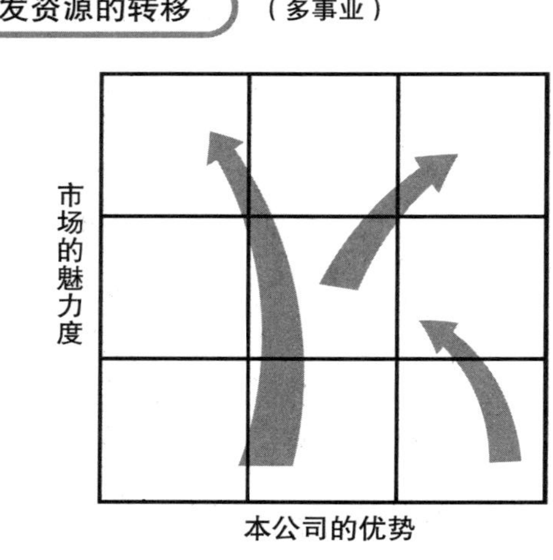

图 6–4　研究开发重点的推移与研究开发资源的转移

究开发。

因此要按阶段来进行基础研究、设计和应用，工程师或科学家在作为构成人员时也要随时根据阶段改变思维。而 R&D 管理技术的不成熟恰恰是因为不以此为基础，在成熟期或末期埋头研究，在本该进行可行性研究时做量产化研究，最终只能得到无法投入实际的量产化技术，导致各种不平衡。所以必须首先确立能够灵活应对各阶段的经营上的组织结构。

此外，如果企业有多个事业，就必须将研究开发资源从缺乏吸引力的部分转移到具有吸引力的部分（图 6-4），但这也绝非易事，且与 R&D 管理技术是否能跟上有关。所以如果是单一产品事业的话，如图所示进行调整即可，如果是多产品事业，则更要求事业投资组合的转移能力，如果无法不具备这方面的能力，就会出现问题。

二、针对已有事业的 R&D 战略

针对已有事业的 R&D 战略可归纳为技术投资组合。由于已有事业必然已经形成了某种商业形态，也拥有了一定顾客，自然也已经有了市场战略。只要使用之前所述的投资组合管理经营流程，各制品事业当然能具备一定战略，R&D 资源则呼应该战略并区别重点，这也是该技术组合管理的基本思维。

以图 6-5 的某造纸公司为例，恐怕任何一家公司的领导者在看到它的研究开发详细计划后都可能会放弃。事实上，仔细分析企业的这 857 个项目会发现虽然一共需要花费 230 亿日元，但其重点可归纳为无氯漂白这一个主题，所有项目都与漂白有关，并且能用于制浆过程的改良。换言之，这些研究主题全部都能用于支持制浆事业。

研究者只会提出作为命题的项目，而事业战略恐怕需要从更为抽

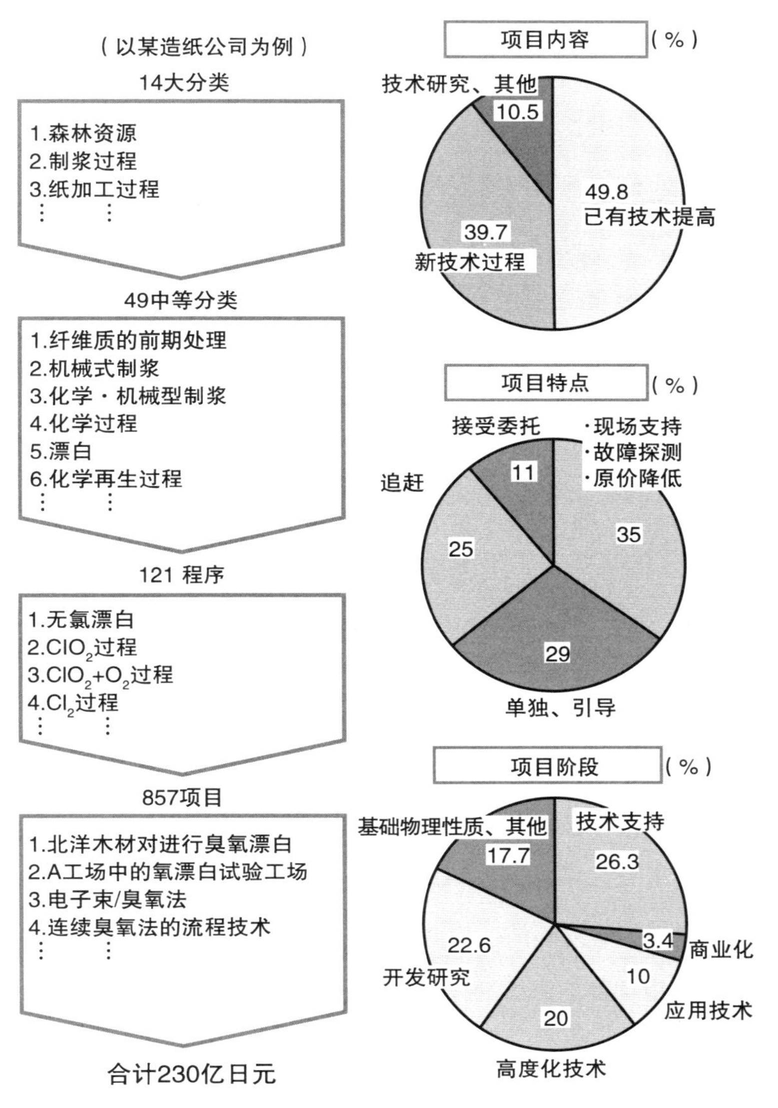

图 6-5　已有 R&D 计划的分析

象的中等分类中制定，所以其中个别基础项目要如图例下方一样进行分类。项目特点则包括现场支持、限定开发、单独引导、追赶、接受委托等特点。至于其他切入点还有按阶段细分为商业化、应用研究、高度化、基础研究、物理性质研究等。总之要对这些凌乱分散的小项目或目标项目进行细致的特点和战略意义分析。

这样一来，发展（开发）与调查（研究）相关事务就与开发计划融为一体，就能分析由 PMA（产品与市场分析）所提出的产品市场战略以及以该战略为基础的产品与市场执行计划书的统一性究竟如何，让研究能够完全支持该项目的形式实现 R&D 的支持计划和发展与调查。

在此期间也会出现多个没有商业化战略的开发计划和没有开发战略的基础计划，这时就要对一些好的研究做出调整，决定是否对其制定相应的战略。

这一阶段采用 PPM 手法后，基本战略会促使商品积极成长，基本方针则能引导执行计划书的实施。从与产品或手段—工程相关的基础、应用或修正来考虑所预期的 R&D 计划是否真的存在。

或者采用更为常见的 R&D 计划。如之前所述，当进入某一阶段后还在进行基础研究的话，果断将该研究削除。或在技术开发计划中研究更具应用性的东西，将其与 PPM 战略做彻底的统一，从而改变开发研究的资源分配。这就是 TPM——技术管理组合的基本性思维。在实际运用中涉及研究核心还有多种手法和整理方法，这里暂且不提。

在进行资源分配时刻利用图例中的九象限矩阵，通过细致的矩阵排列来获得全公司整体的平衡，这也是针对原有事业的 R&D 战略（图 6-6）。

另外，如果企业从事单一事业的话，可使用“克服技术差距”的手法。假如您的企业位于市场第二或第三位，需要克服与第一位之间的技术差距的话，这里以电子秤为例为您按基础技术来做详细说明（图 6-7）。首先要调查对于技术要素，市场领导者处于怎样的立场，自身企业又处于怎样的立场，弄清两者之间的差距。

假设竞争产品是处理器，且处于第一位的企业具有自行编程的技术，而本公司却只有电路技术，除此之外都只能外部购买，那么在微电子方面就有相当大的差距。弥补差距的对策可以是选拔人才，也可以是收购编程公司，还可以是与 ISI 制造商合作，总之有多种替代方案。

其他基础技术也能同样做差距分析，对关键部分做出评价与选择。

因此人才选拔、强化规划、转为购买后将规划用于营业中这一系列替代方案的组合都被广泛采用。通过实施这些方案，能够在实质上强化规划部门，并在规划过程中将人员转移到打印机和处理器领域。换句话说，单一事业能通过这种方法来转移研究资源。

当企业不了解竞争对手的详细情况但十分清楚自己销售力的优势时，只要弥补技术差距就能以销售力来反向拉开优势差距。当然，有时基础技术方面并没有差距，那么就要找出技术以外的竞争力差距究竟在哪。

克服技术差距的方法能帮助企业内部对技术的永无休止的争论画

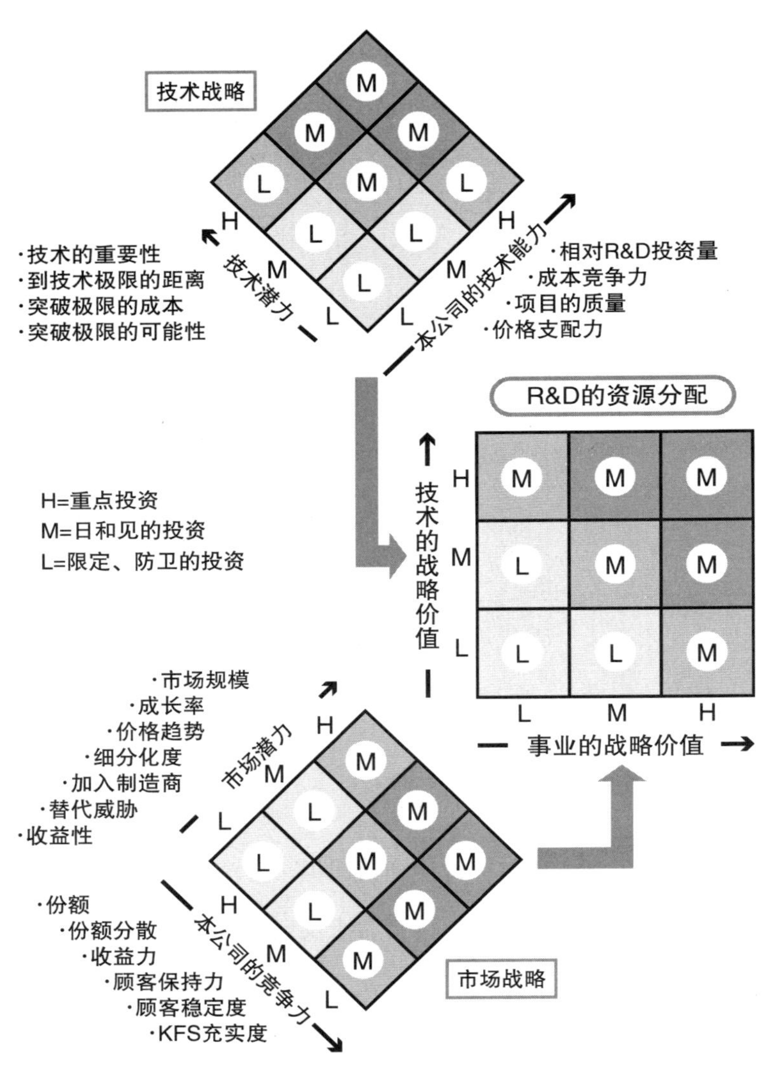

图 6–6　已有 R&D 计划分析

“目的函数 市场领导”
制品
电子秤
基础技术
市场领导
⊖
本公司
=
差距
微型处理器
本公司编程
⊖
仅有电路技术
=
微电子技术
小型打印机
本公司设计、制造
⊖
购买
=
灵活性
对策（替代方案）
I
人才选拔
设计强化
II
收购编程公司
购买对象多样化
III
与ISI制造商合作
与打印机制造商合作
基础技术
市场领导者
⊖
本公司
=
差距
显示器
购买（低消费电流）规划
⊖
设计、制造（旧式）规划
=
LED技术
键盘
外部订货
⊖
外部订货
=
0
设计
按用户制定规格
⊖
按轻型尺度制定规格
=
对用户需求的定量把握
对策（替代方案）
I
R+D开始
将规划加入营业
II
换成购买
规划的强化
III
与LED制造商合作
SE的强化
最终强化规划部门，并且在规划过程中将人员转移到打印机和处理器领域。

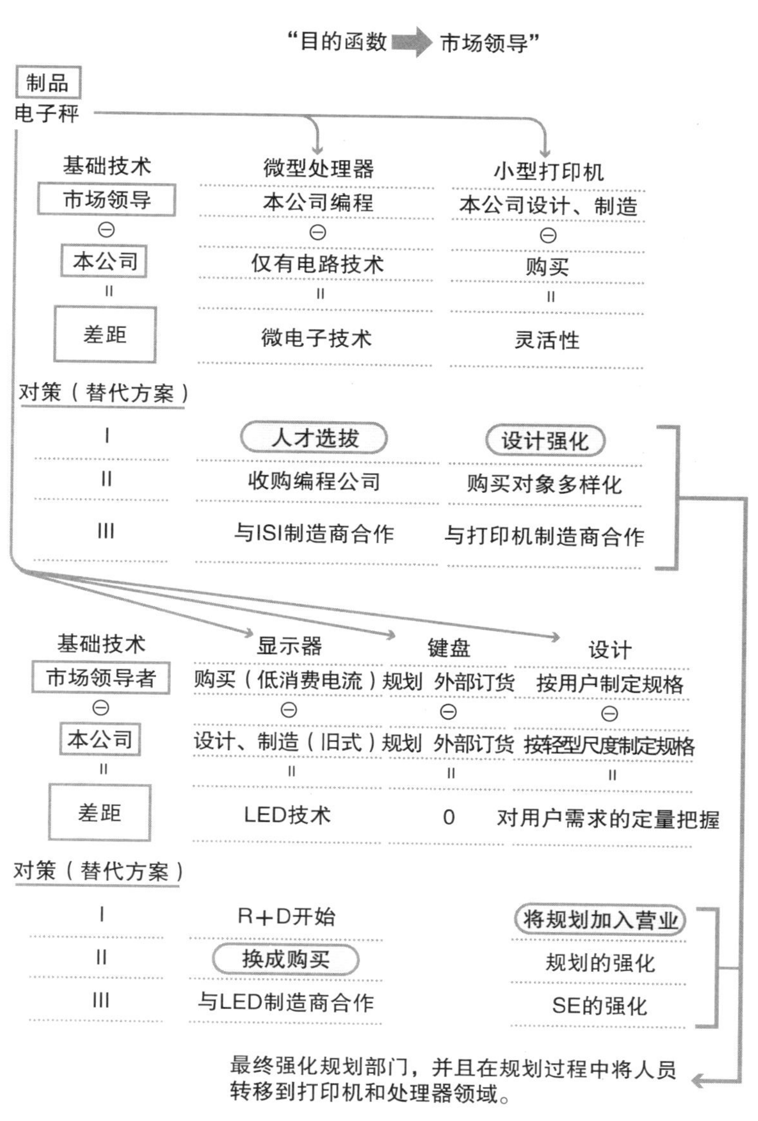

图 6-7 克服技术差距

上句号，还能在战略上将研究资源引向正确的方向。

在考虑已有事业 R&D 时，如果情况非常复杂，首先要让技术组合管理与产品市场方面的投资组合管理统一，系统性地删除冗长的部分。另外，如果是单一事业的话，要将技术资源转向 KFS，分析竞争的实际情况，将竞争优势技术分为不同的基础技术并具体地去克服它。

我们经常能听到“本公司技术处于弱势，所以要强化它”的口号，但这种口号并不能让技术人员做出实际的改进，企业应当以前述步骤来填补技术差距。

三、新产品开发的战略

新组合（new combination）

接下来看新产品的开发。虽然将天才所带来的技术革新进行企业组织化是非常困难的，但让刺激之下的技术革新成为常态却是有可能的。而这种情况可能出现在企业极为强势且经常受到刺激的地方。

以我们的经验来看，针对技术革新有四种方法。

其一是最简单的新组合（new combination）。熊彼特认为所有的改革都是由 new combination（旧的与新的组合）所带来的，他的看法在产品开发战略中也是一脉相通的。

以啤酒为例（图 6-8），从产品这一点出发来看的话，啤酒可以很简单地分为普通啤酒、高级啤酒和黑啤酒。包装器皿分为大瓶、中瓶、小瓶、罐和桶。虽然市场上各种组合层出不穷，但其实都属于包装或

示例

○ 既存
✓ 有望
? 极少需要
× 无需要

周边新产品

产品 \ 包装	大瓶	小瓶	罐装	桶装
普通啤酒	○	○	○	○
高级啤酒	?	○	✓	✓
黑	×	○	?	×

通过user segment（短期旅行用、家庭用、聚会用、食堂用等）分析进行定量化

复合商品

主产品 \ 副产品	钟	表	计算器	收音机	电视
钟		×	✓	○	×
表	×		?	?	?
计算器	✓	×		?	×
收音机	○	×	✓		?
电视	✓	×	?	✓	○

通过分析经济性与使用状况（频率、动机、视频时长、人数）等来推定其前景

图 6–8　啤酒的新组合

产品的变种。

图中用圆圈表示的部分说明该区域已有商品，而没有圆圈的部分就可以采用新组合。具体而言就是对短期旅行用、家庭用、聚会用、食堂用等分类进行分析，试着定量化分析是否能将家庭派对上使用的小瓶装高级啤酒换为大瓶装。这种创意当然是来源于新组合思维，将分析后最合适的商品在近期推出市场。

同样的方法也用于复合商品。将其分为主产品和副产品后，没有划定圆圈的部分就是还没有新组合的商品。

例如有以收音机为主，电视机为副的组合，那么有没有可能以电视机为主，收音机为副呢。这就要用之前介绍的 PMS 来对经济性、使用频率、动机、场所、人数等进行分析，对顾客进行分区。假设独身者住在空间有限的地方，在看完电视后喜欢切换成用收音机听棒球转播的话，会不会考虑买这种商品呢。以此为基础拟定具体想法并深入发掘，就能制订商品化计划、进行投资并得到相应的回报。而这种想法的开端就是新组合。

企业发展期间会实现各种各样的商品化，但这些想法的开端其实是非常简单的，就是追求主产品与副产品构成的复合商品。

置换的威胁

第二种方法是“置换的威胁”（图 6-9）。我们这里所说的置换包括五个方向，即上下方向、替代、类似产品、标准化、吸收。出于

种类 方向	例	动机	置换的推进角色：用户	制造商	流通
1. 上、下方向（vertival）					
（1）更高档	音响、车		✓		
（2）更低档、廉价	110相机	高感度胶卷		✓	
2. 其他产品（Displacement）					
（1）用途的变化	推土机 →铲土机	功能多样化 都市再开发	✓		
（2）高档化	石油炉 →外部暖气设备	环境意识	✓	✓	
（3）低档化	电脑 →微电脑	经济性	✓		
（4）高速化	汽车→飞机	时间节约	✓		✓
3. 类似产品（Innovation）					
（1）更为方便	铲车 →电瓶铲车	干净、安静	✓		
（2）更经济	汽油发动机 →柴油发动机	运行成本	✓		
4. 标准化（Standardization）					
（1）廉价且快速	西装	种类	✓		✓
（2）互换性	货船	交货期、价格		✓	
（3）模板化	核反应堆	规划、制造设备		✓	
5. 吸收（Absorption）					
（1）功能的吸收	计算器附带时钟	成本、方便	(✓)	✓	
（2）快速化	碳→PCB纸	方便		✓	
（3）自动化	大型船掌舵	经济性	✓		

图 6–9　置换的威胁

各种动机，沿着某个方向实现高级化、操纵性或低级化。

而推进置换的角色可以是用户，也可以是制造商，还可以是流通业。以单一商品为例，企业必须考虑到在自己周围可能存在大范围的可替代产品。

假如自己的事业是汽车的话，那么考虑到顾客可能将移动工具换为飞机，就不能只将其定位在汽车区域。所谓置换，要更广泛地定义自身（用户的）移动愿望（目的函数），如果发现自身企业无法彻底击溃现在可置换的竞争产品时，就应当担心自己会不会被置换，然后必须考虑自己如何来置换自己。

第三种方法是“去除制约条件”，这里暂时不做介绍。

战略自由度的利用

接着来说战略自由度的利用。我在《企业参谋》的后篇中对此进行过介绍，这里也不做过多解释了，总之这种方法的基本思维就是从理解消费者的目的函数出发。

比如在考虑到照片时，虽然想要买好相机的人非常少，但实际上他们也想要拍出更好的照片，只不过希望更漂亮的同时还要更方便、更便宜。以音响为例也一样，虽然想要买更好、更华丽的喇叭的人很少，但这些人的目的函数也可能是想要在自己的居住空间内听到更好的音乐。既然如此，那么可以实现它的主要方法就不止一个。

要追求音效，从磁带盒、喇叭、扩音器三个方面都可以进行改善。

能制造这三种零件的制造商显然具有更大的战略自由度，而只能制造磁带盒的专业制造商在针对“更好的音效”这一目的函数时，唯一的选择就只有对磁带盒进行改良。相反，像先锋公司这种能制造包括播放器在内的所有零件的企业则在战略自由度上有多种选择。这样一来，假设投资 1 亿日元的话，最重要的就是以什么为核心才能最接近目的函数，那么可能会考虑选择将 1 亿日元投入扩音器的开发比用于磁带盘更能在实际上提高音效。

以前面章节中提到过的金融机构为例，传统概念下的目的函数是获得尽可能多的存款者，那么可以通过给予赠品等方式来争取存款者。但新概念下的目的函数则是金融机构如何为个人的一生带来持续利益，怎么开发产品套餐。针对这一目的函数，例如退休金资产运用套餐可以考虑个人内部所得与不同资产资金的流向、人生规划研究、法人的两极化与低成长带来的资金需求变化等，在此基础上制定出与以往截然不同的战略，而针对不同的目的函数所制定的战略也大有不同。

接下来要说的是曾经在我的书中出现过的例子，也许有的读者还有印象，即关于提高照片精美度有各种不同自由度的方法，比如提高摄影者技术，或者改良附带装置或光源等，都能拍出很好的照片。

但对于制造商而言，与战略自由度相关的方法则只有改善光学系统、附带装置、胶卷，让相片质量与价格之间取得较好的平衡。

那么具体的方案也是按此方向来挑选。如果战略自由度包括三方面的话，则根据附带装置、镜头、胶片这三个轴心强制性地提出不同方案。例如减轻相机重量不用花太多费用但很快就会达到利润回报的极限，制作自动对焦镜头却能获得极大的利润回报。不过当达到某个程度之后，投资不再产生收益，也就是达到了极限效应的点。正如之前所说的一样，大型开发需要准备时间，且超过极限投资后收益将逐渐降低，具体要从具有战略自由度的三个方向进行积极探索。

将这三方面组合起来就形成了战略事业部（SBU）。假如是耐用消费品，SBU 就是共享具有战略自由度的原点，针对用户利益这一目的函数随时进行方向性调整的超事业部组织。

四、选择最合适的入驻领域

新事业的开拓

当结束了新产品开发，开始着手开拓新事业时，有两三点需要各位注意。

新事业是在深刻理解用户市场后诞生的，并非是单纯的产品事业，而是系统与服务的事业形态。

首先要注意的一点是，无须将整个市场作为目标。我们来看图6-10的销售等高线，当企业选择产品市场时，深入市场的深度与广度就成了资源分配的难题。如果想从该市场获得20%的销售额，那么就有定向深入和广泛分布这两种做法可供选择。假设想要实现对市场80%的融入，从其深度和广度的综合投资量来看，在某个部分的投资额会急速扩大，但之后会出现即使继续扩展也不用花费太多金额的领域。

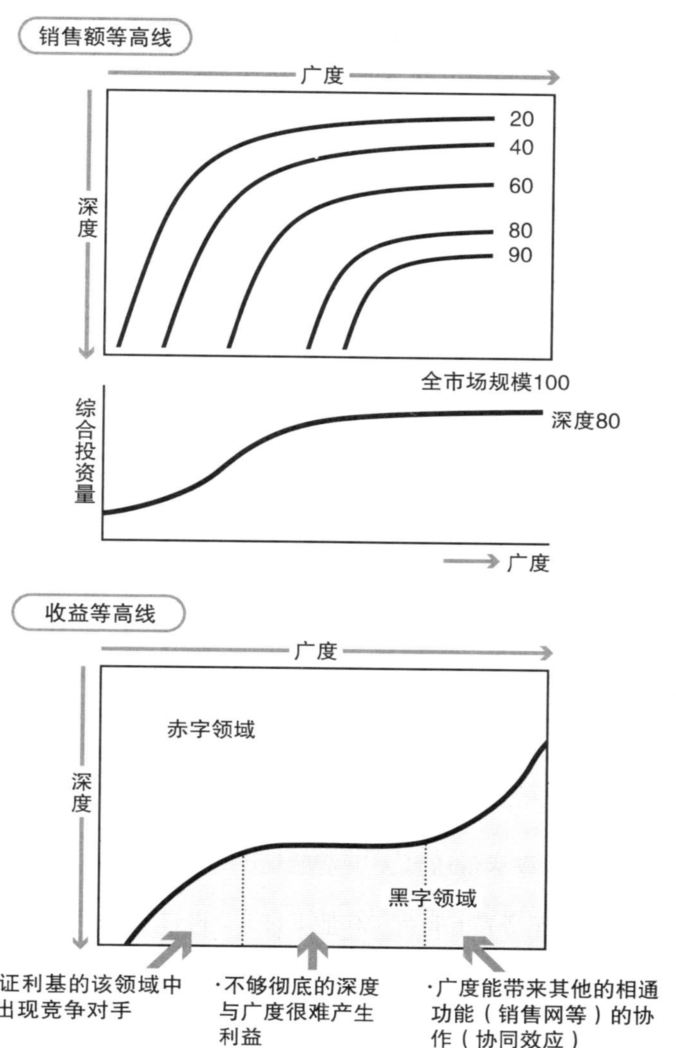

图 6-10　事业矩阵的加入方法

这就是销售额等高线。而从收益等高线来看，如果采用在PMS中介绍过的利基战略——也就是深入某个狭窄领域的做法，就能保证利基，而该领域中不会有竞争对手，从而能实现赤字。

图的右下端所显示的领域宽度较广，但深度中等，而这种广度能带来其他的相通功能，比如销售网络等的协同效应，从而可能实现黑字。问题在于中间领域，虽然给予了可观的投资，但处于中间领域，深度和广度都不够彻底，就很难获得利益。换言之，企业必须通过产品与市场分析来彻底讨论事业矩阵的加入方法。

用户的经济性分析

用户的经济性分析也是诞生新事业的关键之一。这在生产物资领域尤为突出，基本上是制造商不得不考虑的部分。

以汽车加油站为例，每售出110日元，其中90日元用于购买原料，折旧费5日元，人工费12日元，通常利润仅为3日元的加油站在全国共有3万家。

这时如果打算尽量压低人工费的话，从人工费的内容来看，销售管理占5日元，服务费6日元，其他1日元。再进一步看销售管理的话，其中发票处理3日元，其他1日元。

对此提出的想法是让发票处理自动化，实现促销功能，且能降低原价，让3日元变为2日元。通过这1日元的费用压缩来对利润产生影响，假如能削减1日元，利润就能增加3%。

接着来看服务所花费的 6 日元。通过竞争分析与用户意识调查来对顾客提供服务是经营的核心，好的服务能吸引顾客，因此认为这一部分不能删减是普遍的常识。

然而也有人并不信奉这一常识。对各区域进行分析后发现即使不提供服务，只要便宜 3 日元就会有人愿意购买，那么就可以以这部分人为目标。换句话说，就是没有必要以全体用户为目标，而是通过推广自动化 SS，将这 3 日元返还给顾客，以此削减服务。

服务业创意

在服务业创意方面，各地各企业都有过各种让人觉得不可思议的奇思妙想。这里我想以这种例子来让各位了解如何才能刺激新事业灵感。基本上来说，新事业的特点是即使难以在小规模之下成立，只要能提供超过某个阈值的低价服务，就可能出现事业发展的范围。

比如钢琴的调音（图 6-11）。虽然全国共有约 600 万架钢琴，但其中大部分都没有调音，原因是调音费太贵。如果能利用电子调谐器在 15 分钟内完成调音的话，那么情况就大不一样了。

目标市场是以保有钢琴两年以上的人，访问时间设定为 15 分钟。而要缩短移动时间则要在一定时间内造访大量用户，在全国网络机关确立知名度和信用，进行定期访问。一次 3000 日元，每年定期一次的话，600 万户家庭就能带来 180 亿日元的事业，同时制造 3600 个职位，且不需要训练对音阶的听力。使用电子调谐器的话，就可

新事业	调音
目标市场	保有钢琴两年以上的人
提供服务的原因及内容	·用电子调谐器在15分钟内调音 ·调音太贵 ·大部分家庭的钢琴的调音都不佳
KFS	·访问时间、移动的缩短 ·定期访问 ·全国网络机关（知名度、可靠性）
市场规模	3000日元/次/年X6万户=180亿日元/年 （3600人的职位）

新事业	除锈
目标市场	家庭内金属产品（自行车、洗衣机、刀具）
提供服务的原因及内容	·劳动集约型 ·基本处于放置状态 ·需要技术 ·不美观
KFS	·计划访问 ·除锈的化学 ·成本 ·确保熟练使用工具的人
市场规模	1000日元/次/2年X1000万户=50亿日元/年 （1600人的职位）

新事业	访问销售
目标市场	中层家庭（保险、家电、化妆品、日用品、DMetc）
提供服务的原因及内容	·单一产品的访问销售较贵 ·广告直邮处理 ·多产品处理 ·代理收款、信贷
KFS	·同一人定期访问 ·家庭顾问的素养带来信用 ·访问密度 ·成本
市场规模	300日元毛利/访问X2次/月X750万户=540亿日元/年 （45000名主妇就职）

图 6-11 服务业创意方案

以将这一工作交给机械工人。下一个例子也是一样，除锈工作也能成为高达 50 亿日元的商业。

接着来看访问销售。现在的访问销售的问题点在于只推销“宝丽化妆品”等单一品牌，所以在挨家访问时难以实现经济性。对此就应当反过来建立一家只负责访问销售的专门公司。

该公司负责处理保险、家电、化妆品、日用品、广告直邮（DM）。这样一来，即使单一产品价格较高，也能通过多种产品的搭配来实现配套销售。这一事业的 KFS 是通过同一个人的定期访问来获得主妇的信任，展现家庭顾问的素养，让人相信此人所推荐的品牌是绝对可靠的。KFS 则在于提高访问密度，降低成本。

试着计算一下，每月两次去同一家，一次能得到 300 日元的毛利。假如现在将 DM 交给邮局需花费 20 日元以上，那么 20 家的 DM 都交由本公司处理的话，则共计 400 日元，每次访问仅从 DM 获取的极限利润就达 300 日元毛利。

如今日本的家庭访问销售密度最大的地方的访问户数达 750 万户，利用它能覆盖中层以上的所有家庭的话，就能形成 540 亿日元的事业，为 4.5 万主妇创造工作机会。像这样难以小规模发展的新事业，只要构成某种程度的组织就能形成市场范围。

另一种方法是将目光投向在成长期时产品开发过于肤浅的领域，深入挖掘已有事业，开辟新的独特领域。比如用修指甲套具代替指甲剪，将 KFS 放在对指甲的了解度上，就能开拓出近百亿的市场（图 6-12）。此外针对脚癣的话，该图中综合性地提出了对治疗脚癣有益

已有事业	指甲剪
新事业	——修指甲套具 ·与指甲相关的所有道具　·与指甲相关的书 ·与指甲相关的医药
目标市场	——中层以上所有家庭
KFS	·指甲的基础科学　·指甲的专家 ·指甲诸多症状的对策　·品牌形象
市场规模等（亿日元）	￥10/人/月X4人/家X2000万户=96亿日元/年 寿命10年=960亿日元　一套=4800日元
已有事业	脚癣药
新事业	——脚底健康 ·脚癣等相关医药　·鞋子、鞋垫、干燥机 ·袜子　·肥皂等
目标市场	——长时间穿鞋子的所有人
KFS	·脚底的基础科学　·脚底的诸多症状与对策 ·脚底的人体工学
市场规模等（亿日元）	各户药一瓶/年=150亿日元/年 袜子￥1000X2千万=200亿日元/年 肥皂等≥100亿日元　鞋子、鞋垫≥100亿日元
已有事业	洗发水
新事业	——理发、美容、健康 ·家庭理发套装　·洗发水、护发素 ·洁面套装　·生发液、发蜡、洗发露 ·去屑等医药
目标市场	——主要是成年男子
KFS	·头发的基础科学　·剪发技术 ·皮肤的基础科学
市场规模等（亿日元）	理发套装=￥300/月/户/X2千万户=720亿日元/年 洁面套装=￥10/日X2千万户=730亿日元/年

图6-12　指甲相关的事业发展方案

的袜子或肥皂等，借此挖掘出300亿到400亿日元的商机。还有通过开发包含剪发工艺的洗发水，或是使用1秒之后胡须就会变软的刮胡膏等，开发出720亿日元的市场。这些都是与人体相关的事业发展案例，因为人体是未开拓事业的宝库。

这些创造新事业的例子看起来极其随意，事实上也的确如此。这些想法都来自于我个人兴趣，譬如周末休息时看着天花板漫无目的的空想时得到了某个灵感。总之我要表达的是不少已有事业还没有被充分挖掘，虽然它在小规模范围内难以成立，但超过某个阈值之后就能开辟出新市场，类似这样的服务业不在少数。

五、摆脱固有概念是关键

研究开发投资的组合管理是领导者的重要责任，资源再分配也是领导者的重要责任。要确立能够灵活应对投资对象的变更或技术重心的转移的系统性流程，且整顿好包括思维转换在内的企业体制也是不可或缺的。

即使处于低成长经济之下，1 亿人的巨大市场也不可轻视，它依旧有极大的潜力。而如果放眼全世界的话，还有 30 亿人的市场存在，新事业发展机会自然也非常大。

但问题在于已经形成了固有概念的大型企业是否能改变思维，创造出新类型的事业机会。因此企业必须将年轻而优秀的集团从中央控制下分离出去，让其进行商业冒险，通过风险投资或收购，将具有潜质的区域纳入公司内部，尝试积极果断的做法。

另外，只将自身研究所或本公司员工所创造出的产品事业化的态度是不可取的。而原有事业部的外部收益用于负担总公司开支所带来的风险也是方法之一。企业还要提高事业计划能力，以此提高对产品市场进行分析之后找出新事业发展机会的能力。如果将投资回收期限设定为 1 年的话太过于勉强，设定为 5 年的话，大企业中会存在许多有利的事业机会，而这能带来许多工作机遇。

关于技术开发战略，这里提出三个要点。第一是选择多样化造成的技术开发战略赌博化的问题，日本企业至今还没有认真应对这一问题。但如今赶超欧洲、美国的企业越来越多，选择性的问题将变得愈加重要。

其次，对于支持已有事业的 R&D 计划，不是每一家公司都确立了流线型的流程。对此必须要考虑采用技术管理组合（TPM）的思维。

第三，领导者要在开发新产品时运用新组合等方法，时刻发挥其主导权，并且优秀的团队要对此做出回应。一旦确立了这种企业体制，就能从一亿人的需求中找出事业机会。

（大前研一）

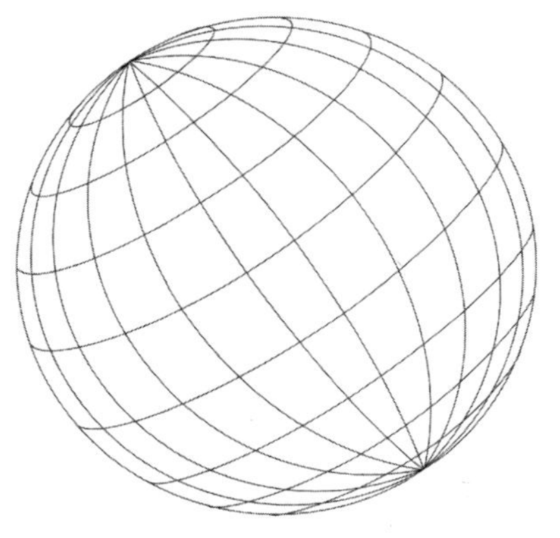

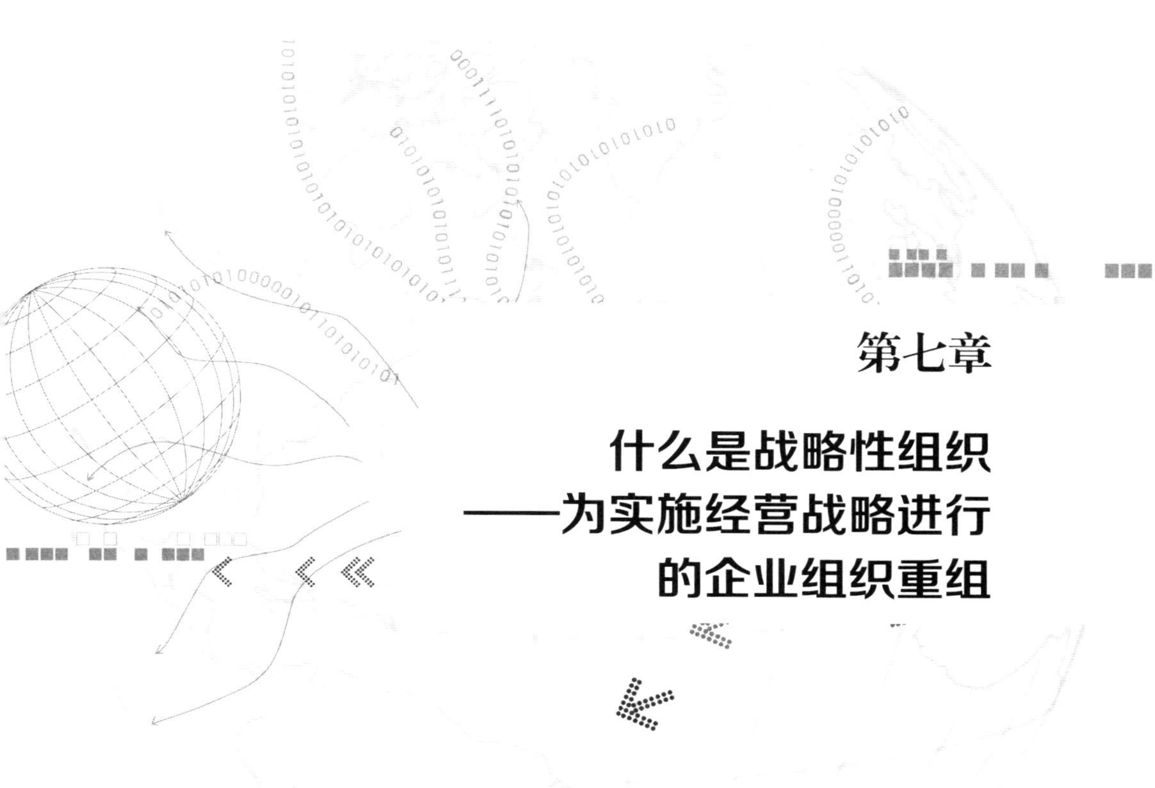

第七章

什么是战略性组织——为实施经营战略进行的企业组织重组

关于战略性组织这一主题，我并不想从组织理论的角度来进行介绍。最近我在工作中遇到不少运作良好的企业组织，它们给了我许多灵感，所以这里想为大家介绍一些能应对新状况的组织案例，具体分为三个部分：（一）组织问题的战略性理解方法；（二）战略性组织的各种概念，包括多元化企业、业务灵活化、国际化、销售组织的流动化；（三）对参谋组织的考察。

企业组织必须注意的一点是大家所熟知的帕金森第二定律，即“做出决策的时间与所讨论内容的难度呈反比”。

帕金森在英国大学任教期间，他在教授会议的议题中提出关于核反应堆的设置或对电子加速器的投资等更高难度方案很快获得了通过，但文学部要购买3块黑板这类小事却遭遇了各种阻力。有说“去年不是买了吗”，也有人问“不需要粉笔吗”，会议一时半会儿总得不出结论。换句话说，就是“做出决策的时间与所讨论内容的难度呈反比”，企业组织中如果满足该条件，则符合帕金森定律。

由于任何人都懂，所以任何人都会受到直接影响，也因此如果在公司内让大家随意组织话题的话，会复杂得难以收拾。从这个意义上来说，这就是帕金森第二定律的典型例子。

所以想要改变企业组织或想要就此展开讨论时，如果不以极其严谨的思维方式为基础，那么只会增加间接业务，无谓地浪费会议时间，最终也得不到什么成果。对此，接下来我将以帕金森第二定律为基础来探讨企业组织的相关话题。

一、组织问题的战略性视角

组织是环境的从属变数

首先，组织问题的战略性视角是指在产业结构急剧变化的当下如何看待再次凸显的组织问题。组织是随着环境而改变的，也就是环境的从属变数，管理流程的缺陷很容易作为组织问题显露出来。换言之，即使组织本身没有问题，一旦管理流程出现缺陷，也很容易被视作组织问题。

另外，企业组织永远没有单一答案，也因此人们对此所发表的看法都是正确的，论题也会变得极其复杂。但最重要的一点是不确定战略的话就无法确立组织。

前面的章节中已经说过，企业目标是从企业所处环境与企业应当作什么——即企业的目的函数这两者的折中方案中产生的。而事业战

企业的目的函数
目标
企业所处环境
竞争状态
事业战略
事业所处环境
·由外在原因与目的函数决定
·有的组织不受直接影响
行动计划
（战术）
组织
管理流程
·组织与流程相互依存关系
·改变任何一方都可应对
·外部环境、目的函数中的
任何一个改变都必须有从
属变化

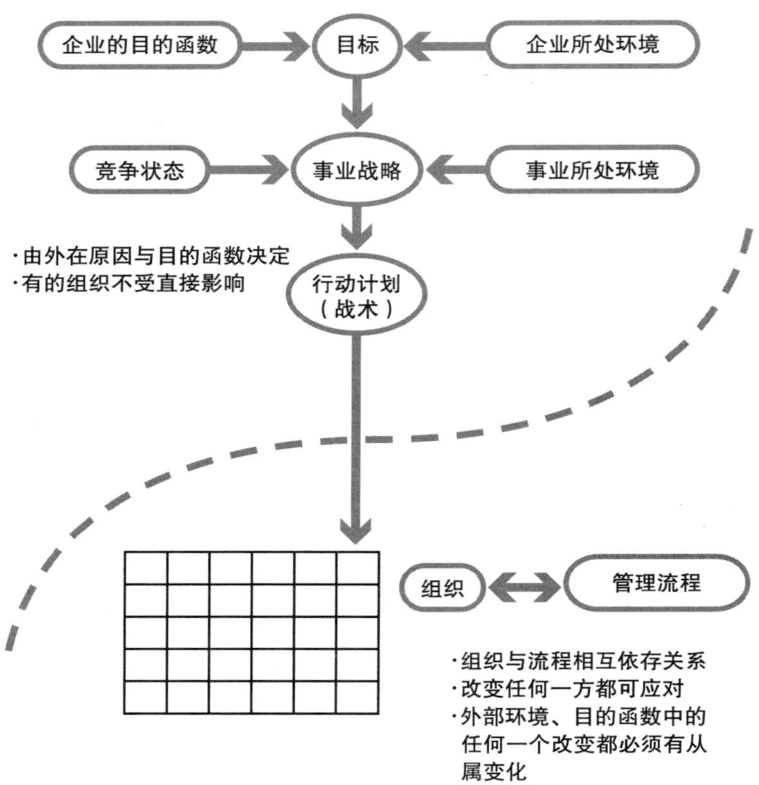

图 7-1　组织问题的定位

略则来自于该企业目标（图 7-1）。

然而在制定该事业战略时必须考虑的是事业所处环境与竞争对手这两点。

换言之，战略就从自己想做的事、市场情况、竞争对手（将其视作人的三角关系，即我、他和她的关系更容易理解）这三者的这种方案中产生。因此弄清这三者的优势与弱点，弄清“她”希望得到什么，接着再与“他”进行竞争，从中得出事业战略。

决定事业战略后要先制订行动计划，在制订战略计划之后则转入实施阶段。战略由外部因素与企业的目的函数决定，所以战略其实并不影响企业组织。这时即使提出所有战略立案流程，也与组织毫无关系。

但我们作为咨询顾问经常遇到的情况是企业在战略立案时喜欢从组织问题上入手。例如“交给那个事业部做不行”或者“我们做比他做更好”等，以人员和组织的变化来改变战略，但却根本不重视战略立案的过程本身。因此要提醒各位注意的是在考虑事业战略和组织问题时，先要从客观角度制定基本战略。

接着，组织作为实施战略的母体出现。但即使组织非常混乱，只要能完善流程，妥善管理，让销售和产品计划都按部就班地实行，那么即使组织有多少问题也能进入行动计划阶段。

所以管理流程与组织是互补关系，其中任何一方改变也能做出应对。但正如一开始所说的那样，如果企业所处环境发生变化，那么这两者都必须改变，再按照原有方式处理将无法应对环境变化，此时出现改变组织的呼声也是自然而然的事，因为它们是从属关系。

垂直、水平、上下方向的问题

组织问题的案例多种多样，其中也包括垂直方向的问题。这就像是传送游戏一样，从总公司到本部，从本部到事业部，再到分店、代理店、销售店，最后到达用户。由于过程漫长，一旦竞争对手从中途插手，直接接触用户或直接联系代理店的话，就能凭借更为快捷的路径来制造优势。因此从竞争上来说，如此冗长的组织已经越来越不适应市场了。这也是垂直方向的组织问题之一（图 7-2 左上）。

另外一种情况在创业型企业中比较常见，即一切都由社长决定，社长不做出决策的话任何事情都难以运作。这种情况下的组织不过是对社长唯命是从的支援部队而已，这也是组织问题之一。

以上都是纵向的组织问题，接着来看横向（图 7-2 右上）。

图中的事业部 A 与事业部 B 类似中世纪的庄园一样，A 事业部人员过剩，处于衰退市场，B 事业部则人员不足，处于发展市场。但两方都自诩为庄园贵族，紧抓着自己部门的人力和资金不放，这也导致企业难以实现最优化配置。这种企业需要利用之前所说的事业投资组合思维，通过事业投资组合实现企业整体优化。或在某个事业部中针对每个产品进行优化，实现局部优化。这就是水平方向的问题之一。

接着来看水平方向下自然产生的合并后遗症。假设总公司旗下包括 A 工厂和 B 工厂，A 工厂负责生产衬衫、内衣和收音机，B 工厂负责生产钟表、计算器和胸罩。在大部分人看来，A 工厂的收音机和 B 工厂的胸罩都应该对调，才能实现生产的合理化，但工厂主却认为“这

垂直方向
"传递游戏"
总公司
本部
事业部
分店
代理店
销售店
用户
"倒立型"
社长
用户
水平方向
"庄园"
总公司
A事业
·人员过剩
·衰退市场
A事业
·人员不足
·发展市场
"合并后遗症"及"自然产生"
总公司
A事业
·内衣
·衬衣
·收音机
B事业
·钟表
·计算器
·胸罩
上下左右
(命令系统)
"互相推脱型"
总公司
P/L
营业本部
P/L
事业部
事业部
规划
制造
"赞比亚型"
总公司
事业部
事业部
规划
销售
生产
规划
销售
生产
用户
"老板是谁?"
社长
公司员工
事业部门
"领导中心"
社长

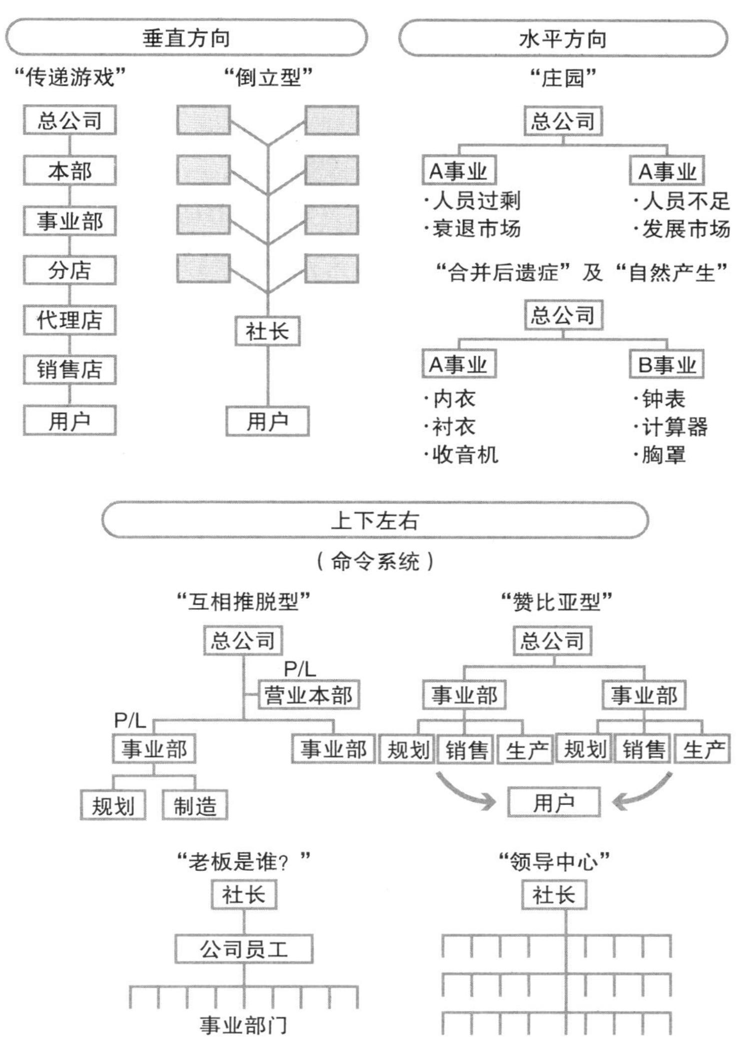

图 7-2　典型的组织问题

是我们先制造的”，不肯放弃生产。这种合并后遗症是非常常见的，最后往往发展成难以处理的状态，成为水平方向问题的典型案例。

另外还有上下左右的问题（图 7-2 下）。这是在命令系统发生混乱时，矩阵型组织最容易出现的毛病。图中的企业采用的是事业部门制度，但事业部门根本不参与制造与规划。销售采用企业联合，通过营业本部来发展。因此社长认为营业本部负有 P/L 责任，也就是盈亏责任，事业部也理所当然地认定“盈亏由你们负责”。这样一来，当事业部难以实现收支平衡时，就会认为“是营业本部的售价过低”，而营业本部则会指责产品质量太差或成本过高，最终互相推脱，说不清究竟是谁的责任。而处于这种混乱之中的人如果立场不坚定的话，就可能会被耍得团团转，这也就是上下左右的组织问题点。

有的企业让事业部负责一整套的制造、销售、技术。就像联合国第一百二十位的赞比亚既有财务省又有通商产业省一样，这种整套主义会造成功能重复，带来无谓的浪费。这种企业没有形成战略单位——SBU 组织，所以固定费用远高于竞争对手，缺乏市场竞争力。如果节约固定费用，削减销售员的话，又会因为与用户交流的频率减少产生新的竞争上的问题。

企业在社长之下有公司员工，有事业部门。企业真正的老板是谁呢？有的企业是让事业部门为员工而工作，也有的企业如右图一样，任何事都围绕着社长展开。后者显然会造成障碍，影响发展。

所以组织问题没有单一答案。组织问题大多来自于人的问题，加上管理流程的缺陷。所以针对这类问题要先确定哪些部分是事业部门的责任，哪些部分是自己的责任，明确流程，避免相互推脱的情况。如果管理流程有缺陷的话，往往会导致人们认为企业组织有问题。

而当你一味地认为问题都出在组织上的话，就会陷入帕金森第二定律，难以专心工作。而将责任都推给企业组织后，企业则会逐渐丧失竞争力。

多产品、多渠道的问题

如果是实行多产品、多渠道的多元化企业，组织则包含多样性要素。换言之，既然非单一答案是理所当然的，那么彼此交流沟通后选择实际运用更为方便的方案也很正常。这也是所谓的妥协，但妥协归妥协，也不会选择让自己在面对竞争对手时处于劣势的解决方案。

如果是单一商品的话，就按地区来划分。例如 AWANOBLD 这种销售单一商品的企业，通过覆盖不同地区的市场来一决胜负是最佳方式。或者当销售渠道不同时，例如轮胎可以利用汽车加油站或修理厂、汽车销售店等不同渠道来运营。如果是用户层不同的话，单一商品的组织问题更容易解决。

如果只有一个销售渠道的话，那么可以设置产品经理，将渠道或网络视作一个功能。例如所有家电交由营业本部统一管理的做法是十分常见的。在营业本部设置项目经理，由他们负起实际的盈亏责任。

问题在于非单一商品的多产品和非单一渠道的多渠道状态。这种组合可构成矩阵图。经营多产品、多渠道事业的企业原本就要面对这种矩阵的状态，因为采用地区管理制度，给予一方权限的话，产品视角会相对减弱，从而难以决定经营哪个单一商品。但非经营单一商品也并没有坏处，甚至可以说如今加强多种商品或多种渠道更为有利，通过比较竞争对手与本公司之间的优势与弱点，分析讨论是会盈利还是亏损。换句话说，就是以历史性、时间性函数来指明当前方向，让企业活性化的观点。

以上可以整理为以下方法，即在营业本部设置渠道经理或地区经理，在生产本部设置产品经理，维持事业部制度。但这时必须要明确收益责任由谁负责，所以其中一种做法是开放市场价格，决定低于市场价格百分之几后由己方负责。这种方法是种捷径，从理论上来说是最佳方式。

组织是战略的产物

要问最完美的组织是什么，则不可一般而论，要在该企业明确其战略之后才能决定。以如今日本的某强势企业为例，该强者的战略就是设置渠道经理，而该渠道经理包括总经理在内，其下分为不同地区。R&D 和商品中心如图 7-3，另外还设有工厂群。

但从强化渠道这一观点出发，还可制定从外部购买的战略，即优先销售固定费用的折扣，为了保证流通成本方面压倒性的优势，从其他公司购买产品。这时该企业的生产工厂与其他企业的工厂对于总经理而言都是同等的。商品研发中心的 OEC（销售者品牌生产）也与外

战略：优先销售固定费用的折旧，为了保证压倒性流通成本的优势也要出售其他公司的商品

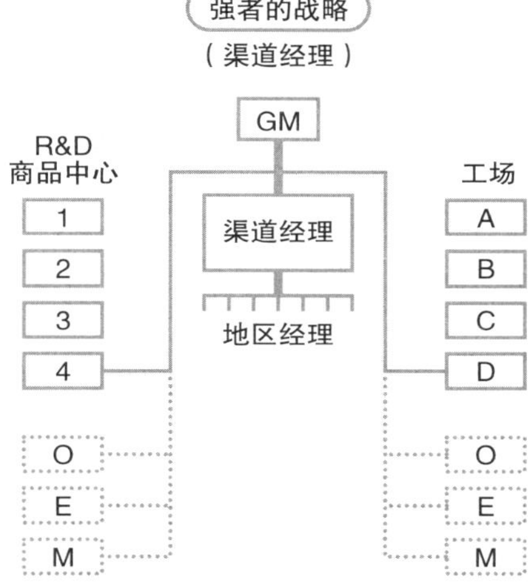

战略：为避免资源分散而锁定目标市场，要在该区域彻底渗透，则需要直销技术人员和营业点

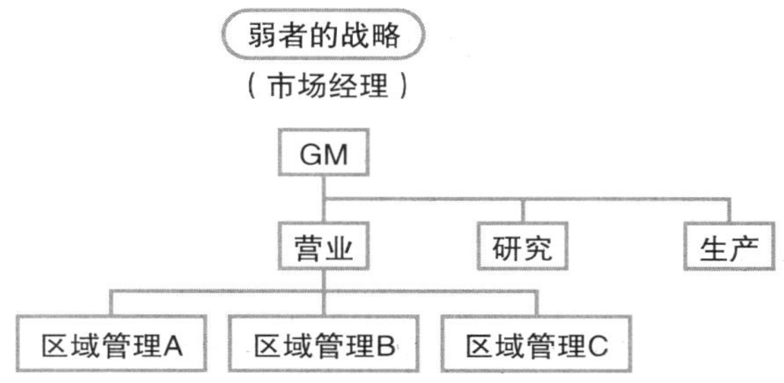

图 7–3　组织是战略的产物

部产品购买齐头并进。这样一来，即使本公司无法开发某种类型的产品，只要维持从其他公司购买的渠道，就能保证商品销售。这就是所谓强者的战略。

能以这种方式维持业界最低流通成本和最高顾客覆盖率的话，企业将安稳成长。简而言之，即使该企业的技术人员开发不出任何新产品，所有人都只会呆板地重复作业，企业也能在这种混乱的状态下生存。

更进一步来说，假如韩国产品大量进入市场，企业工厂群丧失成本竞争力，只要能从韩国输入该产品，那么即使将本公司的所有工厂都关闭，公司本身也能存活下来，转型为商社即可。这也是强者战略之一。

当然也有与此相对的弱者战略。该公司的案例是将营业部门限定为三个目标市场——区域管理 A、B、C。即使市面上有从 A 到 Z 的 26 个区域，为了避免资源分散，该公司也只将目标市场锁定为三个，深入浸透该区域。采用此战略的组织构图如图 7-3 下方。

由于制定战略之后才能决定组织，所以我们不能一概地总结什么样的组织才是最好的。如果作为弱势企业，随意设置营业负责人，不顾自身弱点，任何市场都想参与的话，显然就对技术与研究部门提出了极其复杂的要求。而这会让原本就较弱的技术资源更加薄弱，最终难以掌握 KFS。相反，如果只集中精力专注部分区域市场，例如图中的 A、B、C 区域，使其获得压倒性优势的话，对于弱势企业显然更为有利。所以要避免资源分散，为企业贴上明确的标签。

这是能有效利用有限资源的方法，可用于决定战略后确立组织。

二、管理流程的进化与组织

从第一阶段到第三阶段的组织

这一章节我将从多个事例来进行介绍。首先来看管理流程的进化与组织究竟有什么关系。（一）理想的多元化企业具有五个阶层；（二）组织模拟；（三）如何应对国际化；（四）销售组织。

麦肯锡公司如今聚集了世界范围内擅长制定战略的人才，研究全球性企业的战略立案能力和流程是如何进化的（图 7-4）。

处于最朴素的第一阶段的企业可以称之为财务管理型。在这一阶段，企业组织是按功能区别的组织。它们包括制造、销售、技术组织，针对该组织的管理流程属于目标管理型。设定目标 A，再喊着“必须达成！”的口号进行目标管理。而这种口号的意思其实就是呼吁员工“像骡马一样”工作。

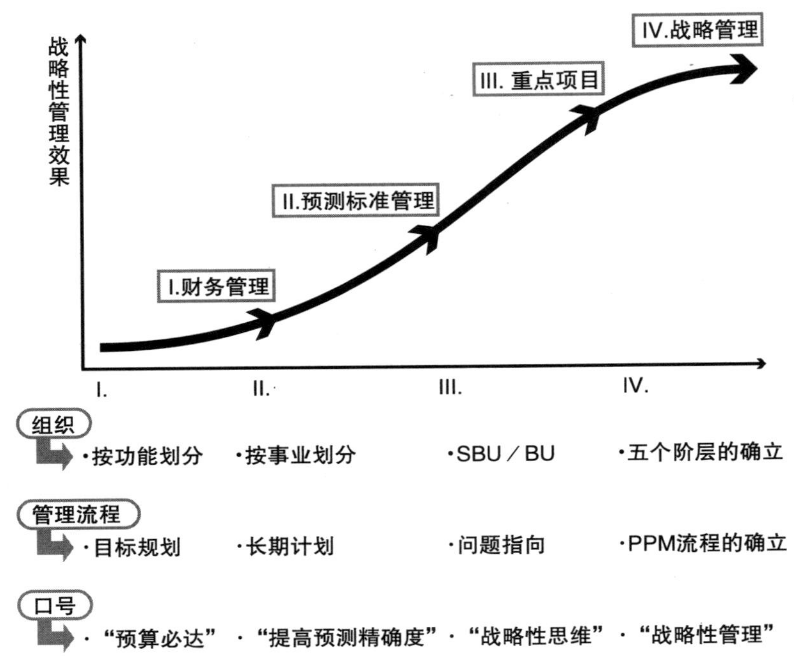

图 7–4　管理流程的进化阶段

处于第二阶段的企业在进行目标管理时会开始反思“必须达成”的目标是否真的能实现。如果不能实现的话，则开始思考为什么，然后可能会发现原因是对未来的预测能力不足。当明确只要能对未来做出预测，该管理形态就能更好之后，在第二阶段就开始对预测标准进行管理。这时要做各种宏观经济学分析和循环分析，增加预测未来发展的员工。

而预测事业如果没有特定的单位是难以实现的，并且我们不需要预测日本将来会如何，如果是以钟表为对象的话，那么就要以它的未来需求为单位进行预测，所以要先构建事业部制度的组织。

由于管理流程是长期计划，那么口号可定为“提高预测精确度”。换言之，这一阶段的企业思维是只要能正确预测就能准确制定经营计划。因此当你询问“战略是什么”时，有人就会回答“是需求预测”。这一类企业在市场中占据大半以上，放眼世界的话，欧洲、美国的企业也大多属于此类。

处于第三阶段的企业与处于第二阶段的企业的不同之处在于能够站在可能无法预测将来的立场上来看待问题。由于多种要素都可能影响将来，那么与其推测预测是否正确，不如等事态与预测不同时，采取更有利的方式比竞争对手更好地应对新的事态。因此对于明年的钟表需求是 1500 亿日元还是 2000 亿日元无须精确到小数点，只要知道会比今年有所增长即可。如果目标设定为占据其中的 750 亿日元，那应该怎么做呢？如果在 2000 亿市场与 1500 亿市场中占据 750 亿日元的做法大有不同的话，再提高预测精度不就行了吗？只要弄清企业在市场的上限即可——这就是第三阶段的思维。

第三阶段的关键在于只关注重点。既然事业部制度已经拟定，那么不太重要的问题（案例）就交给事业部处理，真正重要的部分则以项目为单位交给领导者做决策。

这样一来，企业内形成了对事业战略单位（SBU）、事业分区的认识，也就是逐渐区别认识到“虽然存在事业单位（BU），但战略单位与此不同”。

另外，这一阶段的管理流程为问题指向型。是该发展还是收缩？应不应该增加投资？总之属于A或B选择的问题指向型。

并且企业内的口号也逐渐变成了“战略思维是十分重要的”。具有战略思维的人即使遭遇预测失败，也能采取优于竞争对手的应对方式，因此改变思维过程比提高预测精度更为重要的观点开始出现。

处于这一阶段的企业从严格意义上来说全世界仅有十到二十家，普通企业中只有极少部分能踏足第三阶段。

这里对于战略思维再做一点补充。正如之前所说，战略是由三方构成的三角关系，也就是本公司（我）、市场用户（她），以及竞争对手（他）。其中一般的竞争就是我和竞争对手在同一个擂台上正面冲突，互相攻击对方的弱点。

战略需要实现差别化，如果无法实现差别化，也就不可能获得收益。如果将“她”所需求的东西分为三类，针对其中一个强化自己的优势——也就是所谓的分区定位——就能避免正面冲突，产生收益。

战略性竞争的对手是不同的，所以要将差别化状况作为目的。我在《企业参谋续篇》中曾将这种战略分为四大类型（图 7-5）。

（一）进一步强化比竞争对手更具优势的功能，尤其重点加强擅长区域，也就是做出对比，再进行差别化处理。

（二）如果企业有自信能更好地回应用户需求的话，那么可以选择走自己的路，确立与竞争对手完全不同的发展方向。

（三）如果在竞争事业之外的某个部分具有优势的话，也可以利用该优势，通过利用相对优势来避免正面交锋。

（四）充分发挥战略自由度，针对用户的综合性需求，采取多种手段来应对。如果竞争对手单向发展，则掌握它的发展方向，避免冲突。这就是对于战略自由度的利用。

了解这四种方法是非常重要的。战略性思维就是谋求与竞争对手之间的差别化。在企业中融入这种思维方式也是处于第三阶段的企业的特点。

处于第二阶段的企业只会考虑“竞争对手涨价了，那我们也要涨价吗”“竞争对手降低成本了，我们也必须降低成本吧”。用英语来表现的话就是“me too”做法。这当然是很难获得收益的，企业必须以差别化为目标，这才是竞争中典型的战略性竞争和战略性思维特点。在第三阶段，我们处理重要方案都必须以这种思维方式为基础。

通常的竞争
"正面冲突"
竞争
本公司
……互相揭短
已有事业
新计划
基于战略思维的竞争
"KFS"
"Aggressive Initiatives"
正面攻击法
……对资源分配进行对比
……Go my way
"Unfair Advantage"
"战略性自由度"
回避正面冲突
……利用相对优势
……有效追求用户的
目的函数

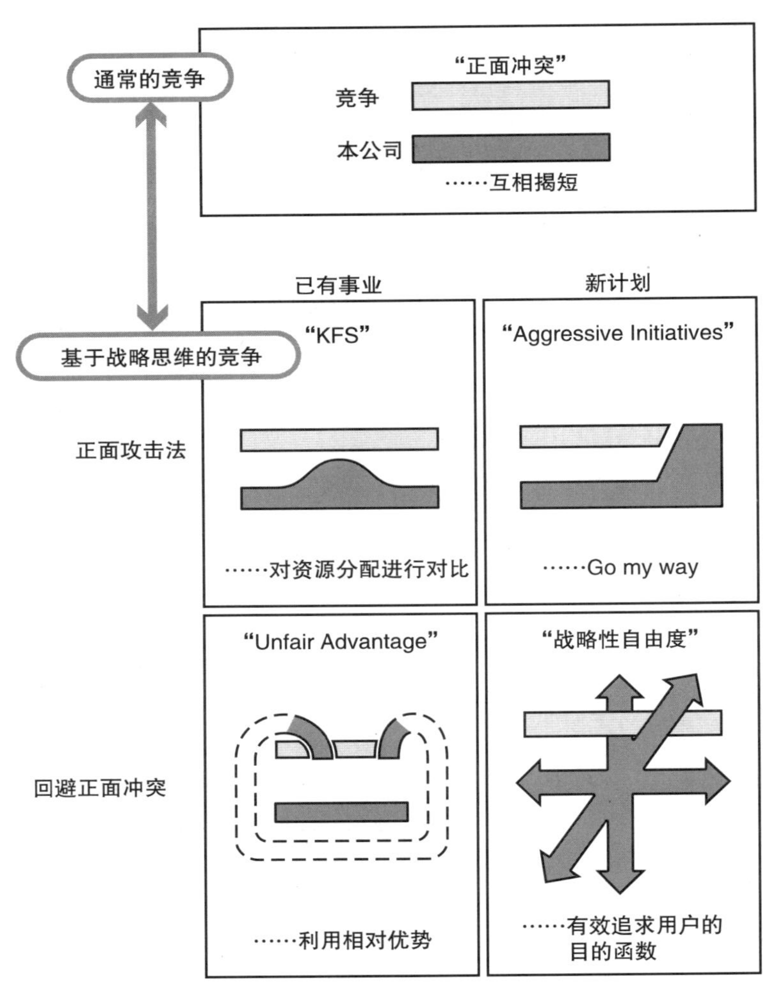

图 7-5　竞争的类型

第四阶段是五大阶层组织

进入第四阶段的企业将以战略性管理的形式确立组织形态的五大阶层。明确 PPM [Product Portfolio Management（产品组合管理）] 的灵活经营流程，追求战略性管理。也就是不仅限于战略性思维，更要实现厂长与常务经理的意见一致，常务经理与部下的对话交流，以重要的战略参数为基础进行讨论。

并且企业组织本身也从第三阶段的非正式组织变为了正式组织，且形成了战略性的五大阶层。而组合管理的思维是以基本产品系列为事业单位，有效利用全公司的有限资源，进行积极的协商（建设性的合作）。

当然，各位的企业并不一定都具有很大规模，可能没必要将组织设为五个阶层，但从五大阶层的思维角度去考虑问题的话，对于确立战略思维是非常有利的（图 7-6）。

总之要在产品系列中寻求基本的组织单位。该产品系列（事业单位）就是分析产品市场的单位，也是前一章中介绍过的产品与市场分析（PMA）的单位。而战略立案的基本单位也可包含独立制造、销售和技术。这些都是所谓的事业单位。

当然也要有对应的分区。分区从定义上来说是加入竞争的最小单位，也是实现战略差别化的最小单位。比如以钟表为例，妇女用的高级表就是一种分区，装饰性表也是一种分区，穷人的简单女表同样是一种分区。以这种单位分区加入竞争，通过在更为细致的范围内竞争，

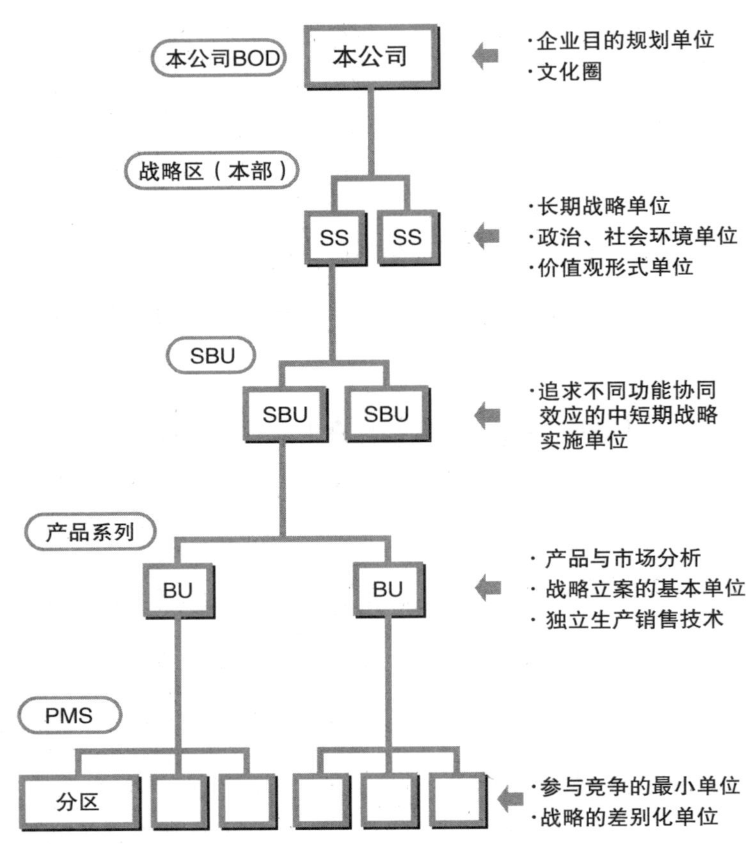

图 7–6　理想的多元化企业组织

受到的影响更小，即使应对失策也不会造成太大危险。从这个意义上来说，分区就是战略差别化的最小单位，所以必须将战略放在这个范围内来考虑。

但并不是说销售、制造与技术一定要细分为这样的单位，而是以这种单位的视角去考虑问题。即使无法专门设置观察该分区的技术人员，只要将独立制造、销售与技术放在该角度去做常识性思考即可。

另外，正如之前所介绍的一样，拥有独立的制造、销售与技术就会形成类似赞比亚国的结构，产生 SBU。SBU 是由多个 BU（事业单位）集合而成，追求不同功能的协同效应的中短期战略实施单位。它不是战略立案单位而是战略实施单位。

因为将多个 BU 销售网汇集到一起，或将技术团队汇集到一起，能通过不同功能下的销售与技术集中来达成以比竞争对手更低的成本实现其功能。换句话说，如果将女表和男表交给不同的技术团队负责，那么总计就需要 2 倍的技术人员。如果将团队集中的话，那么可能只需要 1.5 倍的技术人员。当竞争对手的战略单位散乱时，本公司则能通过集中它来实现成本降低。功能就是成本，也是固定费用。因此通过这种方式就能降低固定费用。反映在价格上就能获得市场份额，反映在成本上就能获得利润，至于选择哪一种则是战略上的问题了。所以企业应当将 SBU 作为中短期战略的实施单位。

SBU 如果不具备 Functional Synergy（功能协同效应）的话就难以很好地运用。如果没有产生协同效应，那么战略单位集中的意义也就不存在了。SBU 既然是战略单位，那么就必须是比竞争对手更具优势的单位，如果没有差距的话，也就没有存在的必要。

另一方面，虽然 SBU 用于中短期战略，但现实中也可能出现不得不将事业从钟表业转向其他业界的情况。简单来说，当满世界都是时间告示牌时，个人也许就不再需要戴表出门了。但这并不是中短期的问题，只是具体情况发生了剧烈变化。

而从长期动向来看的话，产业结构是在缓慢发生变化的。所以还要考虑集中多个 SBU，构成名为区段的长期战略实施单位，这也是应对政治或社会环境变化的单位。比如 GNP 的基本构成比是从民间设备到公共投资，再到社会福利，而社会福利中的构成又正向医疗转移的话，那么即使自己公司至今一直是做桥梁建筑的，也应当多少在医疗用品机械方面投入一些精力。所谓区段就是助长这种思维方式的单位。仅从 SBU 或 BU 的单个单位发展事业的话，会在长期的梦想与现实的变化中复杂化和混乱化。中期战略至少要以 SBU 为基础出发，长期展望则要在区段中展开。

最后由于总公司集中了多个这种区段，所以它也是设定企业目的的单位，能形成企业文化圈。除此以外对总公司没有太大作用。

大型多元化企业能完全形成前述的五个阶层，但小企业或只经营单一商品时，BU 和 SBU 则是一致的，或者说区段和 SBU 是一致的，或者并没有区段，在 SBU 上方直接就是社长，由领导者考虑所有问题。这种结构本身并没有什么问题，不过基本而言还是需要在脑海中以五个阶层的角度来进行思考。

选择 SBU 也如之前所介绍的一样，因为要追求不同功能的协同效应，所以必须分析形成不同功能下成本的因素，调查每个 BU 的渠道、技术、设备、工厂等不同功能的共通点。

然后汇集不同功能的共通点，根据竞争对手的做法来考虑如何分组来降低本公司的固定费用。这种做法其实是将相通点的协同效应定量化，在到达某个数字时就做出反应。

管理机构的“恶魔循环”

如今日本大企业所面对的问题之一是管理机构的复杂化，企业落入了“恶魔循环”之中。由于大企业的管理机构非常复杂，所以往往忙于总公司业务，其结果就导致对于市场竞争等外部状况所花费的时间和精力过少，反而被中小企业和独断管理者挤占市场，为此企业只好进一步强化总公司机构的监视与管理，导致总公司机构更为复杂，最终陷入了恶性循环中。这就是大企业的恶魔循环，如图 7-7 外侧循环所示。

仅仅如此的话还不算严重，但大企业往往会越来越细致地分割工作。既然一个人不可能完成所有工作，那么不同功能的专业人员——例如说“我只会做会计”，在 20 年到 30 年间都只从事会计工作的人就越来越多。技术团队就只做技术。所以这些人的视野都比较狭窄，即使将他们凑足三个人也毫无意义，甚至比单独一个人的时候更没用。无可奈何之下就只能继续大量招收员工，再给他们分派工作，进一步将工作分割开来。如此循环，形成了如图 7-7 内侧的恶魔轮回。

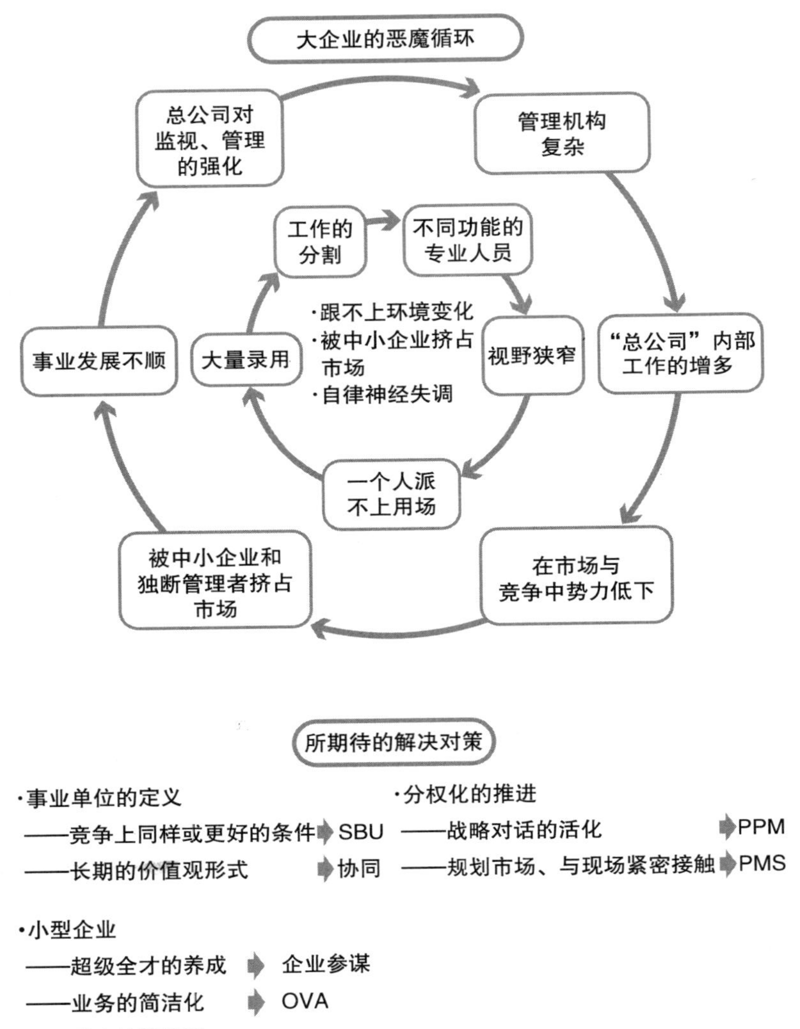

图 7-7　大企业和中小企业的“恶魔循环”

最后的结果是企业难以跟上环境变化，从而被更为活化的中小企业挤占市场，只能在万般无奈之下与工会交涉，进行大量裁员。

前面介绍 TPM 的时候说过，事业机会是无限的，所以当企业陷入恶魔循环就会造成极大的浪费。而我们所期待的解决对策则是必须定义事业单位（BU），在竞争上制造与其他企业同样的条件。

所以要通过 SBU 化来创造与竞争对手一样或更好的条件，这时利用分权化来给予充分权限是十分必要的。并且要实现战略对话的活化，需要实行 PPM，通过规划市场或与现场紧密接触来实施产品与市场战略（PMS）。推进分权化必须要有这样的道具，而要很好地利用这种道具，就必须定义事业单位（SBU 等）。

另外，总公司要尽可能地缩小，并且培养被称作超级全才的员工，让他们一人完成多种工作。这也就是我所说的企业参谋。而在简化业务这一点上，OVA 则是关键。接着还必须确立决策的机制。以上都是用来打破恶魔循环的解决对策，以这些手段多少能够恢复一点企业的自律神经。

组织模拟

组织活化的道具之一就是组织模拟。这是为了确认工作流程和分担，在企业内按组织图的结构让领导者共处一室。我不知道一般企业能否介绍这种做法，但我们尝试了。社长、服务部长、销售部长、生产部长、企划部长、技术部长、人事部长、海外部长等位于要职的人们聚集在同一个房间里，按组织图的结构分列而坐。另外还要设置主持人。像我这种具有中立和客观性，且脸皮较厚，听到任何话都不会惊讶的外部人员最为合适（图 7-8）。

这是要做当场的问答（Q&A）。至于应该问什么，比如主持人向销售部长提问："销售部门应该如何按地区制作 P/L？"这时会计部长插嘴说："不，这是由我们一开始决定的。"而销售部长则表示："我们不负责这方面。"通过这样对例行程序的工作提问，让彼此互动，从而在当场明确管理流程是否完善。

这种 Q&A 大约需要两到三小时，实现做好准备并按问题推进的话，基本能够发现组织上的缺陷究竟在哪——比如某部分重复，或某部分出现了漏洞等。

以前我们也曾采用过组织诊断等其他方法，针对人事就找人事部长，单独进行交流，询问各方面的内容。这样往往能得到相当漂亮的回复。

然而当我们去其他部门后，却有可能听到"我们公司的人事部门都是些废物"之类的抱怨。也就是说，分别询问很难弄清自己是否了解了真正的情况。

但以组织模拟的方式，恐怕没有人能对自己没做的事大放厥词，即使有那也只可能是社长。只有彼此理解对方，大家才能更加公平地面对平时所做的工作。

"公司整体的经费计划是由谁最先开始，以怎样的机制来进行掌控的？"没有人发言。"那么是谁都没做吗？""原来如此。"这样

Q & A

例行程序

· “销售部门该如何实行不同地区的P/L？”（I/O）
· “公司整体的经费计划由谁开始？”
· “当目标大幅降低时是谁在哪做了手脚？”
· “业务合作的受理、审议、决定该如何处理？”
· “品质问题”

非例行程序（意外状况、紧急事项）

·加拿大元贬值
·中日恢复邦交
·美国罢工游行
·主要顾客的市场地位低下
·夏季异常高温

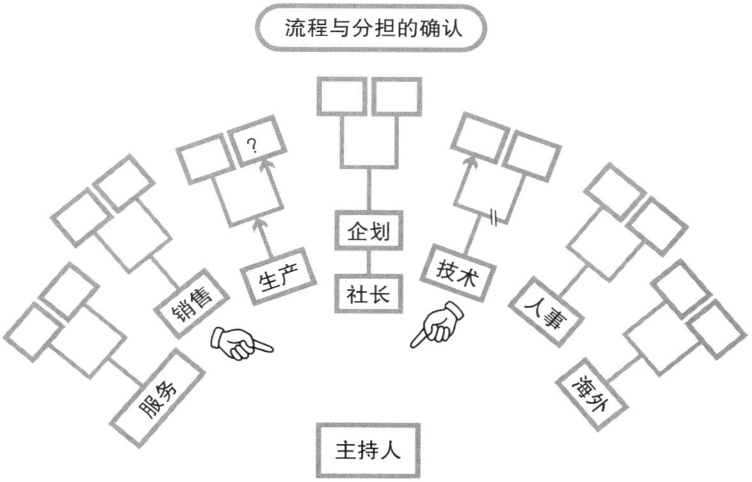

图 7–8 组织模拟问答

就得出了默认的答案。

当目标大幅降低时，“降低目标会很危险，这里有必要重新审视计划吧？”这时如果提出让人来启动企业保险机制却无人回应的话，就可以当场达成一致意见，决定“那么就由这个人去做”。

像这样将例行程序的工作中一年份的主要业务综合处理后，就能切实地掌握流程和工作分担，从而能应对任何状况，并且也将例行业务的约定事项一次性清理了。这种企业与其他在组织问题不明确且不通过社长同意就无法开展任何工作的企业相比，能更快地找出组织问题。即使在这一阶段不一定能得出答案，但至少能了解问题点，而答案可以花时间去分析和考虑，然后会发现其实并不是什么难题。

非例行程序的模拟

前面介绍的是例行程序的业务，接着来看非例行程序的 Contingency（意外状况）或 Emergency（紧急事项）。

假设今天早上的《日经新闻》中报道加拿大元暴跌，那么这时谁能分析该事业对本公司的影响并制定对策呢？虽然大家都看了报纸，但谁也不知道该由谁出面负责。所以为了避免这种状况，就要模拟非例行程序。

假如这年夏天异常高温，那么这也是意外情况。伊朗发生政变也是一样。虽然有的企业会事先在事业计划中设定意外状况方案，但这大多毫无用处。能预先设想的事态本来就应该写在计划中，但这根本不算是意外状况。异常事态的发生方式千差万别，与其在有限的假定范围内制订计划，不如事先练习在遇到万一时应该以怎样的顺序、谁的思维、如何去应对，做好“安排”。

针对多国化的应对

接下来的话题是如何应对多国化。多国化企业（Multi-National Enterprise）这个词是由麦肯锡公司的前社长吉伯·克雷于1959年初次提出并使用。虽然他在任期内突然逝世，但他当时的思维是按照国内市场、输出指向型、国际化、多国化的顺序让企业实现进化。尤其在推进多国化时，要以世界一体的观念为基础，在最廉价的地方购买原料，在人工最便宜的地方进行生产，最后卖到价格最高的市场。在管理上也提倡选拔最优秀的人才，无论任何国家的人都可成为经营干部的思维。

企业组织也要应对这种思维，配合国际化程度来改变海外事业总公司机构的定位。如果不对此做出积极应对的话，就会很难紧跟国际问题，导致出现巨大失误（图7-9）。

当事业中心为国内指向型的话，以总公司直属的形式设置输出开拓组，在与国内营业侧基本不产生关系的基础上尝试进入海外市场。至于P/L责任等则无须负责。

在下一个阶段转为输出指向型后，仅将生产、销售、技术中的销售部分设置海外部，而该海外部直属于销售本部长或销售部长。

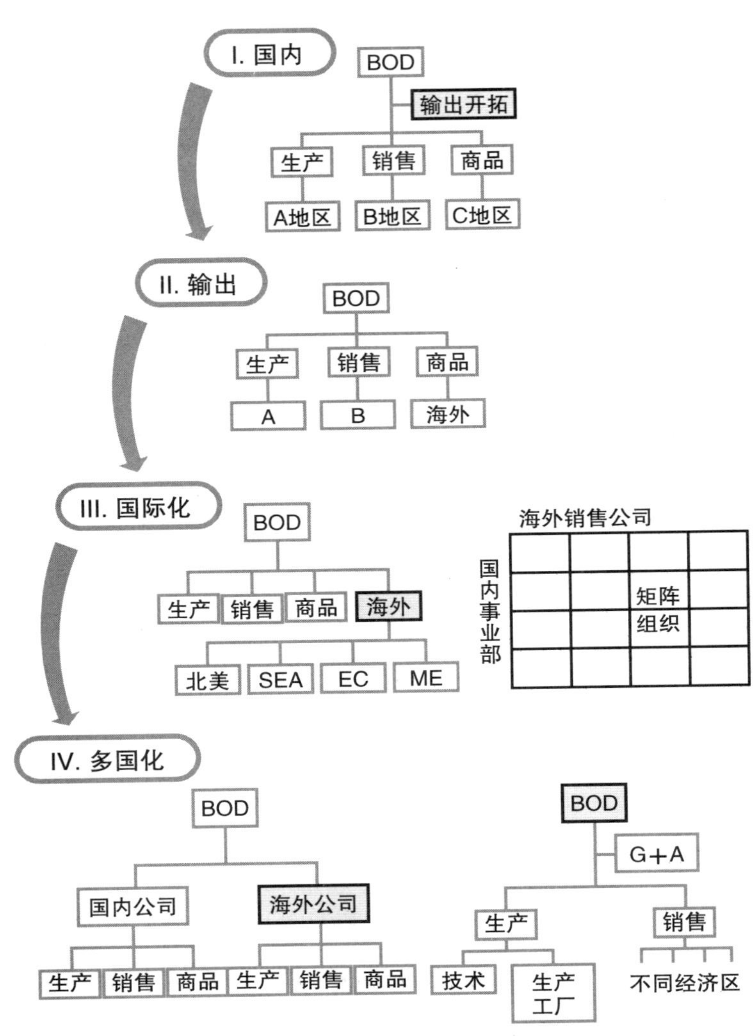

图 7–9　企业的多种组织模式图

当企业国际化发展到一定程度后，可以对董事会提出将生产、销售、技术这 3 个部分并列设立海外事业部，并将海外按国家或地区分为不同的区块。或者由企业组建海外销售公司和国内事业部的矩阵组织，在各地区设置销售公司的管理人（总经理）。该矩阵中会缺少一些部分，暂且先大致准备好即可。这也就是第三阶段的企业。

如果推进过快的话，会消耗大量固定费用，所以这一阶段的事业部要集中精力在畅销商品上，等发展到某个时期之后，再将以事业为中心的思维转向对国家的理解和对纵向发展的理解。

比如在巴西就要了解巴西这个国家，与政府交好比拼命销售某种商品更为重要。将思维从产品主体转为地区主体是非常关键的。如果在新加坡想要实现纵向发展，那么就不能再以产品为主导，要转而思考本公司怎样的产品会在该地区畅销，也就是进入地区主导的时期。当这种时期到来时，必须尽早将企业转为纵向发展，这也是国际化阶段中的重要新纪元。

最后是多国化。有趣的是，进入多国化阶段的企业大多面临两种选择，一是成为拥有像美国一样的巨大国内市场的公司。这种情况又分为国内企业和海外企业。IBM 就是采用这种方式，以如图 7-9 左下的组织图模式，在 USA 和世界贸易市场上建立了两个截然不同的公司。像这样构筑起用于平等运营海外公司和国内公司的国际性总公司机构。

然而对于国内市场较小的欧洲多国化企业而言，海外部门的重要性远大于国内，所以甚至可以不用太过关注国内市场，只要总公司平等对待包括本国在内的各国公司的销售和生产即可。如图 7-9 右下的组织图所示，BOD（董事会）下方采用员工部门的形式，包括总公司管理部门，设有与BOD直接联结的销售公司和生产公司，并且销售分为不同的地域区块。所以假设在荷兰设有总公司，那也只是一个区块，下方则是世界各地，任何一个部分都可以说是企业发祥地，彼此并没有相互关系。生产则由生产工厂与技术本部构成，向全球推广。

瑞士与荷兰的企业大多都是这种形态，所以将总公司部门在地理上从瑞士移到英国并不会产生什么影响，当然从荷兰移到英国也一样。这样就形成了全球化，我认为这也是多国化阶段的最终形态。所以，企业组织也要配合进展状况或战略目的做出变动。

国内的组织问题

接着来看国内问题。这个阶段我认为可能会出现研究开发和销售组织僵化的问题。而僵化的组织则如之前介绍的一样，会影响纵向发展。以销售部门为例，分店是典型的地方营业据点，而分店的情报提供则呈凹透镜形态。换句话说，就是选择并取舍情报后四面发散，只将想要传达的发送给代理店。代理店也同样发散之后选择适当的采用，所以成品率极低。

反过来看，市场方面反馈各种情报后，分店又以凹透镜的方式传递，最终到达总公司的是极小的一部分。如果量小但信息准确的话倒还好，但随意抓取的情报往往会产生扭曲，这样一来就形成了纵向冗长的组织问题（图7-10）。

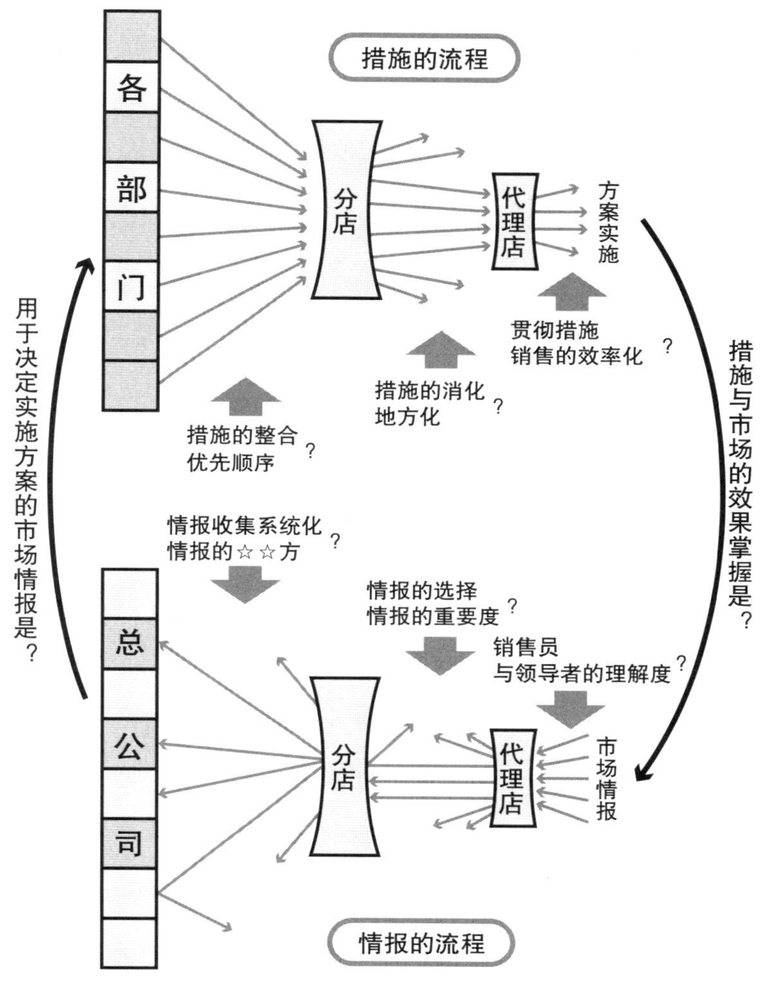

图 7–10　销售组织的情报传达

这里的基本问题在于地方分店的职责。如果是总公司直接控制代理店的话，那么就是营业部门的职责。中央与地方对立时，企业即使想要效仿德川家康分而治之的方法，但召开分店长会议时，往往会遇到分店长统一口径表达同样意见的尴尬局面。

这是因为地方据点会逐渐产生类似地方贵族的特性。当总公司的人提出建议时，某分店长可能会表示“这在东北地区无法实施”，并伶牙俐齿地说出五大理由。而中央的人由于不太了解“当地实际情况”，只能回答“这样啊”，从而不了了之。这样的情形会反复出现，而这就是所谓的销售组织僵化，难以接受新事物。

想要改善这种状况，即必须整顿营业结构。这不仅要替换管理者，还必须改变其形态与结构。

我们在多家企业中尝试过设置移动性地区部长的方法。这是在顶层设置销售本部长，然后在他下方设置地区负责人和各种代理店，并经常移动负责管理的经理或地区部长。这种做法等于不让分店成为一个固定的庄园，只让管理者在短时间内负责并执行分店业务，但并不给其在分店的固定位置，而是将他们的位置设在总公司，每月一次回总公司召开全体会议。

如此一来，不仅能让地区具有全公司视野，还能通过每月一次的全体会议来了解企业处于怎样的位置。另外，在每月吸收一次营业经验的同时，还能借鉴其他地方的做法实现企业在全国的技术平均化。通过自己向总公司作直接报告，还能帮助总公司弄清功能方面的最新情报。这种做法配合战略计划，就能稳定地提升市场份额。

三、参谋组织

越级权限

最后我们来谈谈参谋组织。

当企业处于复杂的环境中时，参谋组织的优劣能左右企业的竞争力，而传统的企划人才如今难以应对的状况已经越来越多，因此越级权限、越级分析力是必要的。当企业出现“互相推脱”的现象时，如果没人具有越级权限来一锤定音“那就这么做”的话，企业就会在盲从中逐渐丧失竞争力。从这个意义上来说，越级权限是不可或缺的。

越级分析力也是一样。同一窝的狸在同样能力下比谁挖到的橡子大是不可取的，必须得有一个洞察力和分析力高于平均水平的参谋。当然也不必要求此人如何超群，但高于其他人是必需的。

在如今越来越复杂的情势下，要靠达成一致意见来解决问题变得越来越难。虽然全体意见与解决对策一致很好，但这种理想化的企业几乎不存在了。在如今的时代，解决对策的制定变得非常困难，但再难也得哭着去做。如果再和以前一样要求解决对策符合全体意见的话，显然是不可能办到的（图 7-11）。

在现实中，假设要减员或者从 A 事业撤退，是不可能达成绝对的一致意见的。大家不可能都点头同意，总会有人表示反对。所以对于公司来说，解决对策与一致意见已经不能画等号了。虽然在成长期中解决对策等于一致意见的情况很多，只要喊出“前进”的口号即可，但如今情况已经大有不同了。

在考虑这个问题时要认识到如果没有具备越级权限和越级分析力的人，并且依然坚持在意见一致的基础上制定解决对策的话——这种天真的企业是不可能维持竞争力的。所以我想说的是，企业必须要有真正意义上的参谋。

如果本书的读者中有企划部或社长室的员工的话，在此先说句抱歉，因为我认为以往的企划部员工在新的经营目标的战略立案上相当无用。比如问及企划员工的经验技巧究竟是什么的话，大多都是在前述的战略立案进化过程中的第二阶段，也就是环境预测的宏观计划方面有一定经验。企划部员工许多都擅长用电脑输入什么指数来预测“将来会是这样”。

至于领导者的反应，则往往比企划员工更不切实际，任何方案都鼓励“去试试看看”。

这时员工所做的工作大多都不和现场重复。无论是海外战略还是

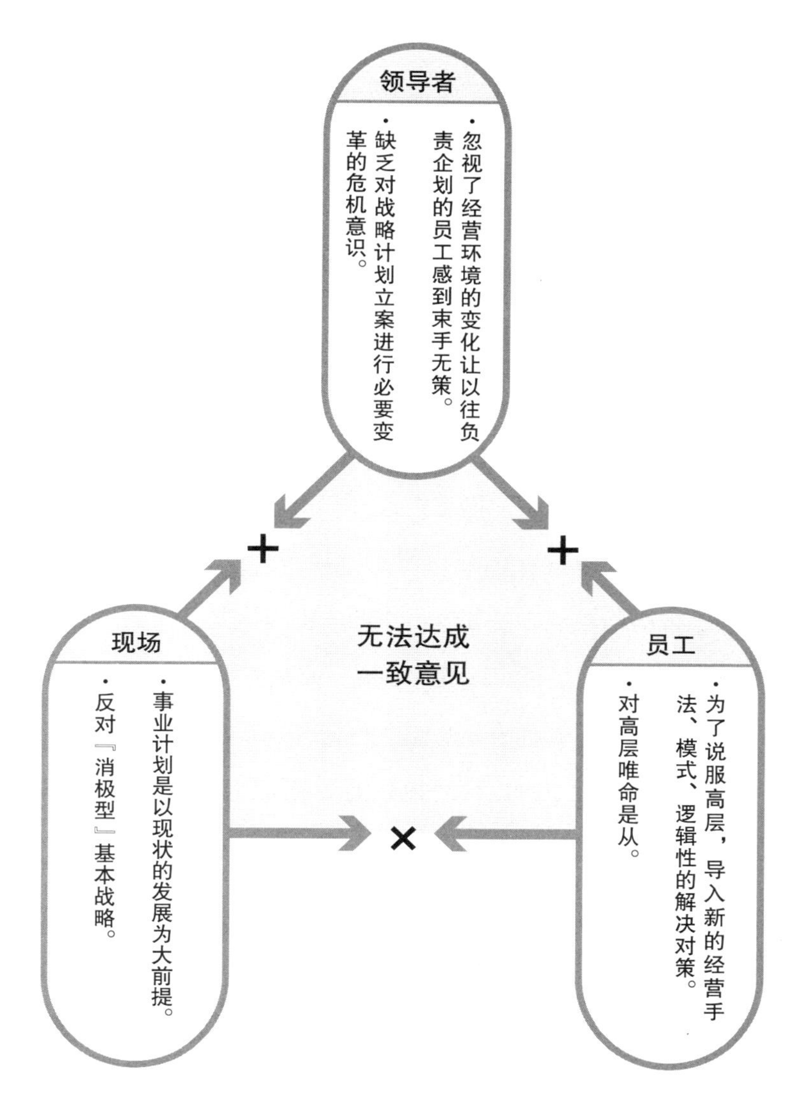

图 7-11　一致意见越来越难达成

新产品开发，企划室所做的工作几乎与一线现场完全不同，所以现场既不具备反对企划内容的材料，也拿不出反对的理由，最终企划员工所提出原案得到了一致同意，这也是理想时代下的结果。但这也让规划者失去了插手的机会。

如今的时代必须要有以本公司事业为对象进行宏观分析和检讨的参谋。比如当对消极型的解决对策出现抗拒反应时，领导者会比员工更为消极，表示“我们用三年时间也能变成那样，等着瞧吧”。而现场人员持有能颠覆该主张的材料，更相信“这做不到”“不可能”。于是在表示“能否与工会进一步交涉？我不敢保证今后会怎样”之后，负责企划的员工又退缩了。以这种传统的企划提交方式是不可能达成公司内的一致意见的。

必须正视的问题核心是如今员工的职责应该是针对当前企业所涉及的事业工作，决定是否应该继续发展，或是放弃，或是整合，等等，以与公司有直接利害关系的案例为中心。这与以前的时代大有不同。

观念也要随之改变。以往的扣分主义很难适应如今复杂的状况，所以要改为加分主义。另外，拿不出解决方案的评论家毫无用处，必须提出具体建议，例如产品市场战略是什么，这么做能解决什么问题，这么做能获得多少市场份额等。

图 7-12 所展示的是借口型经营。借口型经营的思维本质是非常被动的：“日本是做不到的。”“我们公司是做不到的。”“这个创意有……个难点，所以不可能实现。”“既然你没说，那我们当然不会做。”……这都是来自于被动主义的弊端。

借口型经营的想法

自身在环境中完全处于“被动”思维

——“日本是做不到的。”
——“我们公司是做不到的。”
——“这个创意有……个难点，所以不可能实现。”
——“既然你没说，那我们当然不会做。”

扣分主义评价制度的弊端

基于战略性思维的方法

自身在环境中完全处于“能动”思维

——“要在日本实施该方案需要满足怎样的条件？”
——“我们公司要实施它需要跨越怎样的障碍？”
——“要实现这个想法……和……是必要的？”
——“积极思考应该做什么，并实行。”

加分主义的业绩评价的必要性

图 7-12　借口型经营

而基于战略性思维的方法更具能动性，其思考的方向是该怎么去做，要跨越怎样的障碍。而这种做法在实行扣分主义评价制度的企业是难以推行的，这一点东西方都一样。

我偶尔会去美国，担任美国大型企业的咨询顾问。我曾在某家规模巨大且具有悠久历史的企业中工作过，该企业也出现了同样的状况。从一开始，管理者就会问为什么做不到，为什么这么难。这恰恰是因为扣分主义，如果不引入加分主义，这种状况就不会改变。

因此必须改变企业文化圈。领导者的思维、企业价值观都要随之改变。

传统做法的问题在于规划者难以插手以及经营手法未确立，还有刚才所说的各种容易落入的陷阱。所以在组织上要形成领导者参与的立案小组，在流程上要确立基于战略替代方案的决策规则，在思维上要从加分主义的角度出发，给予具有挑战精神的能动性建议奖励。

从这一点来看，不是从总论出发，而是在各论题中挖掘具体课题的技术是必需的，企业应该摧毁会妨碍整顿已有事业的经营体制和组织结构。

这里的关键在于越级权限、越级分析力以及解决对策指向型。而值得注意的是，规划者本人不能握有超过自己等级的权力。当遇到各方都无法让步的僵局时，如果认为从纵览全局的社长视角出发更好，那么就要对情况进行分析，以冷静的逻辑思维对其进行提示，从某个死点（dead point）转为更好的平衡点，并且还必须通过实施来引导更好的发展方向，也就是必须是解决对策指向型方式。

具有解决能力的组织

理想的参谋组织不需要评论家，它需要的是具备解决能力。自下而上的模式很容易导致现状的拖延，所以社长室必须在后述三大要素的基础上明确其功能。另外，参谋的职责没有统一规定，需要根据公司特质做出改变。

自下而上模式很容易变成运营（以运行为中心）思维，从而发展成只维持现状。图 7-13 下方的线是运营第一线，情报量非常丰富，与客户有关的情报全都集中在此。而这种情报量与制定优秀战略的能力是成正比的，有完善的情报，那么很可能就具备制订战略经营计划的能力。

但自下而上模式在经过层层过滤后，最后剩下的情报可能只有一小部分。这是系统性的选择，类似文摘一样，当然也有它存在的意义，不过并不一定非得如此。

情报量越往上流动会越来越少，但与此相反的是视野、判断力、权限与跨学科经验却越来越宽。这样一来，掌握权力的人就能根据最细致的情报来做出决策。不过，这里有一个问题。

自下而上模式的一个问题点在于接触客户且了解各种情况的第一线人员没有权限，因此能将这方面的情报直接传达给领导者的功能是必需的，而这必须由参谋来实现。

陷入困境的企业如果不解决这方面的问题，必然会患上自律神经失调症。

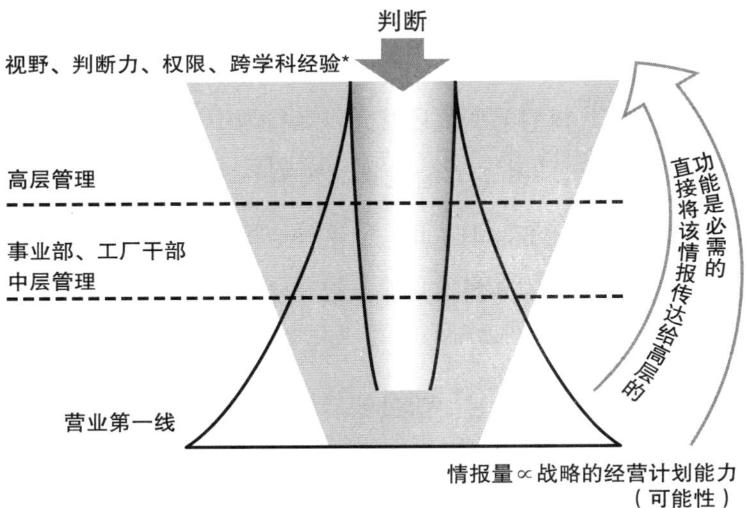

*这里很难用适当的语言来归纳，但通过英语中的Interdisciplinary Experience可展现在人事、会计、企划、工作、技术、营业等方面的素养

图 7–13　常见的自下而上决策机构

以最近的例子来看，某公司面临着实际收益减少、市场份额降低的两大困境，而企划部、技术部、财务部、生产、销售等不同功能下的人员却都一头雾水，不知道“究竟是什么问题导致出现这种现象”。

负责技术的人认为是销售力的问题，负责生产的人也同意该看法，但负责财务的人却认为原因在于输出体制太差。而问及销售人员的话，他们却又表示问题在于商品力。负责企划的人则在没有实证前提下认定这是由于成本竞争力不如竞争对手，尤其是材料费高于对方。而技术和生产人员的第二理由是在不了解原因的基础上指责公司没能按时收回应收账款。

问题的关键显然是没有达成一致意见，都认为自己是正确的。如果要为达成预期发展而解决这所有问题的话，其难度等同于重新建立一家新公司，且经营努力可能落空，也可能分散。相反，如果有人以极其强势的态度表示“问题就在那”的话，即使能够有效解决这部分问题，最终也很可能没有触及关键问题。

这时如果有参谋明确提出“这些全都是问题，但比竞争对手的销售额利润率低 7% 才是最大原因，除此之外都是次要原因”的话，就不会让经营努力浪费在多余的地方。所谓参谋，正是需要在此刻出现的人。而如果这时参谋也随大流，认为应该解决所有问题的话，那么这种参谋是毫无用处的。

参谋的职责

理想的参谋组织不仅要找出问题，更要有解决问题的能力。如图 7-14 所示，总公司员工与前述参谋应该分开来考虑。总公司员工作为支持部门，是实现服务功能的润滑剂，而参谋却不是这种意义上的员工，他们是身处公司内却像在公司外的团体。

这里提到的社长室也可以替换成企划室或经营战略室，总之由这些部门来构成参谋组织，并不是非得以社长室作为参谋的名头。

那么，参谋究竟该做些什么呢？一是担任仔细观察事业部的事业部负责官。将参谋组织的内部构造扩大来看的话，就如同图中圆形部分。将 A、B、C 投入事业部担任负责人之后，就形成了公司整体的微观世界（小宇宙）。这些人会参与事业部的重要决策，但不会插嘴，而是将公司立场传达给各事业部，作为决策的媒介来参与，并监督事业部是否很好地实施了战略计划。

适合做参谋的人需要具有洞察力，且经验丰富，具备客观立场。仅有聪明的头脑是绝对不够的，或者说自作聪明的人如果插手事业部运作的话反而更麻烦。洞察力是最不可缺少的，经验丰富的人或具备客观立场的人也不错，所以往往都是年长人士。

另外，还需要不同经验的分析官。他们要在紧急情况下撸起袖子直接上阵解决重要问题，参与 PIP、IPM、SFM、OVA。专业化的年轻人更适合这一职位。当需要对销售力做出改善时，需要能熟练使用 SFM 的人来担任负责人。此外，还得是多次参与过实战的人，在有必

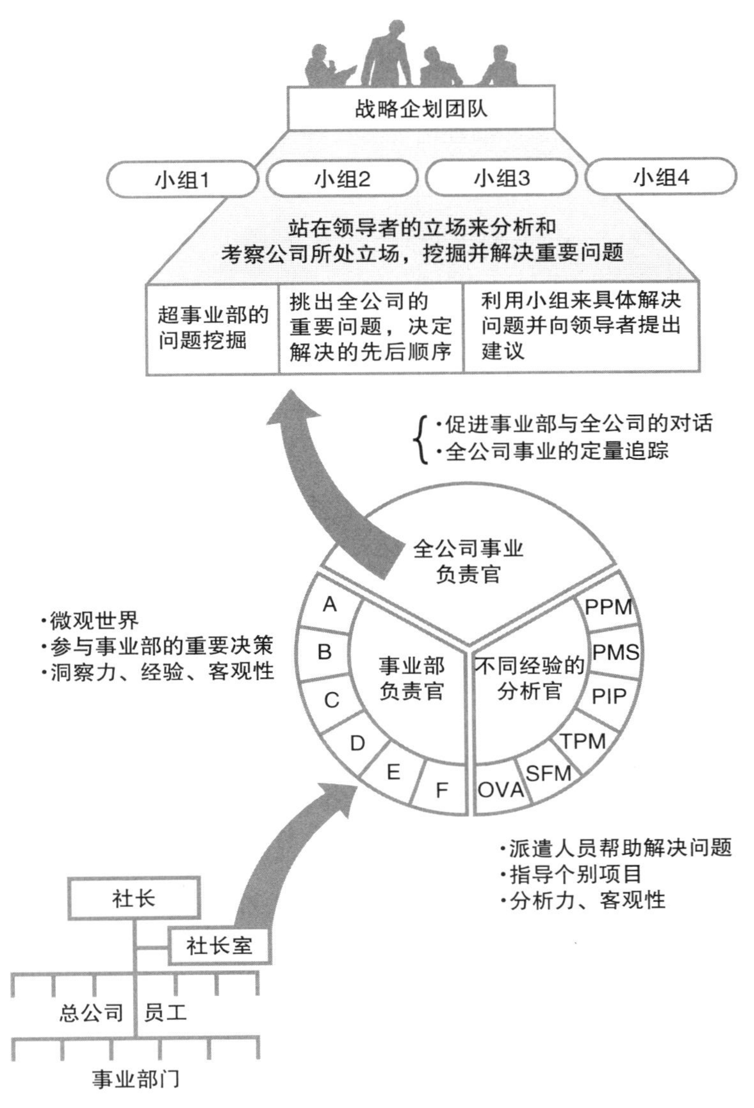

图 7-14 理想的参谋组织

要的时候能指导各事业部门，被派遣去帮助解决问题，指导个别项目。这种人必须要有分析力和客观性。与之前所说的事业部负责官需要洞察力不同，这个职位最重要的是分析力。此外，由于要和事业部的各位专业人员一起解决问题，还需要有指导力。这就是不同经验的专门官。

其中负责 PPM 的人要能够实现对整个公司的组合管理。他是促进事业部和全公司进行对话的人。另外还需要对全公司业绩做定量追踪的人。像是以往的企划部需要计算整理交通费用，现在则要对该部门投入能利用组合管理这一新机制的人，也就是将其视作计划系统的守门员。

仅仅如此还不够。在遇到与全公司相关的问题、事业部门之间的问题、跨事业部的问题，或者涉及海外大型项目时，还需要能总揽全局，能与外部公司互动，负责整个公司事务的人。这种人要尽早发现公司的新发展方向和事业机会，并着手整理相关内容用于公司中。

换句话说，图中所示的负责全公司事项的责任官是站在领导者的立场上分析并考察公司所处状况，挖掘重要问题并解决它。他要进行跨事业部的问题挖掘，制定公司重要问题的挑选和解决顺序，在有必要的时候还要启动辅助小组来制定具体的问题解决方案，向领导者进言。所以这种参谋组织应当完成的职责虽然很多，但最少应当满足 3 个功能。

在某些企业中，这个事业部负责官可以移到事业部一方，通过兼任的方式，以点和线的关系与参谋团队联系。原本应当游离于组织之外的规划者如果全都聚集于权力中心位置的话，不是什么好事，我认为应当让他们更接近现场，以点与线的模式进入事业部门中，但也要保证每月或每周一次以全公司视角来进行工作。

通用电气公司将这些规划者投入各SBU，但录用方式却是独立的，由负责战略的副社长管理。具体方法就是录用这些规划者之后，如果要他负责变压器，那么就派入变压器事业部，由战略副社长的部门负责进行教育。但这批人只要派入事业部之后，就要为事业部长工作。

这种结构的参谋组织其实就是由多人来分担原本必须由社长来做的工作。换言之，参谋就是作为Chief Executive Officer（CEO）的社长的智囊团，为了弥补其疏漏，实现与全公司的紧密对话而工作。这就是理想的参谋形态。

如果在此立场下将之前所说的各种内容都充分吸收到本公司功能中，那么有可能会影响一些受益部门，有的情况下还需要从各部门中暂时选用优秀人才进入参谋组织工作，稍后再填补新的人才。

参谋的资质

前面的章节详细介绍了什么是参谋，接下来将谈谈这些人应当具有什么资质。而这根据不同的公司特性，所需求的人才也大有不同。理想的参谋在能力上要符合公司的需要，并不是头脑聪明就能做参谋。

我们将分为四种类型来考虑适合不同场合的参谋，这四类包括公司决策机制独裁型、乌合之众的集团会议型、公司主导权属于员工的现场型、员工强势型（图7-15）。

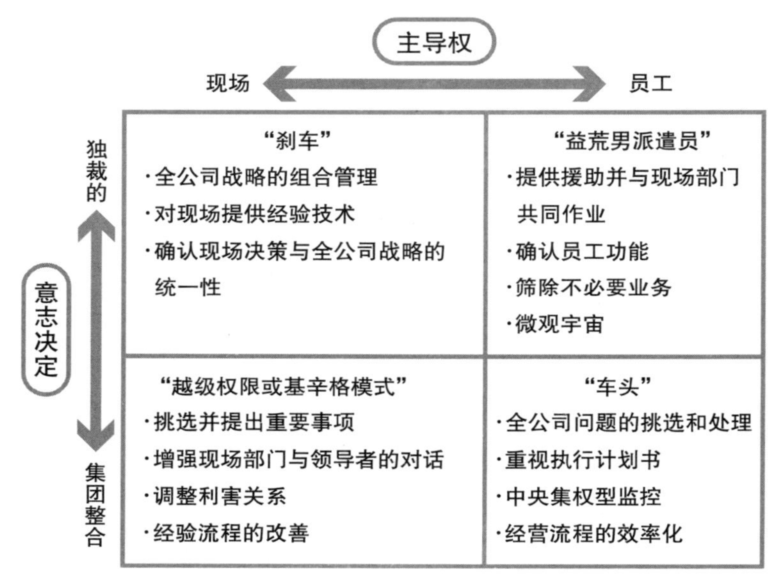

图 7-15　企业参谋应当履行的职责

决策机制独裁且现场较强的公司，当独裁者与现场达成一致后往往会突然实施惊人的项目。这种公司很容易犯大错误，即使有一两个运作良好的事业，但整体的十之八九会逐渐脱轨。例如安宅产业在加拿大购买纽芬兰岛重建公司，导致了数百亿的亏损。

这种公司的参谋可以看作是企业的刹车，也可看作是扮黑脸的人，总之必须履行这方面的职责。不过只作为刹车频繁反对上层意见的话，可能会被独裁者炒鱿鱼，所以应当利用全公司的战略组合管理来提出合理的建议，将这作为自己的盾牌。明确表示“我知道会被骂但这么做太危险了”或“我知道会被骂但这么做没问题”，为公司踩下刹车。不过最终有十之六七都难以阻拦。

另外，还要为现场提供经验，让现场人员不要在不必要的地方联络领导者，并且还要利用各种道具来确认现场决策与全公司战略是否具有统一性。这就是参谋所需要的资质。如果没有自信的话，可以借助道具提出建议，当拥有自信时则可暂时放弃道具，仅从说服力和思维方式来履行作为企业刹车的职责即可。由于参谋不是主角，所以不要给人只是在阐述个人意见的印象。

接着来看有独裁型领导且员工也很强势的企业，这种企业的现场部门会相对弱一些，但这也会引发问题。这种公司的参谋要和现场部门共同作业，尽可能提供援助，并确保员工功能不会过于强势。另外，还要筛选总公司管理部门所要求的不必要业务，为现场争取更多的时间用于真正的工作。这种参谋组织需要站在第一线做交涉，所以必须要是类似“益荒男派遣员”这样的人才对部门带来极大帮助。（注:《益荒男派遣员》是 1956 年上映的电影。）

有的企业现场部门非常强势，但领导层采取集团会议模式。这在召开董事会时，往往会出现各方各执一词互不相让，最后难以做出决策的情况。这时需要参谋具有越级权限，或者能像基辛格一样在办公桌旁做好预先准备，能悄然达成一致意见，不至于在会议上出现僵局。这种公司必须有能履行该职责的参谋，并且只会顺从强势的现场部门的人也不能成为参谋。该参谋要负责的内容包括筛选并提交重要事项，增加现场部门与领导者的对话，调整利害关系，改善经营流程。换言之，既然经验流程的问题在于难以达成一致决策，那么就改进这一点，这也就是参谋的职责所在。

最后是现场部门较弱，员工主导且采用集团会议模式的企业。由于现场部门弱势，员工占据主导，领导者难以做出决策，所以这种公司会出现运营困难。此时的参谋应当拿出一点勇气，甘当车头带领众人。为此，参谋需要具有找出并处理公司整体问题的能力，重视制作执行计划书。此外，还要利用中央集权型的监控来推进经营效率化，这就是这类企业对参谋的职责要求。

虽然以上介绍了几种类型的参谋，但如果你要问“我们公司究竟需要怎样的参谋组织”，还是得根据不同的公司特点和具体的人才能力来决定。

组织问题的要点

整理以上内容后发现，组织问题是从属于外部环境的。在外部环境日益改变的今天，组织问题的重要性也日趋突出。组织与管理流程之间则是相辅相成的关系，因此如果组织不可改变的话，那就改变管理流程，如果管理流程不可改变的话，那就改变组织，或者两者都做出改变也可以。总之，要充分理解它们之间相辅相成的关系。

具有分析力，并且是解决对策指向型的参谋组织在拥有越级权限的基础上辅佐领导者——这就是新的参谋形态。企业在组织问题上必须永不停步，吸收新概念，勇于实践之前所说的组织模拟、移动型部长、多国化组织、SBU 等新事物。由于新的组织概念要真正成型需要花费漫长的时间，所以顺应变化是很重要的。

另外，按照帕金森第二定律，大家只要有兴趣或觉得有趣就胡乱加入讨论，最终还是没有任何变化，这种简单的组织结构应该尽早取消。

大前研一